靈嶽降靈　非大聖無由開化

妙法蓮華經冠科

適化所及　非昔緣無以導心

(明)古吳　蕅益智旭◎冠科
(姚秦)鳩摩羅什法師◎翻譯

妙法蓮華經宏傳敍

唐終南山釋道宣述

妙法蓮華經者，統諸佛降靈之本致也。蘊結大夏，出彼千齡。東傳震旦，三百餘載。西晉惠帝永康年中，長安青門、燉煌菩薩竺法護者，初翻此經，名正法華。東晉安帝、隆安年中，後秦弘始，龜茲沙門鳩摩羅什次翻此經。名妙法蓮華。隋氏仁壽，大興善寺、北天竺沙門闍那、笈多、後所翻者，同名妙法。三經重沓，文旨互陳。時所宗尚，皆宏秦本。自餘支品、別偈，不無其流。具如敍歷。故所非述。夫以靈嶽降靈。非大聖無由開化。適化所及。非昔緣無以導心。所以仙苑告成。機分小大之別。金河顧命。道殊半滿之科。豈非敎被乘時。無足覈其高會。是知五千退席。爲進增慢之儔。五百授記。俱崇密化之迹。所以放光現瑞。開發請之敎源。出定揚德。暢佛慧之宏畧。朽宅通入大之文。化城引昔緣之不墜。繫珠明理性之常在。鑿井顯示悟之多方。詞義宛然。喩陳惟遠。自非大哀曠濟。拔滯溺之沉流。一極悲心。拯昏迷之失性。自漢至唐、六百餘載。總歷羣籍、四千餘軸。受持盛者．無出此經。將非機教相扣．並智勝之遺塵。聞而深敬．俱威王之餘績。輒於經首．敍而綜之。庶得早淨六根．仰慈尊之嘉會。速成四德．趣樂土之玄猷。宏讚莫窮．永貽諸後云爾。

將釋此經大文為二
一題目
二入文
題目有三
一經題
二譯題
三品題共廿八
1敘品
入文為三
甲一通序迹本兩門
甲二別說迹本兩門
甲三流通迹本兩門
甲一通序迹本兩門二
乙一聞法時處
乙二聞持之伴二
丙一列眾
丙二總結眾集
丙一列眾三
丁一聲聞眾
丁二菩薩眾
丁三雜眾

妙法蓮華經冠科卷第一

姚秦三藏法師鳩摩羅什奉詔譯

明古吳蕅益智旭科

妙法蓮華經敘品第一

開發正宗之端緒也

乙一聞法時處

如是我聞。一時、佛住王舍城、耆闍崛山中。

庚一舉類明數

與大比丘眾萬二千人俱。

庚二明位歎德

皆是阿羅漢。諸漏已盡。無復煩惱。逮得己利。盡諸有結。心得自在。

庚三列名總結

其名曰。阿若憍陳如。摩訶迦葉。優樓頻螺迦葉。伽耶迦葉。那提迦葉。舍利弗。大目犍連。摩訶迦旃延。阿㝹樓馱。劫賓那。憍梵波提。

丁一聲聞衆二
戊一比丘衆
戊二比丘尼衆
戊一比丘衆二
己一多知識
己二少知識
己一多知識三
庚一擧類明數
庚二明位歎德
庚三列名總結
丁二菩薩衆三
戊一氣類大數
戊二明位歎德

離婆多．畢陵伽婆蹉．薄拘羅．摩訶拘絺羅．難陀．孫陀羅難陀．富樓那彌多羅尼子．須菩提．阿難．羅睺羅．如是衆所知識、大阿羅漢等。（己二少知識）復有學無學、二千人。（戊二比丘尼衆）摩訶波闍波提比丘尼．與眷屬六千人俱。羅睺羅母、耶輸陀羅比丘尼．亦與眷屬俱。（戊一氣類大數）菩薩摩訶薩八萬人．皆於（戊二明位歎德）阿耨多羅三藐三菩提不退轉．皆得陀羅尼．樂說辯才．轉不退轉法輪。供養無量百千諸佛、於諸佛所、植衆德本．常爲諸佛之所稱歎。以慈修身．善入佛慧．通達大智．到於彼岸。名稱普聞無量世界．能度無數百

戊三列名總結

丁三雜眾八

戊一欲界天衆

戊二色界天衆

千衆生。其名曰。文殊師利菩薩。觀世音菩薩。得大勢菩薩。常精進菩薩。不休息菩薩。寶掌菩薩。藥王菩薩。勇施菩薩。寶月菩薩。月光菩薩。滿月菩薩。大力菩薩。無量力菩薩。越三界菩薩。跋陀婆羅菩薩。彌勒菩薩。寶積菩薩。導師菩薩。如是等菩薩摩訶薩八萬人俱。爾時釋提桓因。與其眷屬二萬天子俱。復有名月天子。普香天子。寶光天子。四大天王。與其眷屬萬天子俱。自在天子。大自在天子。與其眷屬三萬天子俱。娑婆世界主。梵天王。尸棄大梵。光明大梵。等與其眷屬

戊三龍衆

戊四緊那羅衆

戊五乾闥婆衆

戊六阿修羅衆

萬二千天子俱。（戊三龍衆）有八龍王。難陀龍王。跋難陀龍王。娑伽羅龍王。和修吉龍王。德叉迦龍王。阿那婆達多龍王。摩那斯龍王。優鉢羅龍王等。各與若干百千眷屬俱。（戊四緊那羅衆）有四緊那羅王。法緊那羅王。妙法緊那羅王。大法緊那羅王。持法緊那羅王。各與若干百千眷屬俱。（戊五乾闥婆衆）有四乾闥婆王。樂乾闥婆王。樂音乾闥婆王。美乾闥婆王。美音乾闥婆王。各與若干百千眷屬俱。（戊六阿修羅）有四阿修羅王。婆稚阿修羅王。佉羅騫馱阿修羅王。毘摩質多羅阿修羅王。羅睺阿修羅王。各與若干百千眷屬俱。

戊七迦樓羅衆
戊八人衆
丙二總結衆集
甲二別說迹本兩門二
乙一迹門開權顯實自今文至安樂行品
乙二本門開近顯遠自從地涌出品至常不輕品
乙一迹門開權顯實三
丙一敘段
丙二正說段自方便品至授學無學人記品
丙三流通段自法師品至安樂行品

（戊七迦樓羅衆）有四迦樓羅王。大威德迦樓羅王。大身迦樓羅王。大滿迦樓羅王。如意迦樓羅王。各與若干百千眷屬俱。（戊八人衆）韋提希子、阿闍世王。與若干百千眷屬俱。（丙二總結衆集）各禮佛足。退坐一面。（丁一衆集序）爾時世尊。四衆圍繞。供養、恭敬、尊重、讚歎。（己一說法瑞）爲諸菩薩說大乘經。名無量義、教菩薩法、佛所護念。（己二入定瑞）佛說此經已。結跏趺坐。入於無量義處三昧。身心不動。（己三雨華瑞）是時天雨曼陀羅華。摩訶曼陀羅華。曼殊沙華。摩訶曼殊沙華。而散佛上、及諸大衆。（己四地動瑞）普佛世界。六種震動。（己五衆喜瑞）爾時會中。比丘。比丘尼。優婆塞。優婆夷。天龍。夜叉。

丙一敍段五
丁一衆集敍
丁二現瑞敍
丁三疑念敍
丁四發問敍
丁五答問敍
丁二現瑞敍二
戊一此土六瑞
戊二他土六瑞
戊一此土六瑞六
己一說法瑞
己二入定瑞
己三雨華瑞
己四地動瑞
己五衆喜瑞
己六放光瑞
戊二他土六瑞六
己一見六趣瑞
己二見諸佛瑞
己三聞說法瑞
己四見四衆得道瑞
己五見菩薩行行瑞
己六見諸佛涅槃瑞

乾闥婆。阿修羅。迦樓羅。緊那羅。摩睺羅伽。人非人。及諸小王。轉輪聖王。是諸大衆得未曾有。歡喜合掌。一心觀佛。（己六放光瑞）爾時佛放眉間白毫相光。照東方萬八千世界。（己一見六趣瑞）靡不周徧。下至阿鼻地獄。上至阿迦尼吒天。於此世界。盡見彼土六趣衆生。（己二見諸佛瑞）又見彼土現在諸佛。（己三聞說法瑞）及聞諸佛所說經法。（己四見四衆得道瑞）幷見彼諸比丘、比丘尼、優婆塞、優婆夷、諸修行得道者。（己五見菩薩行行瑞）復見諸菩薩摩訶薩、種種因緣、種種信解、種種相貌、行菩薩道。（己六見諸佛涅槃瑞）復見諸佛般涅槃者。復見諸佛般涅槃後。以佛舍利、起七寶塔。（戊一彌勒疑念）爾時彌勒菩

丁三疑念敘二
戊一彌勒疑念
戊二大衆疑念
丁四發問敘二
戊一長文
戊二偈頌
戊一長文二
己一經家述
己二正發問
戊二偈頌二
己一頌上問
己二頌請答
己一頌上問二

薩作是念。今者、世尊現神變相。以何因緣而有此瑞。今佛世尊入於三昧。是不可思議、現希有事。當以問誰。誰能答者。復作此念。是文殊師利、法王之子。已曾親近供養過去無量諸佛。必應見此希有之相。我今當問。

戊二大衆疑念

爾時比丘、比丘尼、優婆塞、優婆夷、及諸天龍鬼神、等。咸作此念。是佛光明神通之相。今當問誰。

己一經家述

爾時彌勒菩薩。欲自決疑。又觀四衆比丘、比丘尼、優婆塞、優婆夷、及諸天龍、鬼神、等、衆會之心。

己二正發問

而問文殊師利言。以何因緣、而有此瑞、神通之相。放大光明。照於東

庚一問此土六瑞

庚二問他土六瑞

六

辛一問六趣衆生

方萬八千土。悉見彼佛國界莊嚴。於是彌勒菩薩欲重宣此義。以偈問曰。

庚一問此土六瑞

文殊師利。　導師何故、　眉間白毫　大光普照。

雨曼陀羅、　曼殊沙華。　栴檀香風　悅可衆心。

以是因緣。　地皆嚴淨。　而此世界、　六種震動。

時四部衆、　咸皆歡喜。　身意快然。　得未曾有。

辛一問六趣衆生

眉間光明。　照於東方　萬八千土。　皆如金色。

從阿鼻獄、　上至有頂。　諸世界中。　六道衆生。

生死所趣　善惡業緣、　受報好醜。　於此悉見。

辛二問見彼佛及聞說法
辛三問他土四眾
辛四結前開後
辛五問他土修菩薩行三
壬一總問
壬二次第問
壬三雜問
壬二次第問六

辛二問見彼佛及聞說法
又覩諸佛、聖主師子、演說經典、微妙第一。
其聲清淨、出柔軟音、教諸菩薩、無數億萬、
梵音深妙、令人樂聞。各於世界、講說正法、
種種因緣。以無量喻、照明佛法、開悟眾生。

辛三問他土四眾
若人遭苦、厭老病死、為說涅槃、盡諸苦際。
若人有福、曾供養佛、志求勝法、為說緣覺。
若有佛子、修種種行、求無上慧、為說淨道。

辛四結前開後
文殊師利、我住於此、見聞若斯、及千億事、
如是眾多、今當略說。

壬一總問
我見彼土、恆沙菩薩、

癸一問施　癸二問戒　癸三問忍

種種因緣、而求佛道。癸一問施 或有行施、金銀珊瑚、
眞珠摩尼、硨磲碼碯、金剛諸珍．奴婢車乘、
寶飾輦輿．歡喜布施。迴向佛道．願得是乘．
三界第一．諸佛所歎。或有菩薩．駟馬寶車、
欄楯華蓋、軒飾布施。復見菩薩．身肉手足、
及妻子施．求無上道。又見菩薩．頭目身體、
欣樂施與．求佛智慧。癸二問戒 文殊師利．我見諸王．
往詣佛所、問無上道。便捨樂土、宮殿臣妾．
剃除鬚髮、而被法服。癸三問忍 或見菩薩．而作比丘．

癸四問進
癸五問禪
癸六問慧

壬三雜問七
癸一問禪
癸二問進

獨處閑靜．樂誦經典。（癸四問進）又見菩薩．勇猛精進．
入於深山．思惟佛道。（癸五問禪）又見離欲．常處空閑．
深修禪定．得五神通。又見菩薩．安禪合掌．
以千萬偈、讚諸法王。（癸六問慧）復見菩薩．智深志固．
能問諸佛．聞悉受持。又見佛子．定慧具足．
以無量喻、爲衆講法．欣樂說法、化諸菩薩．
破魔兵衆、而擊法鼓。（癸一問禪）又見菩薩．寂然宴默．
天龍恭敬．不以爲喜。又見菩薩．處林放光．
濟地獄苦．令入佛道。（癸二問進）又見佛子．未嘗睡眠．

癸三問戒
癸四問忍
癸五更問禪
癸六問施

經行林中．勤求佛道。（癸三問戒）又見具戒．威儀無缺．
淨如寶珠．以求佛道。（癸四問忍）又見佛子．住忍辱力．
增上慢人．惡罵捶打．皆悉能忍．以求佛道。
（癸五更問禪）又見菩薩．離諸戲笑、及癡眷屬．親近智者．
一心除亂．攝念山林、億千萬歲．以求佛道。
（癸六問施）或見菩薩．肴饍、飲食、百種湯藥、施佛及僧。
名衣、上服、價值千萬．或無價衣．施佛及僧。
千萬億種．栴檀寶舍、衆妙臥具、施佛及僧。
清淨園林、華果茂盛、流泉、浴池、施佛及僧。

癸七問慧

辛六問他土供養
舍利

如是等施．種種微妙．歡喜無厭．求無上道。

（癸七問慧）或有菩薩．說寂滅法．種種敎詔．無數眾生。

或見菩薩．觀諸法性、無有二相．猶如虛空。

又見佛子．心無所著．以此妙慧、求無上道。

（辛六問他土供養舍利）文殊師利．又有菩薩．佛滅度後．供養舍利。

又見佛子．造諸塔廟、無數恆沙．嚴飾國界．

寶塔高妙、五千由旬．縱廣正等、二千由旬。

一一塔廟．各千幢旛．珠交露幔．寶鈴和鳴。

諸天龍神、人及非人．香華、伎樂、常以供養。

己二頌請答二
庚一擧疑述請
庚二釋四伏難

文殊師利．諸佛子等．爲供舍利．嚴飾塔廟．
國界自然．殊特妙好．如天樹王．其華開敷．

庚一擧疑述請

佛放一光。我及衆會．見此國界種種殊妙。
諸佛神力、智慧希有．放一淨光．照無量國。
我等見此．得未曾有。佛子文殊．願決衆疑．

庚二釋四伏難

四衆欣仰、瞻仁及我．世尊何故放斯光明。
佛子時答．決疑令喜．何所饒益、演斯光明。
佛坐道場、所得妙法．爲欲說此．爲當授記．
示諸佛土衆寶嚴淨、及見諸佛。此非小緣．

丁五答問敍二
戊一長文
戊二偈頌
戊一長文四
己一惟忖答
己二略舉曾見以答
己三廣舉曾見以答
己四分明判答
己三廣舉曾見以答三
庚一引一佛同
庚二引二萬佛同
庚三引最後佛同
庚一引一佛同三
辛一時節
辛二標名

文殊當知。四衆龍神。瞻察仁者、爲說何等。

己一惟忖答

爾時文殊師利語彌勒菩薩摩訶薩、及諸大士善男子等。如我惟忖。今佛世尊欲說大法。雨大法雨。吹大法螺。擊大法鼓。演大法義。

己二略舉曾見以答

諸善男子。我於過去諸佛。曾見此瑞。放斯光已。即說大法。是故當知今佛現光。亦復如是。欲令衆生。咸得聞知一切世間難信之法。故現斯瑞。

辛一時節

諸善男子。如過去無量無邊不可思議阿僧祇劫。

辛二標名

爾時有佛。號日月燈明如來、應供、正徧知、明行足、善逝世間解、無上士、調御丈夫、天人師、佛、世尊。

辛三說法

庚二引二萬佛同

庚三引最後佛同　三

辛一曾見事與今已同

辛三說法

演說正法。初善、中善、後善、其義深遠。其語巧妙。純一無雜。具足淸白梵行之相。爲求聲聞者、說應四諦法。度生老病死。究竟涅槃。爲求辟支佛者、說應十二因緣法。爲諸菩薩、說應六波羅蜜。令得阿耨多羅三藐三菩提。成一切種智。

庚二引二萬佛同

次復有佛、亦名日月燈明。次復有佛、亦名日月燈明。如是二萬佛、皆同一字。號日月燈明。又同一姓。姓頗羅墮。彌勒當知。初佛後佛。皆同一字。名日月燈明。十號具足。所可說法。初中後善。

辛一

其最後佛。末出家時、有八王子。一名有意。二名善意。三

曾見事與今已同

辛二曾見事與今現同
辛三曾見事與今當同

辛二曾見事與今現同二
壬一現瑞同
壬二疑念同
壬一現瑞同二
癸一此土六瑞同

名無量意。四名寶意。五名增意。六名除疑意。七名響意。八名法意。是八王子。威德自在。各領四天下。是諸王子。聞父出家。得阿耨多羅三藐三菩提。悉捨王位。亦隨出家。發大乘意。常修梵行。皆爲法師。已於千萬佛所、植諸善本。

癸一此土六瑞同

是時日月燈明佛說大乘經。名無量義、教菩薩法。佛所護念。說是經已。即於大眾中、結跏趺坐。入於無量義處三昧。身心不動。是時、天雨曼陀羅華。摩訶曼陀羅華。曼殊沙華。摩訶曼殊沙華。而散佛上、及諸大眾。普佛世界。六種震動。爾時會中。比丘。

癸二他土六瑞同
壬二疑念同
辛三曾見事與今當同五
壬一因人說法同
壬二時節同

比丘尼、優婆塞、優婆夷、天龍、夜叉、乾闥婆、阿修羅、迦樓羅、緊那羅、摩睺羅伽、人非人、及諸小王、轉輪聖王、等、是諸大衆、得未曾有、歡喜合掌、一心觀佛。爾時如來放眉間白毫相光、照東方萬八千佛土、靡不周徧。

癸二他土六瑞同

如今所見、是諸佛土。

壬二疑念同

彌勒當知、爾時會中有二十億菩薩、樂欲聽法。是諸菩薩、見此光明、普照佛土、得未曾有、欲知此光所爲因緣。

壬一因人說法同

時有菩薩、名曰妙光、有八百弟子。是時日月燈明佛、從三昧起、因妙光菩薩、說大乘經、名妙法蓮華、教菩薩法、佛所護念。

壬二時節同

六十小劫、

壬三唱滅同

壬四授記同

壬五滅後通經同　三

癸一正明入滅

癸二明滅後通經利益

不起於座。時會聽者、亦坐一處、六十小劫、身心不動、聽佛所說、謂如食頃。是時衆中無有一人、若身若心而生懈惓。（壬三唱滅同）日月燈明佛於六十小劫說是經已、即於梵魔、沙門、婆羅門、及天、人、阿修羅、衆中、而宣此言、如來於今日中夜、當入無餘涅槃。（壬四授記同）時有菩薩、名曰德藏、日月燈明佛即授其記。告諸比丘、是德藏菩薩、次當作佛、號曰淨身多陀阿伽度、阿羅訶、三藐三佛陀。（癸一正明入滅）佛授記已、便於中夜入無餘涅槃。（癸二明滅後通經利益）佛滅度後、妙光菩薩持妙法蓮華經、滿八十小劫、爲人演說。日月燈明佛

癸三結會古今

己四分明判答
戊二偈頌二
己一頌廣舉曾見以答
己二頌分明判答

八子、皆師妙光。妙光教化．令其堅固阿耨多羅三藐三菩提。是諸王子、供養無量百千萬億佛已．皆成佛道．其最後成佛者．名曰然燈。八百弟子中有一人、號曰求名．貪著利養．雖復讀誦衆經．而不通利．多所忘失．故號求名。是人亦以種諸善根因緣故．得值無量百千萬億諸佛．供養、恭敬、尊重、讚歎。

癸三結會古今

彌勒當知．爾時妙光菩薩、豈異人乎．我身是也．求名菩薩．汝身是也。

己四分明判答

今見此瑞、與本無異．是故惟忖．今日如來當說大乘經．名妙法蓮華、教菩薩法、佛所護念。

庚一頌一佛同

爾時文殊師利

己一頌廣舉曾見以答二
庚一頌一佛同
庚二頌最後佛同三
辛一頌曾見事與今已同
辛二頌曾見事與今現同
辛三頌曾見事與今當同
辛二頌曾見事與今現同二
壬一頌現瑞同
壬二頌疑念同
壬一頌現瑞同二
癸一頌此土六瑞同

於大衆中．欲重宣此義．而說偈言．

我念過去世．無量無數劫．有佛人中尊．
號日月燈明。世尊演說法．度無量衆生、
無數億菩薩．令入佛智慧。辛一頌曾見事與今已同 佛未出家時、
所生八王子．見大聖出家．亦隨修梵行。
癸一頌此土六瑞同 時佛說大乘．經名無量義．於諸大衆中．
而爲廣分別。佛說此經已．即於法座上、
跏趺坐三昧．名無量義處。天雨曼陀華．
天鼓自然鳴．諸天龍鬼神．供養人中尊。

癸二頌他土六瑞同

一切諸佛土。即時大震動。佛放眉間光。
現諸希有事。癸二頌他土六瑞同此光照東方　萬八千佛土。
示一切衆生。生死業報處。有見諸佛土。
以衆寶莊嚴。琉璃玻瓈色。斯由佛光照。
及見諸天、人、龍神、夜叉衆、乾闥、緊那羅。
各供養其佛。又見諸如來。自然成佛道。
身色如金山。端嚴甚微妙。如淨琉璃中。
內現眞金像。世尊在大衆。敷演深法義。
一一諸佛土。聲聞衆無數。因佛光所照。

壬二頌疑念同

辛三頌曾見事與今當同五

壬一頌因人說法

悉見彼大衆。或有諸比丘．在於山林中．
精進持淨戒．猶如護明珠。又見諸菩薩．
行施忍辱等．其數如恆沙．斯由佛光照。
又見諸菩薩．深入諸禪定．身心寂不動．
以求無上道。又見諸菩薩．知法寂滅相．
各於其國土．說法求佛道。壬二頌疑念同 爾時四部衆．
見日月燈佛、現大神通力．壬一頌因人說法 其心皆歡喜．
各各自相問．是事何因緣。天人所奉尊、
適從三昧起．讚妙光菩薩．汝爲世間眼．

壬二頌時節
壬三頌唱滅
壬四頌授記

一切所歸信．能奉持法藏．如我所說法．
唯汝能證知。世尊既讚歎．令妙光歡喜．
說是法華經．
壬二頌時節
滿六十小劫、不起於此座。
所說上妙法．是妙光法師、悉皆能受持。
壬三頌唱滅
佛說是法華．令衆歡喜已．尋即於是日．
告於天人衆．諸法實相義．已爲汝等說．
我今於中夜．當入於涅槃。汝一心精進．
壬四頌授記
當離於放逸．諸佛甚難值．億劫時一遇。
世尊諸子等、聞佛入涅槃．各各懷悲惱．

壬五頌滅後通經　三
癸一頌示滅供養精進
癸二頌滅後通經利益

佛滅一何速。聖主法之王．安慰無量眾、
我若滅度時．汝等勿憂怖．是德藏菩薩．
於無漏實相、心已得通達．其次當作佛．
號曰爲淨身．亦度無量眾。佛此夜滅度．

癸一頌示滅供養精進

如薪盡火滅．分布諸舍利．而起無量塔。
比丘、比丘尼．其數如恆沙．倍復加精進．

癸二頌滅後通經利益

以求無上道。是妙光法師．奉持佛法藏．
八十小劫中、廣宣法華經。是諸八王子．
妙光所開化．堅固無上道．當見無數佛。

供養諸佛已．隨順行大道．相繼得成佛．
轉次而授記。最後天中天．號曰然燈佛．
諸仙之導師．度脫無量衆。是妙光法師．
時有一弟子．心常懷懈怠。貪著於名利．
求名利無厭．多游族姓家．棄舍所習誦．
廢忘不通利。以是因緣故．號之爲求名。
亦行衆善業．得見無數佛．供養於諸佛．
隨順行大道．具六波羅蜜．今見釋師子。
其後當作佛．號名曰彌勒．廣度諸衆生．

癸三頌結會古今
己二頌分明判答三
庚一頌說法華經
庚二頌教菩薩法
庚三頌佛所護念
2方便品
丙二迹門正說二
丁一從今文至則生大歡喜是略開三顯一動執生疑

其數無有量。（癸三頌結會古今）彼佛滅度後。懈怠者汝是。
妙光法師者。今則我身是。（庚一頌說法華經）我見燈明佛。
本光瑞如此。以是知今佛、欲說法華經。
（庚二頌教菩薩法）今相如本瑞。是諸佛方便。今佛放光明。
助發實相義。諸人今當知。合掌一心待。
佛當雨法雨。充足求道者。（庚三頌佛所護念）諸求三乘人。
若有疑悔者。佛當爲除斷。令盡無有餘。

妙法蓮華經方便品第二

爲上根猛利直說法體說法一周

（癸一雙歎）
爾時世尊從三昧安詳而起。告舍利弗。諸佛智慧甚

丁二從爾時世尊告舍利弗汝已殷勤三請豈得不說至授學無學人記品是廣開三顯一斷疑生信
丁一略開三顯一
二
戊一略開顯
戊二騰疑請
戊一略開顯二
己一長文重頌歎佛二智
己二偈頌正略開顯動執生疑
己一長文重頌歎佛二智二
庚一長文
庚二重頌
庚一長文二
辛一寄言歎二智
辛二絶言歎二智
辛一寄言歎二智
二

深無量．其智慧門．難解難入．一切聲聞、辟支佛、所不能知。（癸二雙釋）所以者何。佛曾親近百千萬億無數諸佛．盡行諸佛無量道法．勇猛精進．名稱普聞。（癸三雙結）成就甚深未曾有法．隨宜所說．意趣難解。（癸一雙歎）舍利弗．吾從成佛已來．種種因緣．種種譬喻．廣演言教．無數方便、引導衆生．令離諸著。（癸二雙釋）所以者何。如來方便知見波羅蜜、皆已具足。（癸三雙結）舍利弗．如來知見．廣大深遠．無量無礙．力、無所畏、禪定、解脫三昧、深入無際．成就一切未曾有法。（癸一正舉絕歎之由）舍利弗．如來能種種分別．巧說諸法．言辭柔軟．悅可衆心。（癸二）舍

壬一明諸佛權實
壬二明釋迦權實
壬一明諸佛權實三
癸一雙歎
癸二雙釋
癸三雙結
壬二明釋迦權實三
癸一雙歎
癸二雙釋
癸三雙結
辛二絕言歎二智二
壬一舉絕歎之由
壬二正絕言歎
壬一舉絕歎之由二
癸一正舉絕歎之由
癸二指絕言之境
壬二正絕言歎二
癸一絕言歎
癸二釋止歎意
庚二重頌二
辛一頌寄言歎二智

（指絕言之境）利弗．取要言之．無量無邊未曾有法．佛悉成就。止．舍（癸一絕言歎）利弗不須復說。（癸二釋止歎意）所以者何。佛所成就第一希有難解之法．唯佛與佛、乃能究盡諸法實相。所謂諸法、如是相．如是性．如是體．如是力．如是作．如是因．如是緣．如是果．如是報．如是本末究竟等。（壬一合頌歎二佛二智）爾時世尊欲重宣此義．而說偈言．

世雄不可量．　諸天及世人、　一切眾生類．
無能知佛者。　佛力無所畏、　（壬二合頌二佛釋歎結歎）解脫諸三昧．
及佛諸餘法．　無能測量者。　本從無數佛．

辛二頌絶言歎二智
辛一頌寄言歎二智二
壬一合頌歎二佛二智
壬二合頌二佛釋歎結歎
辛二頌絶言歎二智三
壬一頌釋止歎意
壬二正頌絶言歎

具足行諸道。甚深微妙法。難見難可了。
於無量億劫。行此諸道已。道場得成果。
我已悉知見。壬一頌釋止歎意 如是大果報。種種性相義。
我及十方佛。乃能知是事。壬二正頌絶言歎 是法不可示。
言辭相寂滅。諸餘眾生類。無有能得解。
除諸菩薩眾、信力堅固者。諸佛弟子眾。
曾供養諸佛。一切漏已盡。住是最後身。
如是諸人等。其力所不堪。假使滿世間。
皆如舍利弗。盡思共度量。不能測佛智。

正使滿十方、皆如舍利弗．及餘諸弟子、
亦滿十方剎．盡思共度量．亦復不能知。
辟支佛利智．無漏最後身．亦滿十方界．
其數如竹林．斯等共一心．於億無量劫、
欲思佛實智．莫能知少分。新發意菩薩．
供養無數佛．了達諸義趣．又能善說法．
如稻麻竹葦．充滿十方剎．一心以妙智．
於恆河沙劫、咸皆共思量．不能知佛智。
不退諸菩薩．其數如恆沙．一心共思求．

壬三追頌絶言境

己二偈頌正略開顯動執生疑二

庚一明諸佛顯實

庚二明釋迦開三

戊二騰疑請二

己一敍疑

己二請決

己一敍疑二

庚一經家敍

亦復不能知。〔壬三追頌絶言境〕又告舍利弗．無漏不思議、

甚深微妙法．我今已具得．唯我知是相．

十方佛亦然。〔庚一明諸佛顯實〕舍利弗當知．諸佛語無異．

於佛所說法．當生大信力．世尊法久後

要當說眞實。〔庚二明釋迦開三〕告諸聲聞衆、及求緣覺乘．

我令脫苦縛．逮得涅槃者．佛以方便力．

示以三乘教．衆生處處著．引之令得出。

〔庚一經家敍〕爾時大衆中．有諸聲聞漏盡阿羅漢阿若憍陳如等、

千二百人．及發聲聞辟支佛心、比丘、比丘尼、優婆塞、

庚二正生疑
己二請決中文有
三請二止幷
前文為三止
庚第一請二
辛一長文
辛二偈頌
辛一長文二
壬一陳疑
壬二陳請
辛二偈頌五
壬一頌疑二智

優婆夷。各作是念。今者、〔庚二正生疑〕世尊何故慇懃稱歎方便、而作是言。佛所得法。甚深難解。有所言說。意趣難知。一切聲聞、辟支佛、所不能及。佛說一解脫義。我等亦得此法。到於涅槃。而今不知是義所趣。〔壬一陳疑〕爾時舍利弗知四眾心疑。自亦未了。而白佛言。世尊。何因何緣。慇懃稱歎諸佛第一方便、甚深微妙、難解之法。〔壬二陳請〕我自昔來。未曾從佛、聞如是說。今者、四眾咸皆有疑。惟願世尊敷演斯事。世尊何故慇懃稱歎甚深微妙難解之法。

〔壬一頌疑二智〕

爾時舍利弗欲重宣此義。而說偈言。

壬二頌三乘四眾疑

壬三頌自疑

慧日大聖尊.久乃說是法.自說得如是
力、無畏、三昧、禪定、解脫、等.不可思議法。
道場所得法.無能發問者。我意難可測.
亦無能問者。無問而自說.稱歎所行道.
智慧甚微妙.諸佛之所得。壬二頌三乘四眾疑無漏諸羅漢、
及求涅槃者.今皆墮疑網.佛何故說是。
其求緣覺者、比丘、比丘尼、諸天龍鬼神、
及乾闥婆等.相視懷猶豫.瞻仰兩足尊.
是事爲云何.願佛爲解說。壬三頌自疑於諸聲聞衆.

壬四頌佛子疑
壬五總明同疑請
庚第二止
庚第二請

佛說我第一。我今自於智、疑惑不能了．
爲是究竟法．爲是所行道。壬四頌佛子疑佛口所生子．
合掌瞻仰待．願出微妙音．時爲如實說。
壬五總明同疑請諸天龍神等．其數如恆沙．求佛諸菩薩．
大數有八萬．又諸萬億國、轉輪聖王至．
合掌以敬心．欲聞具足道。
庚第二止爾時佛告舍利弗．止止．不須復說。若說是事．一切世間諸天、及人、皆當驚疑。庚第二請舍利弗重白佛言世尊．惟願說之。惟願說之。所以者何．是會無數百千萬億阿僧

庚第三止

祇、眾生。曾見諸佛。諸根猛利。智慧明了。聞佛所說。則能敬信。爾時舍利弗欲重宣此義。而說偈言。

法王無上尊。惟說願勿慮。是會無量眾。
有能敬信者。

庚第三止

佛復止舍利弗。若說是事。一切世間天、人、阿修羅、皆當驚疑。增上慢比丘、將墜於大坑。爾時世尊重說偈言。

止止不須說。我法妙難思。諸增上慢者。
聞必不敬信。

庚第三請

庚第三請

爾時舍利弗重白佛言．世尊．惟願說之．惟願說之。今此會中如我等比、百千萬億世世已曾從佛受化。如此人等．必能敬信．長夜安隱．多所饒益。爾時舍利弗欲重宣此義．而說偈言．

無上兩足尊．　願說第一法．　我爲佛長子．
惟垂分別說。　是會無量眾．　能敬信此法．
佛已曾世世　教化如是等．　皆一心合掌．
欲聽受佛語。　我等千二百、　及餘求佛者．
願爲此眾故．　惟垂分別說。　是等聞此法．

丁二廣開三顯一
斷疑生信凡
有三周
戊一法說周
戊二譬說周
戊三因緣周
己一法說周五
己一正法說
己二身子領解
己三如來述成
己四與授記
己五四衆歡喜
己一正法說二
庚一長文
庚二偈頌
庚一長文三
辛一許
辛二受旨
辛三正說
辛一許三
壬一順許
壬二誡許

則生大歡喜。

壬一順許
爾時世尊告舍利弗．汝已慇懃三請．豈得不說。壬二誡許 汝今諦聽．善思念之．吾當爲汝分別解說。壬三揀許 說此語時．會中有比丘、比丘尼、優婆塞、優婆夷、五千人等．即從座起．禮佛而退。所以者何。此輩罪根深重．及增上慢．未得謂得．未證謂證．有如此失．是以不住．世尊默然而不制止。爾時佛告舍利弗．我今此衆．無復枝葉．純有貞實。舍利弗．如是增上慢人．退亦佳矣。汝今善聽．當爲汝說。辛二受旨 舍利弗言．唯、然．世尊．願樂欲聞。子一歎法希有 佛告舍利弗．如

壬三揀許
辛二受旨
辛三正說二
壬一四佛章
壬二釋迦章
壬一四佛章二
癸一總明諸佛
癸二列三世佛
癸一總明諸佛四
子一歎法希有
子二說無虛妄
子三開方便
子四示真實
子三開方便三
丑一開
丑二釋
丑三結此文亦屬後文示真實科丑一標勝人法
子四示真實五
丑一標勝人法如前
丑二標出世意

是妙法。諸佛如來、時乃說之。如優曇鉢華。時一現耳。（子二說無虛妄）舍利弗。汝等當信佛之所說。言不虛妄。（丑一開）舍利弗。諸佛隨宜說法。意趣難解。（丑二釋）所以者何。我以無數方便、種種因緣、譬喻言辭、演說諸法。（丑三結　此文亦屬後文示眞實科丑一標勝人法）是法、非思量分別之所能解。唯有諸佛乃能知之。（丑二標出世意）所以者何。諸佛世尊唯以一大事因緣故、出現於世。（丑三重示）舍利弗。（寅一明理一）云何名諸佛世尊唯以一大事因緣故、出現於世。諸佛世尊欲令眾生開佛知見、使得清淨故。出現於世。欲示眾生、佛之知見故。出現於世。欲令眾生悟佛知見故。出現於世。欲令

丑三重示
丑四正釋
丑五總結
丑四正釋四
寅一明理一
寅二明人一
寅三明行一
寅四明教一
丑五總結
癸二列三世佛三
子一過去佛
子二未來佛

衆生入佛知見道故、出現於世。舍利弗、是爲諸佛以一大事因緣故、出現於世。（寅二明人一）舍利弗、諸佛如來但教化菩薩、（寅三明行一）諸有所作、常爲一事、唯以佛之知見示悟衆生。（寅四明教一）舍利弗、如來但以一佛乘故、爲衆生說法、無有餘乘、若二、若三。（丑五總結）舍利弗、一切十方諸佛、法亦如是。（子一過去佛）舍利弗、過去諸佛、以無量無數方便、種種因緣、譬喻言辭、而爲衆生演說諸法、是法皆爲一佛乘故。是諸衆生、從諸佛聞法、究竟皆得一切種智。（子二未來佛）舍利弗、未來諸佛、當出於世、亦以無量無數方便、種種因緣、譬喻言

子三現在佛

壬二釋迦章五
癸一開權

辭、而爲衆生演說諸法。是法、皆爲一佛乘故。是諸衆生。從佛聞法。究竟皆得一切種智。

子三現在佛

舍利弗。現在十方無量百千萬億佛土中、諸佛世尊。多所饒益、安樂衆生。是諸佛、亦以無量無數方便、種種因緣、譬喩言辭、而爲衆生演說諸法。是法、皆爲一佛乘故。是諸衆生。從佛聞法。究竟皆得一切種智。舍利弗。是諸佛、但教化菩薩。欲以佛之知見、示衆生故。欲以佛之知見、悟衆生故。欲令衆生入佛之知見故。

癸一開權

舍利弗。我今亦復如是。知諸衆生有種種欲。深心所著。隨其本性。以種

癸二顯實
癸三舉五濁釋方便
癸四揀僞敎信一實
癸五明無虛妄

癸三舉五濁釋方便三
子一標意
子二舉五濁
子三結釋

癸四揀僞敎信一實二
子一揀眞僞
子二開除釋疑
子一揀眞僞二
丑一若不聞不知非眞弟子
丑二若聞不信受是增上慢

種因緣、譬喻言辭、方便力、而爲說法。（癸二顯實）舍利弗。如此。皆爲得一佛乘、一切種智故。（子一標意）舍利弗。十方世界中尙無二乘。何況有三。（子二舉五濁）舍利弗。諸佛出於五濁惡世。所謂劫濁、煩惱濁、衆生濁、見濁、命濁。（子三結釋）如是。舍利弗。劫濁亂時。衆生垢重。慳貪嫉妒。成就諸不善根故。諸佛以方便力。於一佛乘、分別說三。（丑一若不聞不知・非眞弟子）舍利弗。若我弟子。自謂阿羅漢、辟支佛者。不聞不知諸佛如來、但敎化菩薩事。此非佛弟子。非阿羅漢。非辟支佛。（丑二若聞不信・受是增上慢）又舍利弗。是諸比丘、比丘尼、自謂已得阿羅漢。是最後身。究竟涅槃。便不

子二開除釋疑二
丑一開除
丑二釋疑
癸五明無虛妄
庚二偈頌二
辛一頌許答

復志求阿耨多羅三藐三菩提。當知此輩皆是增上慢人。所以者何。若有比丘、實得阿羅漢。若不信此法。無有是處。（丑一開除）除佛滅度後。現前無佛。所以者何。佛滅度後。如是等經、受持讀誦解義者。是人難得。（丑二釋疑）若遇餘佛。於此法中、便得決了。（癸五明無虛妄）舍利弗汝等當一心信解受持佛語。諸佛如來、言無虛妄。無有餘乘。唯一佛乘。（辛一頌許答）爾時世尊欲重宣此義。而說偈言。

比丘比丘尼。有懷增上慢。優婆塞我慢。
優婆夷不信。如是四眾等。其數有五千。

辛二頌正說二
壬一頌四佛章
壬二頌釋迦章
壬一頌四佛章四
癸一頌諸佛
癸二頌過去佛
癸三頌未來佛
癸四頌現在佛
癸一頌諸佛五
子一頌施權
子二頌顯實
子三頌勸信
子四舉五濁
子五頌不虛

不自見其過．於戒有缺漏．護惜其瑕疵。
是小智已出．衆中之糟糠．佛威德、故去．
斯人尠福德．不堪受是法。此衆無枝葉．
唯有諸貞實。舍利弗善聽．子一頌施權 諸佛所得法．
無量方便力．而爲衆生說。衆生心所念、
種種所行道．若干諸欲性．先世善惡業。
佛悉知是已．以諸緣、譬喻、言辭方便力．
令一切歡喜。或說修多羅、伽陀、及本事、
本生、未曾有。亦說於因緣、譬喻、并祇夜、

子二頌顯實四
丑一頌理一
丑二頌人一

優婆提舍經。鈍根樂小法、貪著於生死、
於諸無量佛、不行深妙道、眾苦所惱亂、
為是說涅槃。丑一頌理一 我設是方便、令得入佛慧、
未曾說汝等、當得成佛道。所以未曾說、
說時未至故、今正是其時、決定說大乘。
我此九部法、隨順眾生說、入大乘為本、
以故說是經。丑二頌人一 有佛子心淨、柔軟亦利根、
無量諸佛所、而行深妙道。為此諸佛子、
說是大乘經。我記如是人、來世成佛道、

丑三頌教一

丑四頌行一

以深心念佛、修持淨戒故。此等聞得佛、
大喜充徧身、佛知彼心行、故爲說大乘。
聲聞若菩薩、聞我所說法、乃至於一偈、
皆成佛無疑。丑三頌教一十方佛土中、唯有一乘法、
無二亦無三。除佛方便說、但以假名字、
引導於衆生、說佛智慧故。丑四頌行一諸佛出於世、
唯此一事實、餘二則非眞、終不以小乘、
濟度於衆生。佛自住大乘、如其所得法、
定慧力莊嚴、以此度衆生。自證無上道、

子三頌勸信二
丑一舉果勸信

丑二舉因勸信

子四舉五濁四
丑一總明五濁障大

大乘平等法．若以小乘化、乃至於一人．
我則墮慳貪．此事爲不可。丑一舉果勸信若人信歸佛．
如來不欺誑．亦無貪嫉意．斷諸法中惡。
故佛於十方　而獨無所畏。我以相嚴身．
光明照世間．無量衆所尊．爲說實相印．
丑二舉因勸信舍利弗當知．我本立誓願．欲令一切衆、
如我等無異。如我昔所願．今者已滿足．
化一切衆生．皆令入佛道。丑一總明五濁障大若我遇衆生．
盡敎以佛道．無智者錯亂．迷惑不受敎。

丑二別明五障

丑三明為五濁故說小

丑二別明五障

我知此眾生。　未曾修善本。　堅著於五欲。
癡愛故生惱。　以諸欲因緣。　墜墮三惡道。
輪迴六趣中。　備受諸苦毒。　受胎之微形。
世世常增長。　薄德少福人。　眾苦所逼迫。
入邪見稠林。　若有若無等。　依止此諸見。
具足六十二。　深著虛妄法。　堅受不可捨。
我慢自矜高。　諂曲心不實。　於千萬億劫、
不聞佛名字。　亦不聞正法。　如是人難度。

丑三明爲五濁故說小

是故舍利弗。　我爲設方便。　說諸盡苦道。

丑四明為大施小小治五濁大願得興

子五頌不虛

癸二頌過去佛二

子一略頌開顯

示之以涅槃。

諸法從本來．

來世得作佛．

一切諸世尊．

皆應除疑惑．

（子一略頌開顯）

過去無數劫．

其數不可量。

無數方便力．

皆說一乘法．

（丑四明為大施小小治五濁大願得興）

我雖說涅槃．

常自寂滅相。

（子五頌不虛）

我有方便力．

皆說一乘道．

諸佛語無異．

無量滅度佛．

如是諸世尊．

演說諸法相。

化無量眾生．

是亦非眞滅．

佛子行道已．

開示三乘法。

今此諸大眾．

唯一、無二乘。

百千萬億種．

種種緣、譬喻．

是諸世尊等．

令入於佛道。

子二廣頌開顯二
丑一總明方便助顯
丑二別示開顯之相二
寅一約眾善顯緣因功德
寅二約聞經顯了因功德
寅一約眾善顯緣因功德七
卯一約六度明開顯
卯二約悲戀心明開顯
卯三約供舍利明開顯

丑一總明方便助顯

又諸大聖主、知一切世間、天人羣生類、
深心之所欲、更以異方便、助顯第一義。

卯一約六度明開顯

若有眾生類、值諸過去佛、若聞法布施、
或持戒忍辱、精進、禪智等、種種修福慧。
如是諸人等、皆已成佛道。

卯二約悲戀心明開顯

諸佛滅度後、
若人善軟心、如是諸眾生、皆已成佛道。

卯三約供舍利明開顯

諸佛滅度已、供養舍利者、起萬億種塔、
金銀及玻瓈、硨磲與碼碯、玫瑰、琉璃、珠、
清淨廣嚴飾、莊校於諸塔。或有起石廟、

卯四約造佛像明開顯
卯五約畫佛像明開顯

栴檀及沉水． 木櫁并餘材． 甎瓦泥土等。
若於曠野中． 積土成佛廟。 乃至童子戲．
聚沙爲佛塔。 如是諸人等． 皆已成佛道。

卯四約造佛像明開顯

若人爲佛故． 建立諸形像． 刻琱成衆相．
皆已成佛道。 或以七寶成． 鍮鉐、赤白銅、
白鑞、及鉛錫． 鐵、木、及與泥． 或以膠漆布、
嚴飾作佛像． 如是諸人等． 皆已成佛道。

卯五約畫佛像明開顯

彩畫作佛像． 百福莊嚴相． 自作若使人．
皆已成佛道。 乃至童子戲． 若草木及筆、

卯六約供塔像明開顯

或以指爪甲、而畫作佛像，如是諸人等，
漸漸積功德，具足大悲心，皆已成佛道。
但化諸菩薩，度脫無量眾。
卯六約供塔像明開顯
若人於塔廟、
寶像及畫像，以華香、旛蓋、敬心而供養。
若使人作樂，擊鼓、吹角貝，簫、笛、琴、箜篌，
琵琶、鐃、銅鈸，如是眾妙音，盡持以供養。
或以歡喜心，歌唄頌佛德，乃至一小音，
皆已成佛道。若人散亂心，乃至以一華
供養於畫像，漸見無數佛。或有人禮拜，

卯七約稱佛名明開顯
寅二約聞經顯了因功德
癸三頌未來佛二
子一頌施權
子二頌顯實四
丑一頌人一

或復但合掌　乃至舉一手　或復小低頭
以此供養像　漸見無量佛　自成無上道
廣度無數眾、入無餘涅槃　如薪盡火滅。
卯七約稱佛名明開顯
若人散亂心　入於塔廟中　一稱南無佛
皆已成佛道。
寅二約聞經顯了因功德
於諸過去佛　在世或滅後
若有聞是法　皆已成佛道。
子一頌施權
未來諸世尊
其數無有量　是諸如來等　亦方便說法
丑一頌人一
一切諸如來　以無量方便、度脫諸眾生
入佛無漏智　若有聞法者　無一不成佛。

丑二頌行一

丑三頌教一

丑四頌理一

癸四頌現在佛

丑二頌行一

諸佛本誓願．我所行佛道．普欲令眾生、

亦同得此道。

丑三頌教一

未來世諸佛．雖說百千億、

無數諸法門．其實爲一乘。諸佛兩足尊．

知法常無性．佛種從緣起．是故說一乘。

丑四頌理一

是法住法位．世間相常住．於道場知已．

導師方便說。

癸四頌現在佛

天人所供養、現在十方佛．

其數如恒沙．出現於世間．安隱眾生故．

亦說如是法。知第一寂滅．以方便力故．

雖示種種道．其實爲佛乘。知眾生諸行．

壬二頌釋迦章二
癸一略頌上權實為下文總譬作本
癸二廣頌上六義為下文別譬作本
癸一略頌上權實二
子一頌顯實
子二頌施權
癸二廣頌上六義六
子一頌五濁為下見火譬作本
子二頌施方便化為下捨几用車譬作本
子三頌顯實為下等賜大車譬

深心之所念。過去所習業。欲、性、精進力。
及諸根利鈍。以種種因緣、譬喻、亦言辭。
隨應方便說。子一頌顯實今我亦如是。安隱眾生故。
以種種法門、宣示於佛道。子二頌施權我以智慧力、
知眾生性欲。方便說諸法。皆令得歡喜。
子一頌五濁為下見火譬作本
舍利弗當知。我以佛眼觀。見六道眾生。
貧窮無福慧。入生死險道。相續苦不斷。
深著於五欲。如犛牛愛尾。以貪愛自蔽。
盲冥無所見。不求大勢佛、及與斷苦法。

作本
子四頌歎法希有
子五頌不虛
子六頌揀眾教信
總為下無虛
妄譬作本
子二頌施方便化
為下捨几用
車譬作本二
丑一念用大乘擬
不得
丑二念同諸佛用
三乘稱宜可
得
丑一念用大乘擬
不得三
寅一明用大擬宜
寅二明眾生無機
寅三明念欲息化

深入諸邪見。以苦、欲捨苦。為是眾生故、
而起大悲心。寅一明用大擬宜 我始坐道場。觀樹亦經行。
於三七日中。思惟如是事。我所得智慧。
微妙最第一。寅二明眾生無機 眾生諸根鈍。著樂癡所盲。
如斯之等類。云何而可度。寅三明念欲息化 爾時諸梵王。
及諸天帝釋、護世四天王。及大自在天。
并餘諸天眾、眷屬百千萬。恭敬合掌禮。
請我轉法輪。我即自思惟。若但讚佛乘。
眾生沒在苦。不能信是法。破法不信故。

丑二念同諸佛用三乘稱宜可得二
寅一明化得
寅二釋疑
寅一明化得四
卯一明三乘擬宜
卯二明有小機
卯三明施化
卯四明受行悟入
卯二明有小機二
辰一明諸佛歎
辰二明釋迦酬順

墜於三惡道。我寧不說法．疾入於涅槃。

卯一明三乘擬宜

尋念過去佛、所行方便力．我今所得道．
亦應說三乘。

辰一明諸佛歎

作是思惟時．十方佛皆現．
梵音慰喻我．善哉釋迦文．第一之導師．
得是無上法．隨諸一切佛、而用方便力。
我等亦皆得最妙第一法．爲諸衆生類、
分別說三乘。少智樂小法．不自信作佛．
是故以方便、

辰二明釋迦酬順

分別說諸果。雖復說三乘．
但爲敎菩薩。舍利弗當知．我聞聖師子、

卯三明施化
卯四明受行悟入
寅二釋疑
子三頌顯實爲下等賜大車譬本

深淨微妙音。稱南無諸佛。復作如是念。
我出濁惡世。如諸佛所說。我亦隨順行。
卯三明施化
思惟是事已。即趣波羅奈。諸法寂滅相。
不可以言宣。以方便力故。爲五比丘說。
卯四明受行悟入
是名轉法輪。便有涅槃音。及以阿羅漢。
法、僧、差別名。
寅二釋疑
從久遠劫來。讚是涅槃法。
生死苦永盡。我常如是說。
子三頌顯實爲下等賜大車譬本
舍利弗當知。
我見佛子等。志求佛道者。無量千萬億。
咸以恭敬心。皆來至佛所。曾從諸佛聞

子四頌歎法希有

方便所說法。我即作是念。如來所以出．
為說佛慧故．今正是其時。舍利弗當知．
鈍根小智人、著相憍慢者．不能信是法。
今我喜無畏．於諸菩薩中．正直捨方便．
但說無上道。菩薩聞是法．疑網皆已除．
千二百羅漢、悉亦當作佛。

子四頌歎法希有

如三世諸佛
說法之儀式．我今亦如是．說無分別法。
諸佛興出世．懸遠值遇難．正使出於世．
說是法復難．無量無數劫．聞是法亦難．

子五頌不虛為下無虛妄譬本

子六頌揀眾歎信二

丑一頌揀眾

能聽是法者．斯人亦復難。譬如優曇華．
一切皆愛樂．天人所希有．時時乃一出．
聞法歡喜讚．乃至發一言．則爲已供養
一切三世佛．是人甚希有．過於優曇華。
（子五頌不虛爲下無虛妄譬本）汝等勿有疑．我爲諸法王．普告諸大眾．
但以一乘道、教化諸菩薩．無聲聞弟子。
汝等舍利弗．聲聞及菩薩．當知是妙法．
諸佛之秘要。（丑一頌揀眾）以五濁惡世．但樂著諸欲．
如是等眾生．終不求佛道。當來世惡人．

丑二頌敎信

聞佛說一乘。　迷惑不信受。　破法、墮惡道。
有慚愧、清淨、　志求佛道者。　當爲如是等、
廣讚一乘道。
丑二頌敎信
舍利弗當知。　諸佛法如是。
以萬億方便、　隨宜而說法。　其不習學者。
不能曉了此。　汝等既已知　諸佛、世之師。
隨宜方便事。　無復諸疑惑。　心生大歡喜。
自知當作佛。

妙法蓮華經冠科卷第一

世尊現瑞。彌勒疑詳。文殊爲衆廣宣揚。古佛放毫光。

三請法王。爲演妙蓮香。

南無法華會上佛菩薩　三稱

音釋敍　燉煌音屯皇郡名　龜茲音丘慈國名　覈音合

敍品　鳩摩羅什此云童壽謂童年而有耆德也　佛具云佛陀此云覺者　耆闍崛此云靈鷲崛魚勿切　比丘此云乞士內乞法以治性外乞食以治身　阿羅漢義翻殺賊亦曰不生亦云應供　阿若憍陳如此翻已知已解憍陳如是姓此翻大器　摩訶迦葉摩訶此云大迦葉云飲光其身金色光吞日月故葉音攝後皆同　優樓頻螺此云大瓜癰胸前有癰如木瓜故　伽耶此云城　那提此云江又云河　舍利弗此云鶖子舍利母名弗即子也連母為名　目犍連此云采菽氏犍音虔　迦旃延此云文飾　阿㝹樓駄此云無貧　劫賓那此云房宿父母禱房宿而生故　憍梵波提此云牛呞如牛之噍也乃輕弄之報也　離婆多此云星宿　畢陵伽婆蹉此云餘習　薄拘羅此云善容　摩訶拘絺羅此云大膝　難

陀此云歡喜孫陀羅此云好愛妻名也難陀即己號連妻為名富樓那彌多羅尼子富樓那翻滿父名也彌多羅尼翻慈母名也子即華言從父母得名故號滿慈子須菩提此云善吉又云空生阿難此云慶喜羅睺羅此云覆障是佛之子摩訶波闍波提此云大愛道為尼眾首耶輸陀羅此云華色羅睺母也菩薩摩訶薩菩薩此云覺有情摩訶薩者乃菩薩中之大者也阿耨多羅三藐三菩提阿云無耨多羅云上三藐云正等三菩提云正覺總云無上正等正覺陀羅尼此云總持義見陀羅品文殊師利此云妙德跋陀婆羅此云善守彌勒此云慈氏釋提桓因此云能作即帝釋也娑婆此云堪忍為眾生堪忍娑婆苦也即三千大千世界是也尸棄此云頂髻娑伽羅此云鹹海和修吉此云多頭德叉迦此云現毒阿那婆達多此云無熱惱摩那斯此云大身優鉢羅此云青蓮花緊那羅此云疑神似人而有角可疑乾闥婆此云臭香能尋香奏樂也樂乾上音岳阿修羅此云非天婆稚此云有縛佉羅騫駝此云廣肩佉丘加切騫音愆毘摩質多羅此云海水波音即帝釋夫人舍脂之父也

迦樓羅此云金翅鳥能噉龍韋提希此云思惟阿闍世此云未生怨即提希子也三昧此云正定曼陀
羅此云適意曼殊沙此云柔輭優婆塞此云近事男謂受此戒乃可近事比丘也優婆夷此云近事女謂受此戒乃可近事比丘尼
也夜叉此云勇健摩睺羅伽此云大腹即蟒神也阿鼻此云無間謂受苦無間也阿迦尼吒此云窒礙究竟吒知
迦足稼二切般涅槃此云滅度般音鉢舍利此云骨分或云堅固栴檀香名摩尼此云離垢阿僧祇此云無數
劫具名劫波此云時分辟支此云獨覺波羅蜜此云到彼岸頗羅墮此云捷疾梵具云梵摩此云離欲魔具云魔羅此云
殺者沙門此云勤息勤求戒定慧息滅貪瞋癡婆羅門此云淨行西天四姓之一也多陀阿伽度此云如來阿羅
訶此云應供三藐三佛陀此云正徧知十號之三幔音滿
方便品　優曇鉢此云靈瑞此華三千年一現瑕音霞玉玷也疵音慈病也尟音鮮少也修多羅此云
契經伽陀此云孤起頌祇夜此云重頌優婆提舍此云論義玫音梅瑰音桂櫁音密香木鍮鉐音偷石黄

銅似金　鉛音嵌　箜篌音空侯　唄音敗梵音　南無此云皈依　犛音毛　波羅奈鹿野苑之國號

持驗記

⊙晉燉煌郡釋曇摩羅刹，華言法護，本姓支氏。八歲出家，誦經日萬言，志弘大道。徧遊西域諸國，賫梵經還中夏，遂譯出賢劫正法華諸部。晉武末年，隱居深山，山有清澗，恆取澡漱。後忽以穢濁而竭，師徘徊嘆曰，人以涼德，遂使清泉輟流乎，言訖，泉流滿澗，其幽誠所感如此。時稱燉煌菩薩。

⊙晉釋鳩摩羅什，華言童壽。天竺人也。七歲出家，日誦千偈。年十二至沙勒國，說法之暇，專務方等，於是聲滿葱左。龜茲王迎還國，請開方等經奧。師爲推辨諸法皆空無我，分別陰界假名非實，聽者莫不感悟。苻秦時，太史奏有星見外國分野，當有大智入輔中國。卽遣使求之。後秦弘始三年十二月，迎師至長安，止逍遙園。譯妙法蓮華經，義皆圓通，眾心愜伏。續出小品金剛般若等經，及諸論，凡三百餘卷。師雅好大乘，志存敷廣，將終，語眾曰，願所宣譯，後世咸共弘通，今於眾前發誠實誓，若所傳無謬，當使焚身之後，舌不焦爛晉義熙五年卒於長安，依外國法闍維，薪滅形化，惟舌不灰。

⊙晉釋曇翼，餘杭人。初沙門法志，常誦法華，有雉翔集座隅，如聽經狀，七年雉殞，志瘞之，夜夢一童子拜曰，因聽經得脫羽類，今生山前王氏家矣。王氏一日設齋，志乃踵門，兒曰，我和尚來也，志撫之曰，此我雉兒也，解衣視腋下，果有雉毛三莖，因名以翼。七歲出家，十六薙髮，初入廬山依遠公，繼往關中師羅什。義熙十三年，東還會稽，入秦望山。結茆庵，稱法華精舍，專誦法華。越十二年，有女子披綵服，攜籠盛一白豕，大蒜兩莖，至師前曰，妾入山采薇，日夕矣，豺狼縱橫，歸無生理，敢託一宿。師卻之甚力，女哀鳴不已，遂令居草牀上，夜半號呼腹疼，求師按摩，師以布裹錫杖，遙爲按之。翌日、女以綵服化祥雲，豕變白象，蒜化雙蓮，凌空而上，謂師曰，我普賢菩薩也，以汝不久當歸我眾，特來相試，觀汝心眞，如水中月，不可染污也。既而爲雨華，地皆震動。太守孟顗，方晨起視事，忽見南方祥雲，光射庭際，知普賢示化，遂以聞於朝，敕建法華寺，即今天衣寺也。師既化，漆其身留山中。

⊙宋釋道生，鉅鹿人。幼從竺法汰出家。初入廬山，幽棲七年，時誦法華經。嘗以入道之要，慧解爲本，於是鑽仰羣經，不憚疲苦。往關中稟承羅什，辨問超卓，咸稱神悟。後入虎邱山講經，至闡提皆有佛性，頑石皆爲點頭。又在半塘誦法華經，有一童子，從師出家，亦誦法華。無何童子命終，因瘞於林，一夕聞誦經聲，鄉人異之，啓視，乃獲一舌，生青蓮華，因是起塔，後葺成寺。（即今半塘寺）高啓爲詠詩云，黃土但埋骨，豈能埋性靈。昔聞宿草間，曾吐蓮華青。身歸長夜臺，口誦西方經。尋跡殊窅窅，聞聲每泠泠。寒燈照空塔，時有山僧聽。應使鄰塚聞，沈迷盡皆醒。

⊙宋釋寶通，梵行精修。長誦法華經，陀羅尼品，久而靈異。時楊橋村，有趙姓妻，爲魅所憑，請師誦陀羅尼品，有神現形，呼其鬼受責，趙妻得瘥。後病再發，師往，見所責鬼在前。師曰，前已誡治，那得再來，吾當誦呪，令汝頭破作七分，如阿梨樹枝。鬼叩頭哀乞，去，病遂愈。

⊙齊竟陵文宣王蕭子良，字雲英。敦義愛古，博覽經籍，世稱筆海。與文慧太子，並精佛理。每招致名僧，講諸經，乘尊法之盛，江左未有。或親爲眾僧賦食行水，誦法華經，冥感雅梵，有類陳思。著淨住子二十卷，行世。淨住者，即梵語布薩，謂淨身口意，如戒而住也。

3譬喻品
己二身子領解二
庚一經家敘
庚二身子自陳二
辛一長文
辛二偈頌
辛一長文三
壬一標三喜
壬二釋

妙法蓮華經冠科卷第二

姚秦三藏法師鳩摩羅什奉詔譯

明古吳蕅益智旭科

妙法蓮華經譬喻品第三（為中根稍鈍以譬喻得解喻說一周）

（庚一經家敘）爾時舍利弗踊躍歡喜。即起、合掌、瞻仰尊顏、（壬一標三喜）而白佛言。今從世尊聞此法音。心懷踊躍。得未曾有。（壬二釋）所以者何。我昔從佛聞如是法。見諸菩薩受記作佛。而我等不與斯事。甚自感傷、失於如來無量知見。世尊。我常獨處山林樹下。若坐若行。每作是念。我等同入法性。

壬三結二
癸一結
癸二成
辛二偈頌三
壬一頌標
壬二頌釋
壬三頌結

云何如來以小乘法而見濟度。是我等咎。非世尊也。所以者何。若我等待說所因成就阿耨多羅三藐三菩提者。必以大乘而得度脫。然我等不解方便隨宜所說。初聞佛法。遇便信受、思惟取證。癸一結 世尊。我從昔來。終日竟夜、每自剋責。而今從佛聞所未聞、未曾有法。斷諸疑悔。身意泰然。快得安隱。癸二成 今日乃知眞是佛子。從佛口生。從法化生。得佛法分。壬一頌標 爾時舍利弗欲重宣此義。而說偈言。

我聞是法音。　得所未曾有。　心懷大歡喜。

壬二頌釋二
癸一補頌不失
癸二正頌昔失

疑網皆已除。癸一補頌不失昔來蒙佛教．不失於大乘．
佛音甚希有．能除眾生惱．我已得漏盡．
聞亦除憂惱。癸二正頌昔失我處於山谷．或在林樹下．
若坐、若經行．常思惟是事．嗚呼、深自責．
云何而自欺。我等亦佛子．同入無漏法．
不能於未來、演說無上道。金色三十二、
十力、諸解脫．同共一法中．而不得此事．
八十種妙好．十八不共法．如是等功德．
而我皆已失．我獨經行時．見佛在大眾．

壬三頌結二
癸一頌結

名聞滿十方．廣饒益眾生。自惟失此利．
我爲自欺誑。我常於日夜．每思惟是事．
欲以問世尊．爲失、爲不失。我常見世尊．
稱讚諸菩薩．以是於日夜．籌量如是事。
今聞佛音聲．隨宜而說法．無漏難思議．
令眾至道場。我本著邪見．爲諸梵志師．
世尊知我心．拔邪、說涅槃。我悉除邪見．
於空法得證．爾時心自謂．得至於滅度。
子一正頌結
而今乃自覺．非是實滅度．若得作佛時．

癸二頌成
癸一頌結三
子一正頌結
子二追敘疑悔
子三敘今領解

具三十二相。天、人、夜叉眾、龍神、等恭敬。
是時乃可謂。永盡滅無餘。佛於大眾中。
說我當作佛。聞如是法音。疑悔悉已除。
子二追敘疑悔
初聞佛所說。心中大驚疑。將非魔作佛。
惱亂我心耶。
子三敘今領解
佛以種種緣、譬喻、巧言說。
其心安如海。我聞、疑網斷。佛說過去世、
無量滅度佛。安住方便中。亦皆說是法。
現在未來佛。其數無有量。亦以諸方便。
演說如是法。如今者世尊。從生及出家、

癸二頌成

己三如來述成三
庚一昔曾教大

得道、轉法輪。亦以方便說。世尊說實道。
波旬無此事。以是我定知、非是魔作佛。
我墮疑網故。謂是魔所爲。聞佛柔輭音。
深遠甚微妙。演暢清淨法。我心大歡喜。
疑悔永已盡。安住實智中。癸二頌成我定當作佛。
爲天人所敬。轉無上法輪。教化諸菩薩。
庚一昔曾教大
爾時佛告舍利弗。吾今於天、人、沙門、婆羅門等、大眾中說。我昔曾於二萬億佛所。爲無上道故。常教化汝。汝亦長夜隨我受學。我以方便引導汝故。生我法中。

庚二中忘取小
庚三還爲說大
己四與授記二
庚一長文
庚二偈頌
庚一長文十
辛一時節
辛二因行
辛三得果
辛四國土

（庚二中忘取小）舍利弗。我昔教汝志願佛道。汝今悉忘。而便自謂、已得滅度。（庚三還爲說大）我今還欲令汝憶念本願所行道故。爲諸聲聞說是大乘經。名妙法蓮華、教菩薩法、佛所護念。（辛一時節）舍利弗。汝於未來世。過無量無邊、不可思議劫。（辛二因行）供養若干千萬億佛。奉持正法。具足菩薩所行之道。（辛三得果）當得作佛。號曰華光如來、應供、正徧知、明行足、善逝、世間解、無上士、調御丈夫、天人師、佛、世尊。（辛四國土）國名離垢。其土平正。淸淨嚴飾。安隱、豐樂。天人熾盛。琉璃爲地。有八交道。黃金爲繩、以界其側。其傍、各有七寶行樹。常有華

辛五說法
辛六劫名
辛七衆數
辛八壽量

果。華光如來、（辛五說法）亦以三乘教化衆生。舍利弗．彼佛出時．
雖非惡世．以本願故．說三乘法。（辛六劫名）其劫名大寶莊嚴。何
故名曰大寶莊嚴．其國中以菩薩爲大寶故。（辛七衆數）彼諸菩
薩．無量無邊．不可思議．算數譬喩所不能及．非佛智
力、無能知者。若欲行時．寶華承足。此諸菩薩．非初發
意．皆久植德本．於無量百千萬億佛所、淨修梵行．恆
爲諸佛之所稱歎。常修佛慧．具大神通．善知一切諸
法之門．質直無僞．志念堅固。如是菩薩、充滿其國。（辛八壽量）舍
利弗．華光佛、壽十二小劫．除爲王子、未作佛時。其國

辛九補處
辛十法住久近
庚二偈頌二
辛一頌長文
辛二結歎
辛一頌長文八
壬一超頌得果
壬二追頌行因
壬三頌時節幷劫名

人民壽八小劫。辛九補處華光如來過十二小劫、授堅滿菩薩、阿耨多羅三藐三菩提記。告諸比丘、是堅滿菩薩、次當作佛、號曰華足安行、多陀阿伽度阿羅訶三藐三佛陀、其佛國土亦復如是。辛十法住久近舍利弗是華光佛滅度之後、正法住世三十二小劫、像法住世亦三十二小劫。

爾時世尊欲重宣此義、而說偈言、

壬一超頌得果

舍利弗來世、　成佛普智尊、　號名曰華光、

壬二追頌因行

當度無量衆。　供養無數佛、　具足菩薩行、

壬三頌時節幷劫名

十力等功德、　證於無上道。　過無量劫已、

壬四頌國土

壬五頌眾數

壬六頌說法

壬七頌壽量

壬八頌法住久近

劫名大寶嚴．（壬四頌國土）世界名離垢．清淨無瑕穢。

以琉璃為地．金繩界其道．七寶雜色樹．

常有華果實。（壬五頌眾數）彼國諸菩薩．志念常堅固．

神通波羅蜜．皆已悉具足。於無數佛所．

善學菩薩道．（壬六頌說法）如是等大士．華光佛所化。

（壬七頌壽量）佛為王子時．棄國捨世榮．於最末後身．

出家成佛道。華光佛住世、壽十二小劫．

其國人民眾．壽命八小劫。（壬八頌法住久近）佛滅度之後．

正法住於世．三十二小劫．廣度諸眾生。

辛二結歎

己五四衆歡喜二
庚一長文
庚二偈頌
庚一長文三
辛一經家敘衆喜
辛二陳供養

正法滅盡已。像法三十二。舍利廣流布。天人普供養。

辛二結歎

華光佛所爲。其事皆如是。其兩足聖尊。最勝無倫匹。彼即是汝身。宜應自欣慶。

辛一經家敘衆喜

爾時四部衆。比丘、比丘尼、優婆塞、優婆夷、天龍、夜叉、乾闥婆、阿修羅、迦樓羅、緊那羅、摩睺羅伽等、大衆見舍利弗於佛前受阿耨多羅三藐三菩提記。心大歡喜踊躍無量。

辛二陳供養

各各脫身所著上衣、以供養佛。釋提桓因、梵天王等、與無數天子。亦以天妙衣、天曼陀羅華、

辛三正領解

庚二偈頌二
辛一頌開權顯一實

辛二自述得解隨喜迴向

摩訶曼陀羅華、等、供養於佛。所散天衣。住虛空中。而自回轉。諸天伎樂、百千萬種。於虛空中、一時俱作。雨眾天華。而作是言。

辛三正領解

佛昔於波羅奈、初轉法輪。今乃復轉無上最大法輪。

辛一頌開權顯一實

爾時諸天子欲重宣此義。而說偈言。

昔於波羅奈、　轉四諦法輪。　分別說諸法。
五眾之生滅。　今復轉最妙　無上大法輪。

辛二自述得解隨喜迴向

是法甚深奧。　少有能信者。　我等從昔來。
數聞世尊說。　未曾聞如是　深妙之上法。

戊二譬說周四
己一此品文正譬開三顯一
己二信解品明中根領解
己三藥草喻品是如來述成
己四授記品是與受決
己一此品文正譬開三顯一二

世尊說是法. 我等皆隨喜。 大智舍利弗、
今得受尊記. 我等亦如是. 必當得作佛.
於一切世間. 最尊無有上。 佛道叵思議.
方便隨宜說。 我所有福業. 今世若過世.
及見佛功德. 盡回向佛道。

庚一請

爾時舍利弗白佛言. 世尊. 我今無復疑悔. 親於佛前、得受阿耨多羅三藐三菩提記。是諸千二百心自在者. 昔住學地. 佛常教化言我法、能離生老病死. 究竟涅槃。是學無學人. 亦各自以離我見及有無見等、謂

庚一請
庚二答三
辛一發起
辛二正譬說
辛三勸信流通

辛二正譬說二
壬一長文
壬二重頌
壬一長文二
癸一立譬
癸二法合
癸一立譬二
子一總譬
子二別譬
子一總譬六

得涅槃。而今於世尊前、聞所未聞。皆墮疑惑。善哉、世尊。願爲四衆說其因緣。令離疑悔。辛一發起 爾時佛告舍利弗。我先不言、諸佛世尊、以種種因緣、譬喻言辭、方便說法。皆爲阿耨多羅三藐三菩提耶。是諸所說。皆爲化菩薩故。然舍利弗。今當復以譬喻、更明此義。諸有智者、以譬喻得解。丑一長者譬 舍利弗。若國邑聚落。有大長者。其年衰邁。財富無量。多有田宅、及諸僮僕。丑二舍宅譬 其家廣大。唯有 丑三一門譬 一門。丑四五百人譬 多諸人衆。一百、二百、乃至五百人、止住其中。寅一出所燒之宅相 堂閣朽故。牆壁隤落。柱根腐敗。梁棟傾危。寅二明能燒之火 周帀俱時、欻

丑一長者譬
丑二舍宅譬
丑三一門譬
丑四五百人譬
丑五火起譬
丑六三十子譬
丑五火起譬二
寅一出所燒之宅相
寅二明能燒之火
子二別譬四
丑一長者見火譬
丑二捨几用車譬
丑三等賜大車譬
丑四無虛妄譬
丑二捨几用車譬二
寅一捨几譬
寅二用車譬
寅一捨几譬二
卯一勸門擬宜不得
卯二誡門擬宜不得

然火起。焚燒舍宅。（丑六三十子譬）長者諸子、若十、二十、或至三十、在此宅中。（丑一長者見火譬）長者見是大火從四面起。即大驚怖。而作是念。我雖能於此所燒之門、安隱得出。而諸子等。於火宅內、樂著嬉戲。不覺不知。不驚不怖。火來逼身。苦痛切己。心不厭患。無求出意。（卯一勸門擬宜不得）舍利弗。是長者作是思惟。我身手有力。當以衣裓、若以几案、從舍出之。復更思惟。是舍、唯有一門。而復狹小。諸子幼稚。未有所識。戀著戲處。或當墮落。爲火所燒。（卯二誡門擬宜不得）我當爲說怖畏之事。此舍已燒。宜時疾出。勿令爲火之所燒害。作是念已。如

寅二用車譬四
卯一擬宜三車譬
卯二知子先心所好譬
卯三歎三車希有譬

所思惟．具告諸子．汝等速出。父雖憐愍、善言誘諭．而諸子等樂著嬉戲．不肯信受．不驚不畏．了無出心。亦復不知何者是火．何者爲舍．云何爲失．但東西走戲、視父而已。卯一擬宜三車譬 爾時長者即作是念．此舍已爲大火所燒．我及諸子若不時出．必爲所焚．我今當設方便．令諸子等得免斯害。卯二知子先心所好譬 父知諸子先心各有所好．種種珍玩奇異之物．情必樂著。卯三歎三車希有譬 而告之言．汝等所可玩好．希有難得．汝若不取．後必憂悔。如此種種羊車、鹿車、牛車．今在門外．可以游戲。汝等於此火宅、宜速出來．隨汝

卯四適子所願譬
丑三等賜大車譬四
寅一父見諸子免難歡喜譬
寅二諸子索車譬
寅三等賜諸子大車譬
寅四諸子得車歡喜譬
寅三等賜諸子大車譬三
卯一標章
卯二釋車等
卯三釋心等
卯二釋車等二
辰一正明車體

所欲。皆當予汝。（卯四適子所願譬）爾時諸子聞父所說珍玩之物。適其願故。心各勇銳。互相推排。競共馳走。爭出火宅。（寅一父見諸子免難歡喜譬）是時長者見諸子等安隱得出。皆於四衢道中。露地而坐。無復障礙。其心泰然。歡喜踊躍。（寅二諸子索車譬）時諸子等各白父言。父先所許玩好之具。羊車、鹿車、牛車。願時賜予。（卯一標章）舍利弗。爾時長者各賜諸子、等一大車。（辰一正明車體）其車高廣。衆寶莊校。周帀欄楯。四面懸鈴。又於其上。張設幰蓋。亦以珍奇雜寶而嚴飾之。寶繩交絡。垂諸華纓。重敷婉綖。安置丹枕。駕以白牛。膚色充潔。形體殊好。有大筋力。行

辰二釋有車之由
卯三釋心等
寅四諸子得車歡喜譬
丑四無虛妄譬三
寅一問
寅二答

步平正。其疾如風。又多僕從、而侍衛之。所以者何。是
辰二釋有車之由
大長者、財富無量。種種諸藏、悉皆充溢。而作是念。
卯三釋心等
我財物無極。不應以下劣小車、予諸子等。今此幼童、皆是吾子。愛無偏黨。我有如是七寶大車。其數無量。應當等心、各各予之。不宜差別。所以者何。以我此物、周給一國。猶尚不匱。何況諸子。
寅四諸子得車歡喜譬
是時諸子各乘大車。得未曾有。非本所望。
寅一問
舍利弗。於汝意云何。是長者、等予諸子珍寶大車。寧有虛妄否。
寅二答
舍利弗言。不也、世尊。是長者、但令諸子得免火難。全其軀命。非爲虛妄。何以

寅三述歎
癸二法合二
子一合總譬
子二合別譬
子一合總譬二
丑一合長者等三譬

故。若全身命．便爲已得玩好之具．況復方便．於彼火宅而拔濟之。世尊．若是長者．乃至不予最小一車．猶不虛妄。何以故。是長者先作是意．我以方便、令子得出．以是因緣．無虛妄也。何況長者、自知財富無量．欲饒益諸子．等予大車。

寅三述歎

佛告舍利弗．善哉善哉．如汝所言。

丑一合長者等三譬

舍利弗．如來亦復如是．則爲一切世間之父。於諸怖畏、衰惱、憂患．無明闇蔽．永盡無餘．而悉成就無量知見、力、無所畏．有大神力及智慧力．具足方便、智慧波羅蜜．大慈、大悲．常無懈倦．恆求善事．利益一切。而

丑二合三十子等三譬
子二合別譬四
丑一合見火譬
丑二合捨几用車譬
丑三合等賜大車譬
丑四合無虛妄譬

（丑二合三十子等三譬）

生三界朽故火宅、爲度衆生生老病死、憂悲苦惱、愚癡、闇蔽、三毒之火、敎化令得阿耨多羅三藐三菩提。

（丑一合見火譬）

見諸衆生爲生老病死、憂悲苦惱之所燒煮、亦以五欲財利故、受種種苦、又以貪著追求故、現受衆苦、後受地獄、畜生、餓鬼之苦、若生天上、及在人間、貧窮困苦、愛別離苦、怨憎會苦、如是等種種諸苦、衆生沒在其中、歡喜遊戲、不覺不知、不驚不怖、亦不生厭、不求解脫。於此三界火宅、東西馳走、雖遭大苦、不以爲患。舍利弗、佛見此已、便作是念、我爲衆生之父、應拔其

丑二合捨几用車
譬二
寅一合捨几
寅二合用車
寅一合捨几二
卯一正合捨几

卯二提譬帖合

寅二合用車三
卯一合擬宜三車
幷知子先心
卯二合歎三車希
有

苦難。予無量無邊佛智慧樂。令其游戲。（卯一正合捨几）舍利弗。如來復作是念。若我但以神力、及智慧力。捨於方便。爲諸衆生讚如來知見、力無所畏者。衆生不能以是得度。所以者何。是諸衆生。未免生老病死、憂悲苦惱。而爲三界火宅所燒。何由能解佛之智慧。（卯二提譬帖合）舍利弗。如彼長者。雖復身手有力。而不用之。但以慇懃方便、勉濟諸子火宅之難。然後各予珍寶大車。（卯一合擬宜三車幷知子先心）如來亦復如是。雖有力、無所畏。而不用之。但以智慧方便。（辰一合示轉）於三界火宅、拔濟衆生。爲說三乘、聲聞、辟支佛、佛乘。而作是言。汝

卯三合適子所願
卯二合歎三車希有三
辰一合示轉
辰二合證轉
辰三追合勸轉
卯三合適子所願

等莫得樂住三界火宅。勿貪粗敝、色聲香味觸也。若貪著生愛。則爲所燒。汝速出三界。當得三乘、聲聞、辟支佛佛乘。辰二合證轉我今爲汝保任此事。終不虛也。汝等但當勤修精進。如來以是方便、誘進衆生。辰三追合勸轉復作是言。汝等當知此三乘法。皆是聖所稱歎。自在無繫。無所依求。乘是三乘。以無漏根、力、覺、道、禪定、解脫、三昧等。而自娛樂。便得無量安隱快樂。卯三合適子所願舍利弗若有衆生。內有智性。從佛世尊聞法信受。慇懃精進。欲速出三界。自求涅槃。是名聲聞乘。如彼諸子爲求羊車、出於火宅。若

丑三合等賜大車譬二

寅一雙牒免難等賜二譬

寅二雙合

有眾生、從佛世尊聞法信受、慇懃精進、求自然慧、樂獨、善寂、深知諸法因緣、是名辟支佛乘、如彼諸子為求鹿車、出於火宅。若有眾生、從佛世尊聞法信受、勤修精進、求一切智、佛智、自然智、無師智、如來知見、力、無所畏、愍念、安樂無量眾生、利益天人、度脫一切、是名大乘、菩薩求此乘故、名為摩訶薩、如彼諸子為求牛車、出於火宅。寅一雙牒免難・等賜二譬 舍利弗、如彼長者、見諸子等安隱得出火宅、到無畏處、自惟財富無量、等以大車而賜諸子。寅二雙合 如來亦復如是、為一切眾生之父、若見無量億千

丑四合無虛妄譬　二
寅一牒譬
寅二正合

衆生。以佛教門、出三界苦、怖畏險道。得涅槃樂。如來爾時便作是念。我有無量無邊智慧、力、無畏、等諸佛法藏。是諸衆生。皆是我子。等予大乘。不令有人獨得滅度。皆以如來滅度而滅度之。是諸衆生脫三界者。悉予諸佛禪定、解脫、等、娛樂之具。皆是一相、一種。聖所稱歎。能生淨妙第一之樂。寅一牒譬舍利弗。如彼長者、初以三車誘引諸子。然後但予大車。寶物莊嚴。安隱第一。然彼長者無虛妄之咎。寅二正合如來亦復如是、無有虛妄。初說三乘、引導衆生。然後但以大乘而度脫之。何以故。

壬二重頌二
癸一頌立譬
癸二頌法合
癸一頌立譬二
子一頌總譬
子二頌別譬
子一頌總譬四
丑一頌長者
丑二頌家宅
丑三頌五百人
丑四頌火起四
寅一頌地上事譬
欲界

如來有無量智慧、力、無所畏、諸法之藏。能與一切眾生大乘之法。但不盡能受。舍利弗。以是因緣。當知諸佛方便力故。於一佛乘、分別說三。佛欲重宣此義。而說偈言。

丑一頌長者

譬如長者、有一大宅。其宅久故。而復頓敝。

丑二頌家宅

堂舍高危。柱根摧朽。梁棟傾斜。基陛隤毀。
牆壁圮坼。泥塗褫落。覆苫亂墜。椽梠差脫。
周障屈曲。雜穢充徧。

丑三頌五百人

有五百人。止住其中。

卯一明所燒之類

鵄梟鵰鷲、烏鵲鳩鴿、蚖蛇蝮蠍、蜈蚣蚰蜒。

寅二頌穴中事譬
色界
寅三頌穴外事譬
無色界
寅四總結眾難非
一
寅一頌地上事譬
欲界四
卯一明所燒之類

守宮、百足．　鼬、貍、鼷鼠．　諸惡蟲輩．　交横馳走。
屎尿臭處．　不淨流溢．　蜣蜋諸蟲、　而集其上。
狐、狼、野干．　咀嚼、踐踏．　嚌齧死屍．　骨肉狼藉。
由是羣狗、　競來搏撮．　飢羸慞惶．　處處求食。
鬥諍、摣掣．　啀喍嘷吠．　其舍恐怖．　變狀如是。
處處皆有　魑魅、魍魎．　夜叉惡鬼．　食噉人肉．
毒蟲之屬．　諸惡禽獸．　孚乳產生．　各自藏護。
夜叉競來．　爭取食之．　食之既飽．　惡心轉熾．
鬥諍之聲．　甚可怖畏。　鳩槃荼鬼、　蹲踞土埵．

卯二明火起之由

或時離地、一尺二尺、往返游行、縱逸嬉戲。
捉狗兩足、撲令失聲、以腳加頸、怖狗自樂。
復有諸鬼、其身長大、裸形黑瘦、常住其中、
發大惡聲、叫呼求食。復有諸鬼、其咽如鍼。
復有諸鬼、首如牛頭、或食人肉、或復噉狗、
頭髮蓬亂、殘害凶險、飢渴所逼、叫喚馳走。
夜叉餓鬼、諸惡鳥獸、飢急四向、窺看窗牖、
如是諸難、恐畏無量。

卯二明火起之由

是朽故宅、屬于一人。
其人近出、未久之間、於後舍宅、忽然火起、

卯三正明火起之勢
卯四明被燒之相
寅二頌穴中事譬色界三
卯一譬所燒之類
卯二明火起之由及火起之勢
卯三明被燒之相
寅三頌穴外事譬無色界二
卯一明所燒之類
卯二明被燒之相

卯三正明火起之勢
四面一時。其燄俱熾。棟、梁、椽、柱、爆聲震裂。
摧折、墮落。牆壁崩倒。卯四明被燒之相 諸鬼神等、揚聲大叫。
鵰鷲諸鳥。鳩槃荼等。周慞惶怖。不能自出。
卯一譬所燒之類
惡獸毒蟲。藏竄孔穴。毘舍闍鬼、亦住其中。
卯二明火起之由及火起之勢
薄福德故。為火所逼。共相殘害。飲血、噉肉。
卯三明被燒之相
野干之屬。並已前死。諸大惡獸、競來食噉。
臭烟熢㶿。四面充塞。卯一明所、燒之類 蜈蚣蚰蜒。毒蛇、之類。
為火所燒。爭走出穴。鳩槃荼鬼、隨取而食。
卯二明被燒之相
又諸餓鬼。頭上火然。飢渴熱惱。周章悶走。

寅四總結衆難非一
子二頌別譬三
丑一頌長者見火譬
丑二頌捨几用車譬
丑三頌等賜大車譬
丑二頌捨几用車譬二
寅一頌捨几

寅四總結衆難非一
其宅如是、甚可怖畏。毒害、火災。衆難非一。
丑一頌長、者見火譬
是時宅主 在門外立。聞有人言 汝諸子等。
先因游戲、來入此宅。稚小無知。歡娛樂著。
長者聞已。驚入火宅。
寅一頌捨几
方宜救濟。令無燒害。
告諭諸子。說衆患難。惡鬼、毒蟲。災火蔓莚。
衆苦次第、相續不絕。毒蛇、蚖、蝮。及諸夜叉、
鳩槃荼鬼。野干、狐、狗。鵰、鷲、鵄、梟。百足之屬。
飢渴、惱急。甚可怖畏。此苦難處。況復大火。
諸子無知。雖聞父誨。猶故樂著。嬉戲不已。

寅二頌用車三
卯一頌擬宜三車
卯二頌歎三車希有
卯三頌適子所願
丑三頌等賜大車譬四
寅一頌父見諸子免難歡喜譬

卯一頌擬宜三車

是時長者。而作是念。諸子如此。益我愁惱。
今此舍宅。無一可樂。而諸子等、耽湎嬉戲。
不受我教。將爲火害。即便思惟。設諸方便、

卯二頌歎三車希有

告諸子等。我有種種。珍玩之具。妙寶好車。
羊車、鹿車、大牛之車。今在門外。汝等出來。
吾爲汝等。造作此車。隨意所樂。可以游戲。

卯三頌適子所願

諸子聞說。如此諸車。即時奔競、

寅一頌父見諸子免難歡喜譬

馳走而出。
到於空地。離諸苦難。長者見子。得出火宅。
住於四衢。坐師子座、而自慶言。我今快樂。

寅二頌諸子索車譬

寅三頌等賜諸子大車譬

此諸子等．生育甚難．愚小無知．而入險宅。
多諸毒蟲．魑魅可畏．大火猛燄、四面俱起．
而此諸子、貪著嬉戲．我已救之．令得脫難。
是故諸人．我今快樂。

寅二頌諸子索車譬

爾時諸子、知父安坐．
皆詣父所、而白父言．願賜我等、三種寶車。
如前所許．諸子出來．當以三車、隨汝所欲．
今正是時．惟垂給予。

寅三頌等賜諸子大車譬

長者大富．庫藏眾多。
金、銀、琉璃、硨磲、碼瑙．以眾寶物、造諸大車。
莊校、嚴飾．周帀欄楯．四面懸鈴．金繩交絡。

寅四頌諸子得車歡喜譬
癸二頌法合二
子一頌合總譬
子二頌合別譬
子一頌合總譬四
丑一頌合長者
丑二頌合五百人兼得三十子

眞珠羅網。張施其上。金華諸瓔。處處垂下。
衆綵雜飾。周帀圍繞。柔軟繒纊。以爲茵蓐。
上妙細氎。價値千億。鮮白淨潔。以覆其上。
有大白牛。肥壯多力。形體姝好。以駕寶車。
多諸儐從。而侍衛之。以是妙車。等賜諸子。

寅四頌諸子得車歡喜譬

諸子是時。歡喜踊躍。乘是寶車。游於四方。
嬉戲快樂。自在無礙。

丑一頌合長者

告舍利弗。我亦如是。

丑二頌合五百人兼得三十子義

衆聖中尊。世間之父。一切衆生。皆是吾子。

丑三頌合家宅兼得一門義

深著世樂。無有慧心。三界無安。猶如火宅。

義
丑三頌合家宅兼得一門義
丑四頌合火起
子二頌合別譬四
丑一頌合見火
丑二頌合捨几用車
丑三頌合等賜大車
丑四頌合無虛妄
丑二頌合捨几用車二
寅一頌合捨几
寅二頌合用車
丑三頌合等賜大車二

丑四頌合火起

眾苦充滿。甚可怖畏。常有生老　病死憂患。
如是等火。熾然不息。

丑一頌合見火

如來已離　三界火宅。
寂然閑居。安處林野。今此三界　皆是我有。
其中眾生。悉是吾子。而今此處　多諸患難。
唯我一人　能爲救護。

寅一頌合捨几

雖復敎詔　而不信受。
於諸欲染　貪著深故。

寅二頌合用車

以是方便　爲說三乘。
令諸眾生　知三界苦。開示演說　出世間道。
是諸子等　若心決定。具足三明、及六神通。
有得緣覺、不退菩薩。

寅一頌合等賜

汝舍利弗。我爲眾生。

寅一頌合等賜

寅二頌合歡喜

丑四頌合無虛妄

以此譬喻、說一佛乘。汝等若能、信受是語。
一切皆當、成得佛道。是乘微妙、清淨第一、
於諸世間、爲無有上。佛所悅可、一切衆生、
所應稱讚、供養禮拜。無量億千、諸力、解脫、
禪定、智慧、及佛餘法。得如是乘。寅二頌合歡喜 令諸子等、
日夜、劫數、常得遊戲。與諸菩薩、及聲聞衆、
乘此寶乘、直至道場。以是因緣、十方諦求、
更無餘乘。除佛方便。丑四頌合無虛妄 告舍利弗、汝諸人等、
皆是吾子。我則是父。汝等累劫、衆苦所燒。

我皆濟拔．令出三界。我雖先說、汝等滅度．
但盡生死．而實不滅．今所應作．唯佛智慧。
若有菩薩．於是眾中．能一心聽、諸佛實法．
諸佛世尊、雖以方便．所化眾生．皆是菩薩。
若人小智．深著愛欲．為此等故、說於苦諦。
眾生心喜．得未曾有．佛說苦諦．眞實無異。
若有眾生．不知苦本．深著苦因．不能暫捨．
為是等故、方便說道。諸苦所因．貪欲為本．
苦滅貪欲．無所依止．滅盡諸苦．名第三諦。

辛三勸信流通二
壬一標兩章
壬二釋二
癸一釋可說不可說

爲滅諦故。修行於道。離諸苦縛。名得解脫。
是人於何　而得解脫。但離虛妄。名爲解脫。
其實未得　一切解脫。佛說是人、未實滅度。
斯人未得　無上道故。我意不欲　令至滅度。
我爲法王。於法自在。安隱衆生。故現於世。
壬一標兩章
汝舍利弗。我此法印。爲欲利益　世間、故說。
在所游方。勿妄宣傳。
癸一釋可說不可說
若有聞者。隨喜頂受。
當知是人、阿鞞跋致。若有信受。此經法者。
是人已曾　見過去佛。恭敬供養。亦聞是法。

癸二釋可通不可通二

子一約大悲門莫爲惡說

若人有能　信汝所說．則爲見我．亦見於汝、
及比丘僧、并諸菩薩。斯法華經．爲深智說．
淺識聞之．迷惑不解．一切聲聞、及辟支佛．
於此經中．力所不及。汝舍利弗．尚於此經、
以信得入．況餘聲聞。其餘聲聞．信佛語故．
隨順此經．非己智分。

子一約大悲門莫爲惡說

又舍利弗．憍慢、懈怠、
計我見者．莫說此經。凡夫淺識．深著五欲．
聞不能解．亦勿爲說。若人不信．毀謗此經．
則斷一切　世間佛種。或復顰蹙　而懷疑惑．

汝當聽說．此人罪報。若佛在世．若滅度後．
其有誹謗．如斯經典．見有讀誦、書持經者．
輕賤、憎嫉、而懷結恨．此人罪報．汝今復聽．
其人命終．入阿鼻獄．具足一劫．劫盡更生．
如是展轉．至無數劫．從地獄出．當墮畜生．
若狗野干．其形頦瘦．黧黮疥癩．人所觸嬈．
又復爲人．之所惡賤．常困飢渴．骨肉枯竭．
生受楚毒．死被瓦石．斷佛種故．受斯罪報。
若作駱駝．或生驢中．身常負重．加諸杖捶．

但念水草。餘無所知。謗斯經故。獲罪如是。
有作野干。來入聚落。身體疥癩。又無一目。
爲諸童子。之所打擲。受諸苦痛。或時致死。
於此死已。更受蟒身。其形長大。五百由旬。
聾騃無足。宛轉腹行。爲諸小蟲。之所唼食。
晝夜受苦。無有休息。謗斯經故。獲罪如是。
若得爲人。諸根闇鈍。矬陋攣躄。盲聾背傴。
有所言說。人不信受。口氣常臭。鬼魅所著。
貧窮下賤、爲人所使。多病痟瘦。無所依怙。

雖親附人．人不在意．若有所得．尋復忘失。
若修醫道．順方治病．更增他疾．或復致死。
若自有病．無人救療．設服良藥．而復增劇。
若他反逆、抄劫竊盜．如是等罪．橫羅其殃。
如斯罪人．永不見佛．衆聖之王．說法教化。
如斯罪人．常生難處．狂聾、心亂．永不聞法。
於無數劫、如恆河沙．生輒聾瘂．諸根不具、
常處地獄．如游園觀．在餘惡道．如己舍宅。
駝驢豬狗、是其行處．謗斯經故．獲罪如是。

子二約大慈門應爲善人說二

丑一明五雙善人之相可爲宣說

若得爲人。聾、盲、瘖瘂、貧窮、諸衰、以自莊嚴。
水腫、乾痟、疥癩、癰疽、如是等病。以爲衣服。
身常臭處。垢穢不淨。深著我見。增益瞋恚。
淫欲熾盛。不擇禽獸。謗斯經故。獲罪如是。
告舍利弗。謗斯經者。若說其罪。窮劫不盡。
以是因緣。我故語汝。無智人中。莫說此經。
丑一明五雙善人之相。可爲宣說
若有利根。智慧明了。多聞強識。求佛道者。
如是之人。乃可爲說。若人曾見。億百千佛。
植諸善本。深心堅固。如是之人。乃可爲說。

若人精進、常修慈心、不惜身命、乃可爲說。
若人恭敬、無有異心、離諸凡愚、獨處山澤。
如是之人、乃可爲說。又舍利弗、若見有人、
捨惡知識、親近善友、如是之人、乃可爲說。
若見佛子、持戒清潔、如淨明珠、求大乘經。
如是之人、乃可爲說。若人無瞋、質直柔輭、
常愍一切、恭敬諸佛、如是之人、乃可爲說。
復有佛子、於大眾中、以清淨心、種種因緣、
譬喻言辭、說法無礙、如是之人、乃可爲說。

丑二總結可說
第二譬說周中初正譬開三顯一竟

4 信解品

己二中根領解二
庚一經家敘喜

若有比丘。為一切智。四方求法。合掌頂受。
但樂受持　大乘經典。乃至不受　餘經一偈。
如是之人。乃可為說。如人至心　求佛舍利。
如是求經。得已、頂受。其人不復　志求餘經。
亦未曾念　外道典籍。如是之人。乃可為說。

丑二總結可說

告舍利弗。我說是相。求佛道者、窮劫不盡。
如是等人。則能信解。汝當為說　妙法華經。

妙法蓮華經信解品第四

中根領悟喻說一周

庚一經家敘喜

爾時慧命須菩提、摩訶迦旃延、摩訶迦葉、摩訶目犍

庚二白佛自陳二
辛一長文重頌正陳得解
辛二次十三偈歎佛恩深
辛一長文重頌正陳得解二
壬一長文
壬二重頌
壬一長文二
癸一就法略領解
癸二約譬廣領解
癸一就法略領解二
子一正法說

連。從佛所、聞未曾有法。世尊授舍利弗阿耨多羅三藐三菩提記。發希有心。歡喜踊躍。即從座起。整衣服。偏袒右肩。右膝著地。一心合掌。屈躬恭敬。瞻仰尊顏、而白佛言。我等居僧之首。年並朽邁。自謂已得涅槃。

寅一標

無所堪任。不復進求阿耨多羅三藐三菩提。

寅二釋

世尊往昔說法既久。我時在座。身體疲懈。但念空、無相、無作。於菩薩法、游戲神通。淨佛國土。成就眾生。心不喜樂。所以者何。世尊令我等出於三界。得涅槃證。又今我等年已朽邁。於佛教化菩薩阿耨多羅三藐三菩提、

子二略舉譬
子一正法說二
丑一明昔稟三故不求
丑二明今會一故自得
丑一明昔稟三故不求二
寅一標
寅二釋
癸二約譬廣領解二
子一立譬
子二法合
子一立譬二
丑一咨發
丑二正立譬四
寅一父子相失譬
寅二父子相見譬
寅三追誘譬
寅四領付家業譬
寅一父子相失譬四
卯一子背父去
卯二父求子中止

不生一念好樂之心。（丑二明今會一故自得）我等今於佛前、聞授聲聞阿耨多羅三藐三菩提記，心甚歡喜，得未曾有，不謂於今忽然得聞希有之法，深自慶幸，獲大善利，（子二略舉譬）無量珍寶、不求自得。（丑一咨發）世尊，我等今者樂說譬喻、以明斯義，（辰一背父而去）譬若有人年既幼稚，捨父逃逝，久住他國，或十、二十、至五十歲，（辰二向本而還）年既長大，加復窮困，馳騁四方、以求衣食，漸漸游行，遇向本國。（卯二父求子中止）其父先來、求子不得，中止一城。其家大富，財寶無量，金、銀、琉璃、珊瑚、琥珀、玻瓈、珠等，其諸倉庫，悉皆盈溢，多有僮僕、臣佐、吏民，象馬、車乘、牛羊、

卯三子遇到父城
卯四其父憂念
卯一子背父去二
辰一背父而去
辰二向本而還
寅二父子相見譬二
卯一子見父

無數。出入息利。乃徧他國。商估賈客、亦甚眾多。時貧（卯三子遇）窮子、游諸聚落。經歷國邑。遂（到父城）到其父所止之城。（卯四其父）父每（憂念）念子。與子離別五十餘年。而未曾向人說如此事。但自思惟。心懷悔恨。自念老朽。多有財物。金銀、珍寶。倉庫盈溢。無有子息。一旦終歿。財物散失。無所委付。是以慇懃每憶其子。復作是念。我若得子、委付財物。坦然快樂。無復憂慮。世尊。（卯一子見父）爾時窮子、傭賃展轉。遇到父舍。住立門側。遙見其父、踞師子牀。寶几承足。諸婆羅門、剎利、居士、皆恭敬圍繞。以眞珠瓔珞、價直千萬。莊

卯二父見子

寅三追誘譬二

嚴其身．吏民、僮僕．手執白拂．侍立左右。覆以寶帳．垂諸華旛．香水灑地．散眾名華．羅列寶物．出內取予．有如是等種種嚴飾．威德特尊。窮子見父有大力勢．即懷恐怖．悔來至此。竊作是念．此或是王、或是王等．非我傭力得物之處．不如往至貧里．肆力有地．衣食易得．若久住此．或見逼迫．強使我作。作是念已．疾走而去。

卯二父見子

時富長者於師子座．見子便識．心大歡喜。即作是念．我財物庫藏、今有所付．我常思念此子．無由見之．而忽自來．甚適我願．我雖年朽．猶故貪惜。

卯三遣傍人追

即遣傍人．

卯一遣旁人追

急追將還。爾時使者．疾走往捉。窮子驚愕．稱怨、大喚．我不相犯．何爲見捉。使者執之愈急．強牽將還。於是窮子．自念無罪．而被囚執．此必定死．轉更惶怖．悶絕躄地。父遙見之．而語使言．不需此人．勿強將來．以冷水灑面．令得醒悟．莫復與語。所以者何。父知其子、志意下劣．自知豪貴、爲子所難．審知是子．而以方便．不語他人、云是我子。使者語之．我今放汝．隨意所趣。窮子歡喜、得未曾有．從地而起．往至貧里、以求衣食。爾

已二

卯二遣二人誘二

領擬宜三車

時長者．將欲誘引其子、而設方便．密遣二人、形色憔

辰一齊教領
辰二取意領
辰一齊教領四
巳一領擬宜三車
巳二領知子先心
巳三領歎三車
巳四領適願爭出火宅
辰二取意領四
巳一領權智久欲擬宜
巳二領久知小法是其玩好
巳三領久知須歎三車
巳四領久知適願受行

悴、無威德者．汝可詣彼．徐語窮子．此有作處．倍予汝直。窮子若許．將來使作。若言、欲何所作．便可語之．雇汝除糞．我等二人、亦共汝作。（巳二領知子先心　巳三領歎三車）時二使人即求窮子．既已得之．具陳上事。（巳四領適願爭出火宅）爾時窮子先取其價．尋與除糞。其父見子．愍而怪之。（巳一領權智久欲擬宜）又以他日．於窗牖中、遙見子身．（巳二領久知小法是其．玩好）羸瘦憔悴．糞土塵坌．汙穢不淨。（巳三領久知須歎三車、）即脫瓔珞細軟上服、嚴飾之具．更著粗敝垢膩之衣、塵土坌身．右手執持除糞之器．狀有所畏。（巳四領久知適願受行）語諸作人．汝等勤作．勿得懈息．以方便故．得近其子。後復告言．咄、男子．汝常此作．勿復

寅四領付家業譬二
卯一領家業
卯二付家業二
辰一相體信
辰二命領業二

餘去。當加汝價。諸有所需、盆器米麪、鹽醋之屬。莫自疑難。亦有老敝使人、需者相給。好自安意。我如汝父。勿復憂慮。所以者何。我年老大。而汝少壯。汝常作時。無有欺怠、瞋恨怨言。都不見汝有此諸惡、如餘作人。自今已後。如所生子。即時長者、更予作字。名之爲兒。爾時窮子、雖欣此遇。猶故自謂、客作賤人。由是之故。於二十年中、常令除糞。（辰一相體信）過是已後。心相體信。入出無難。然其所止、猶在本處。（巳一命知家事）世尊爾時長者有疾。自知將死不久。語窮子言。我今多有金銀珍寶。倉庫盈溢。其

巳一命知家事
巳二受命領知
卯二付家業譬二
辰一正付家業

中多少、所應取予。汝悉知之。我心如是。當體此意。所以者何。今我與汝、便爲不異。宜加用心。無令漏失。巳二 爾時窮子、即受敎勅。領知衆物、金銀珍寳、及諸庫藏。而無悕取一飡之意。然其所止、故在本處。下劣之心、亦未能捨。受命領知 辰一正付家業 復經少時。父知子意、漸以通泰、成就大志。自鄙先心。臨欲終時、而命其子、幷會親族、國王、大臣、剎利、居士。皆悉已集。即自宣言。諸君當知。此是我子。我之所生。於某城中、捨我逃走。竛竮辛苦、五十餘年。其本字某。我名某甲。昔在本城、懷憂推覓。忽於此閒、遇

辰二得付歡喜
子二法合四
丑一合父子相失
丑二合父子相見
丑三合追誘
丑四合領付家業
丑三合追誘二
寅一合傍人追
寅二合二人誘二
卯一合齊教領
卯二合取意領

會得之。此實我子。我實其父。今我所有一切財物。皆是子有。先所出內。是子所知。辰二得付・歡喜 世尊是時窮子聞父此言。即大歡喜。得未曾有。而作是念。我本無心、有所希求。今此寶藏自然而至。丑一合父・子相失 世尊大富長者、則是如來。我等皆似。佛子。丑二合父子相見 如來常說、我等爲子。寅一合傍・人追 世尊我等以三苦故。於生死中、受諸熱惱。迷惑無知。樂著小法。卯一合齊教領 今日世尊。令我等思惟捐除諸法戲論之糞。我等於中勤加精進。得至涅槃一日之價。既得此已。心大歡喜。自以爲足。便自謂言。於佛法中勤精進故。所得宏多。卯二合取 然世

丑四合頌付家業二
寅一合頌家業
寅二合付家業二
卯一合付業

意領尊先知我等心著弊欲樂於小法。便見縱捨。不爲分別、汝等當有如來知見寶藏之分。寅一合頌家業世尊以方便力、說如來智慧。我等從佛得涅槃一日之價。以爲大得。於此大乘。無有志求。我等又因如來智慧。爲諸菩薩。開示演說。而自於此無有志願。所以者何。佛知我等心樂小法。卯一合付業以方便力、隨我等說。而我等不知眞是佛子。今我等方知世尊於佛智慧、無所吝惜。所以者何。我等昔來眞是佛子。而但樂小法。若我等有樂大之心。佛則爲我說大乘法。今此經中、唯說一乘。而昔於菩

卯二合歡喜
壬二重頌二
癸一頌法說
癸二頌譬說二
子一頌立譬
子二頌法合
子一頌立譬四
丑一頌父子相失
丑二頌父子相見
丑三頌追誘
丑四頌領付家業

薩前、毀呰聲聞樂小法者．然佛實以大乘敎化．是故我等說、本無心有所悕求。今法王大寶自然而至．如佛子所應得者、皆已得之。

卯二合歡喜

癸一頌法說

爾時摩訶迦葉欲重宣此義．而說偈言．

我等今日、聞佛音敎．歡喜踊躍．得未曾有。
佛說聲聞　當得作佛．無上寶聚．不求自得。

寅一頌子背父去

譬如童子．幼稚無識．捨父逃逝．遠到他土．
周流諸國、五十餘年。

寅二頌求子中止

其父憂念、四方推求．
求之旣疲．頓止一城．造立舍宅．五欲自娛。

丑一頌父子相失

四

寅一頌子背父去

寅二頌求子中止

寅三超頌其父憂念

寅四追頌遇到父城

其家鉅富。多諸金、銀、硨磲、碼碯、眞珠、琉璃、

象、馬、牛、羊、輦輿、車乘、田業、僮僕。人民眾多。

出入息利、乃徧他國。商估賈人、無處不有。

千萬億眾、圍繞恭敬。常爲王者、之所愛念。

羣臣豪族、皆共宗重。以諸緣故、往來者眾。

豪富如是、有大力勢。寅三超頌其父憂念 而年朽邁。益憂念子。

夙夜惟念。死時將至。癡子捨我、五十餘年。

庫藏諸物、當如之何。寅四追頌遇到父城 爾時窮子、求索衣食。

從邑至邑、從國至國。或有所得。或無所得。

丑二頌父子相見二

寅一頌子見父

寅二頌父見子

丑三頌追誘二

寅一頌傍人追

飢餓、羸瘦。體生瘡、癬。漸次經歷。到父住城。

寅一頌子見父

傭賃展轉。遂至父舍。爾時長者。於其門內、
施大寶帳。處師子座。眷屬圍繞。諸人侍衛。
或有計算。金、銀、寶物。出內財產。注記券疏。
窮子見父。豪貴尊嚴。謂是國王、若國王等。
驚怖自怪。何故至此。復自念言。我若久住。
或見逼迫。強驅使作。思惟是已。馳走而去。
借問貧里。欲往傭作。

寅二頌父見子

長者是時、在師子座。
遙見其子。默而識之。

寅一頌傍人追

即敕使者、追捉將來。

寅二頌二人誘二
卯一頌雇作卽齊教領
卯二頌教作卽取意領

窮子驚喚。迷悶躃地。是人執我。必當見殺。
何用衣食、使我至此。長者知子、愚癡、狹劣。
卯一頌雇作卽齊教領
不信我言。不信是父。即以方便。更遣餘人。
眇目、矬陋、無威德者。汝可語之。云當相雇。
除諸糞穢。倍予汝價。窮子聞之。歡喜隨來。
卯二頌教作卽取意領
爲除糞穢。淨諸房舍。長者於牖、常見其子。
念子愚劣。樂爲鄙事。於是長者。著敝垢衣。
執除糞器。往到子所。方便附近。語令勤作。
既益汝價。并塗足油。飲食充足。薦席厚煖。

丑四頌領付家業二
寅一頌領業
寅二頌付業二
卯一頌正付業

如是苦言、汝當勤作。又以軟語、若如吾子。

寅一頌領業

長者有智。漸令入出。經二十年。執作家事。
示其金、銀、眞珠、玻瓈、諸物出入。皆使令知。
猶處門外。止宿草庵。自念貧事。我無此物。

卯一頌正付業

父知子心 漸已廣大。欲予財物。即聚親、族、
國王、大臣、刹利、居士。於此大衆。說是我子。
捨我他行、經五十歲。自見子來、已二十年。
昔於某城 而失是子。周行求索。遂來至此。
凡我所有 舍宅、人民。悉以付之。恣其所用。

卯二頌得付歡喜
子二頌法合三
丑一頌合相失相見
丑二頌合追誘
丑三頌合領付家業二
寅一頌合領家業
寅二頌合付家業
寅一頌合領家業二
卯一頌合受命領知

卯二頌得付歡喜

子念昔貧．志意下劣．今於父所、大獲珍寶．

丑一頌合相失相見

幷及舍宅、一切財物．甚大歡喜．得未曾有。

佛亦如是．知我樂小．未曾說言

丑二頌合追誘

汝等作佛．

而說我等 得諸無漏．成就小乘 聲聞弟子。

佛敕我等．說最上道．修習此者．當得成佛。

卯一頌合受命領知

我承佛教．爲大菩薩．以諸因緣、種種譬喻、

若干言辭、說無上道。諸佛子等、從我聞法．

日夜思惟．精勤修習。是時諸佛 即授其記．

汝於來世、當得作佛．一切諸佛 秘藏之法．

卯二頌合心無希取三
辰一牒譬總明無希取
辰二釋無希取意

但爲菩薩　演其實事。而不爲我　說斯眞要。
如彼窮子、辰一牒譬總明無希取　得近其父。雖知諸物。心不睎取。
我等雖說　佛法寶藏。自無志願。亦復如是。
辰二釋無希取意　我等內滅。自謂爲足。唯了此事。更無餘事。
我等若聞　淨佛國土。教化衆生。都無欣樂。
所以者何。一切諸法。皆悉空寂。無生、無滅。
無大、無小。無漏、無爲。如是思惟。不生喜樂。
我等長夜。於佛智慧。無貪、無著。無復志願。
而自於法、謂是究竟。我等長夜、修習空法。

辰三結無希取
寅二頌合付家業
二
卯一頌合付業
卯二頌合歡喜

得脫三界。苦惱之患。住最後身、有餘涅槃。
佛所敎化。得道不虛。則爲已得、報佛之恩。
三結無希取
我等雖爲 諸佛子等。說菩薩法、以求佛道。
而於是法、永無願樂。導師見捨。觀我心故。
初不勸進、說有實利。
卯一頌合付業
如富長者 知子志劣。
以方便力、柔伏其心。然後乃付 一切財物。
佛亦如是、現希有事。知樂小者。以方便力、
調伏其心。乃敎大智。
卯二頌合歡喜
我等今日、得未曾有。
非先所望。而今自得。如彼窮子 得無量寶。

辛二次十三偈歎佛恩深

世尊、我今　得道得果。　於無漏法、　得清淨眼。
我等長夜、　持佛淨戒。　始於今日　得其果報。
法王法中、　久修梵行。　今得無漏、　無上大果。
我等今者、　眞是聲聞。　以佛道聲、　令一切聞。
我等今者、　眞阿羅漢。　於諸世間、　天人魔梵。
普於其中、　應受供養。

辛二次十三偈歎佛恩深

世尊大恩、　以希有事。
憐愍教化、　利益我等　無量億劫、　誰能報者。
手足供給、　頭頂禮敬。　一切供養。　皆不能報。
若以頂戴。　兩肩荷負。　於恒沙劫、　盡心恭敬。

又以美膳、無量寶衣、及諸臥具、種種湯藥．
牛頭栴檀、及諸珍寶、以起塔廟．寶衣布地．
如斯等事。以用供養、於恒沙劫．亦不能報。
諸佛希有、無量無邊、不可思議、大神通力．
無漏、無爲．諸法之王．能爲下劣、忍於斯事．
取相凡夫．隨宜爲說。諸佛於法．得最自在．
知諸衆生．種種欲樂、及其志力．隨所堪任．
以無量喻、而爲說法．隨諸衆生．宿世善根．
又知成熟、未成熟者．種種籌量．分別知已．

於一乘道、隨宜說三。

妙法蓮華經冠科卷第二

如來喻說。三界爲家。火宅門外布三車。諸子競紛華。

長者欣誇授記果無差。

南無法華會上佛菩薩　三稱

音釋

譬喻品　梵志淨裔也　波旬魔名　叵普故切不可也　邁莫介切　隤杜回切下墜也　欻許勿切暴起也　裓古得切衣裓外國盛花具也　陿同狹　銳以稅切利也　幰許偃切帛張車也　匱求位切乏也　陛部禮切　圮音痞　坼音拆　阤池爾切毀也

覆敷救切　椽梠音傳呂在簷曰椽在脊曰梠　差脫上楚宜切參差脫落也　鵄梟音恥曉　鵰凋　蚖五官切　蝮蠍

音腹獸 蜈蚣蚰蜒 赤頭者是蜈蚣非赤頭者是蚰蜒 守宮 在室曰守宮在澤曰蝘蜓 百足 似蜈蚣而不能毒害 鼬 鼠類 鼷 奚甘

口鼠 蜣蜋 音羌良亦名蛣蜣噉糞蟲 野干 狐類巢危巖高木羣行夜鳴怪獸也 咀 慈呂切 嚼 在約切 喋 徒甲切 嚌 在詣切齒決也 齧

五結切斷骨也 狼藉 狼所臥處草皆披靡故云狼藉 羸 力之切 摣 音渣 掣 尺制教列二切牽也 啀喍 音厓柴拒物惡聲也 魑魅 音痴媚老

物之精山澤之怪 魍魎 音罔兩鬼也 鳩槃茶 此云可畏 蹲踞 音存居虛坐曰蹲實坐曰踞 埵 音朶 毘舍闍 此云噉精

氣 焞 平沒切 蔓莚 上音萬下以線切不斷之意 湎 音面沉迷也 繒 情帛也 纊 曠絮也 茵蓐 音因辱重席也 氎 狄毛布

儐從 上音賓下去聲前導曰儐後導曰從 阿鞞跋致 此云不退轉 嚬蹙 上音頻下子六切聚眉也 頷 音龕頰高貌 黧黮

上音梨下他感切黑雜色也 疥癩 音介賴 嬈 奴了切 駱駝 上音洛下音陀 捶 之委切擊也 打 頂 蟒 音莽大蛇 騃 五楷切無知也

攣 力員切手拘也 躄 必益切足跛也 傴 郁羽切曲身也 痟 消渴病也 癃 力之切遺也 瘖瘂 上音因下音亞 癰 於容切 疽 七余切

信解品

估買 估音古 傭賃 上音容下女禁切 出內 上音翠下音衲 咄 當沒切 名之 上去聲與詔同

竛竮（上音靈下疋丁切平獨貌）呰（音紫毀也）娛（音於）索（色求也）券（音勸即文契也）眇（忙了切一目也）

持驗記

◉梁釋法雲、陽羨周氏。七歲出家、儁朗卓絕。誦妙法華、研精累思。年三十、於妙音寺開講法華淨名、機辨風生、學者輻輳。又嘗於光宅寺講法華經、忽感天華滿空、下如飛雪。時誌公道超方外、每來雲所、輒停信宿、稱為大林法師。嘗言吾欲解獅子吼、師即墜座剖析、誌彈指讚曰、善哉微妙矣。儀同袁昂家有嘗供養僧、發願欲如師慧解、夜忽夢一僧云、雲法師燈明佛時、已講此經、那得卒及。

◉梁雲光法師、未詳姓氏。普通二年、詔於內殿講解法華經、天雨寶華。天監中、帝以亢陽、問誌公、公曰、雲能致雨。帝因請講法華、至其澤普洽、雨即大霔、高下霑足。

◉梁吳興尼道蹟、號總持。得法於菩提達摩。遁居湖州弁山峯、晝夜誦法華經、誦滿萬部。不出山者、凡二十年。復歸寂、塔全身於結廬之所。大同元年、塔內忽有青蓮華一朵、道俗異之。啓視、見華從舌根生、州郡錄奏、敕建法華寺。

◉梁普通二年、高郵有華手尼者、志節冰霜。誦妙法華經、不捨晝夜。後每誦一卷、右手爪上、輒生一華、狀如綾絲、五指皆徧。誦徹六七卷、掌上併生二華。武帝召見、大為嘉敬、時因號華手尼。

◉隋天台修禪寺智者大師、諱智顗、姓陳氏、潁川人。母夢香烟五采、縈迴入懷、誕靈之夕、神光照屋。七歲入果願寺、聞僧授普門品、一徧輒記、宛如夙習。十七禮佛像、誓志出家、恍焉如夢、見巖崖萬重、雲日半垂、滄海泓澄、乃在山下、峯頂有僧招手、須臾伸臂挽師入伽藍、云、汝當居此。十八出家。詣大賢山、誦法華、無量義、普賢觀等。歷二旬。誦通三部。陳天嘉元年。聞思大禪師。止大蘇山。即往頂拜。思曰。昔日靈山同聽法華。宿緣所追。今復來矣。因示以普賢道場。爲說四安樂行。師入觀二七日。誦法華經。至藥王品、是眞精進。是名眞法供養如來。身心豁然。寂而入定。乃見靈山一會。儼然未散。宿通潛發。以所證白思。南嶽歎曰。非汝莫證。非我莫識。所入定者。法華三昧前方便。所發持者。初旋陀羅尼也。縱令文字之師千萬。不能窮汝辯矣。大建元年。至金陵瓦官。開法華經題。帝敕停朝一日。令羣臣往聽。師將息緣天台。見佛隴南峯。即徘徊留意。先是神僧定光。居此峯三十載。師至。光謂曰。頗憶招手相引時否。師因悟禮像之徵。乃於北峯創立伽藍。植松引流。宛若昔夢。寺北別峯名華頂。獨往頭陀。自後般若天發。大闡法華。天台瀕海民業漁捕。師心憫之。以所得嚫施。買海曲爲放生池。表聞陳主。敕禁採捕。師爲講光明經。漁者聞法。皆好生去殺。合江溪簄梁六十三所。三百餘里。俱成法池。開皇十二年。於當陽玉泉山。創立精舍。武安王關聖父子顯靈乞戒。求爲護法弟子。師著法華玄義等書。爲陳隋二代大法王師。十七年冬。將入滅。命侍者唱法華、無量壽經。爲最後聞思。聽法華竟。贊曰。法門父母。慧解繇生。本迹曠大。微妙難測。輟斤絕絃。於今日矣。聽無量壽竟。贊曰。四十八願。莊嚴淨土。華池寶樹。易往無人。火車相現。能改悔者。尙得往生。況戒慧熏修。行道力故。實不唐捐。梵音聲相。實不誑人。當唱經時。吳州侍官張達等。並闔寺僧俗大衆。咸見大佛。倍大石尊。光明滿山。直入房內。諸僧或得瑞夢。或見奇相。雖復處異。而同是此時。唱經竟。索香湯漱口。說十如、四不生、十法界、三觀、四無量心、四悉檀、四諦、十二因緣、六波羅蜜。一一法門。皆能通心。到清涼池。智朗法師請云。伏願慈留。賜釋餘疑。不悉何位。歿此何生。誰可宗仰。報曰。汝等懶種善根。問他功德。如盲問乳。蹶者訪路。告實何益。由諸惱慢。故喜怒呵讚。既不自省。倒見識嫌。吾今不久。當爲此輩破除疑謗。觀心論已解。今更報汝。吾不領衆。必淨六根。爲他損己。只是五品位耳。汝問何生者。花整世界。吾諸師友。侍從觀音。皆來迎我。問誰可宗仰．豈不曾聞波羅提木叉是汝之師。吾常說四種三昧．是汝明導。教汝捨重擔．降三毒．治四大．解業縛．調禪味．破魔軍．遠邪濟．折慢幢等．唯此大師．能作依止。與汝等因法相遇．以法爲親．傳習佛燈．是爲眷屬．若不能者．傳習魔燈．非吾徒也。誡維那曰．人命將終．聞鐘磬聲．增其正念。唯長唯久．氣盡爲期。云何身冷．方復響磬。世間哭泣著服．皆不應爲。言訖跏趺．唱三寶名．如入三昧。爾時祥雲靉靆．天樂鳴空．八音遠震．遐邇咸聞．經時方寂。以大隋開皇十七年十一月二十日未時入滅．春秋六十．僧夏四十．至於子時．頂上猶煖。雖復不許哀號．門人哽戀．心沒憂海．不能自喻。日隱舟沈．永無憑仰。跏趺露坐．恭候揚州晉王來山。道俗奔赴．號繞泣拜．散花燒香。王來製造沈香木龕．大師升坐龕內．流汗徧身．綿帛掩拭．沾濡若流。王問章安法師云．本師理當建塔何地。安曰．先師在日．每坐佛隴右峯．似有所愛之意。王即然之。嚴飾宮殿．建塔藏龕。既而歸佛隴．連雨不休。弟子呪願．願賜威神．纔動泥洹之輿．應手雲開．風噪松悲．泉奔水咽．道俗弟子．侍從靈儀．還遺囑之地。寶龕入塔之時．天雨香花．繽紛而下。向塔所求者．如谷答響。種種靈應．詳如國清百錄等傳。銑法師云．大師所造有爲功德．造寺三十六所．書寫大藏經十五藏．親手度僧一萬四千餘人．造栴檀金銅塐畫佛菩薩像八十萬軀．傳法弟子三十二人．得法自行者不可稱數。佛隴眞覺寺．在天台縣北二十里、金地嶺上。大隋開皇十七年．晉王爲智者大師建塔藏龕．號定慧眞身塔院。有繪像與所賜方袍。宋建隆初．錢忠懿王．與大師十五世法嗣、曦寂法師重建院宇．祥符元年．勅賜眞覺寺額．宏傳戒法．大開講筵。明隆慶時．二十五世法嗣眞稔法師．重新佛殿僧房．大振宗風。至清光緒六年．武林許觀察靈虛．貴州李明府芷卿．湖南魏刺史槃仲．天台縣主楊昌珠．請大師四十世孫敏曦．募緣修塔造寺。至十五年己丑春．開壇傳戒．念佛講經．爲大師祝嘏法筵。每年春夏．傳戒講經．以爲定例云。

5 藥草喻品

己三如來述成二
庚一略述成
庚二廣述成
庚一略述成二
辛一雙述善哉
辛二領所不及
庚二廣述成二
辛一長文
辛二重頌
辛一長文二
壬一正明權實不可思議

妙法蓮華經冠科卷第三

姚秦三藏法師鳩摩羅什奉詔譯

明古吳蕅益智旭科

妙法蓮華經藥草喻品第五

如來述成喻說一周

辛一雙述善哉

爾時世尊告摩訶迦葉、及諸大弟子。善哉、善哉。迦葉善說如來眞實功德。誠如所言。

辛二領所不及

如來復有無量無邊阿僧祇功德。汝等若於無量億劫、說不能盡。迦葉當

子一明權實教不可思議

知如來是諸法之王。若有所說、皆不虛也。於一切法、以智方便而演說之。其所說法、皆悉到於一切智地。

壬二結歎述成
壬一正明權實不可思議三
癸一法說
癸二立譬
癸三法合
癸一法說二
子一明權實教不可思議
子二明權實智不可思議
癸二立譬二
子一明無差而差譬即實而權
子二明差而無差譬即權而實
子一明無差而差譬即實而權二
丑一約能生所生明無差而差
丑二約能潤所潤明無差而差
子二明差而無差譬即權而實
癸三法合二

（子二明權實智不可思議）如來觀知一切諸法之所歸趣。亦知一切眾生深心所行。通達無礙。又於諸法究盡明了。示諸眾生一切智慧。（丑一約能生所生明無差而差）迦葉。譬如三千大千世界、山川谿谷土地所生卉木叢林、及諸藥草。種類若干。名色各異。（丑二約能潤所潤明無差而差）密雲彌布。徧覆三千大千世界。一時等澍。其澤普洽。卉木叢林、及諸藥草。小根小莖、小枝小葉。中根中莖、中枝中葉。大根大莖、大枝大葉。諸樹大小。隨上中下。各有所受。一雲所雨。稱其種性而得生長。華果敷實。（子二明差而無差譬即權而實）雖一地所生一雨所潤。而諸草木、各有差別。（寅一先合能潤）迦葉當知如來亦

子一合無差而差
子二合差而無差
子一合無差而差
二
丑一正合
丑二提譬帖合
丑一正合三
寅一先合能潤

寅二追合能生所
生
寅三復合能潤所
潤二
卯一合能潤

復如是、出現於世．如大雲起．以大音聲、普徧世界天、人阿修羅．如彼大雲徧覆三千大千國土。於大衆中、而唱是言．我是如來應供、正徧知、明行足、善逝世間解、無上士、調御丈夫天人師、佛世尊．未度者令度．未解者令解．未安者令安．未涅槃者令得涅槃．今世後世、如實知之。我是一切知者、一切見者、知道者、開道者、說道者．汝等天人阿修羅衆、皆應到此．爲聽法故。

寅二追合能生所生

卯一合能潤

爾時無數千萬億種衆生．來至佛所、而聽法。如來於時．觀是衆生諸根利鈍．精進、懈怠．隨其所堪、而爲說

卯二合所潤

丑二提譬帖合

子二合差而無差二

丑一正合

丑二結釋

丑一正合二

寅一合一地所生一雨所潤

寅二合草木各有差別三

卯一正合衆生如草木故不自知

卯二明唯有如來

法。（卯二合所潤）種種無量、皆令歡喜、快得善利。是諸衆生、聞是法已、現世安隱、後生善處、以道受樂、亦得聞法。既聞法已、離諸障礙、於諸法中、任力所能、漸得入道。（丑二提譬帖合）如彼大雲、雨於一切卉木叢林、及諸藥草、如其種性、具足蒙潤、各得生長。（寅一合一地所生一雨所潤）如來說法、一相一味、所謂解脫相、離相、滅相、究竟至於一切種智。（卯一正合衆生如草木、故不自知）其有衆生、聞如來法、若持讀誦、如說修行、所得功德、不自覺知。（卯二明唯有如來能知。故與大雲同而不同）所以者何、唯有如來、知此衆生種相體性、念何事、思何事、修何事、云何念、云何思、云何修、以何法念、以何法思、以何法修、

能知故與大雲同而不同
卯三舉譬帖合眾生不知
丑二結釋二
寅一結成差即無差
寅二釋出不即說意
壬二結歎述成
辛二重頌三
壬一頌法說
壬二頌立譬
壬三頌法合

以何法得何法。眾生住於種種之地。唯有如來、如實見之。明了無礙。（卯三舉譬帖合眾生不知）如彼卉木叢林、諸藥草等。而不自知上中下性。（寅一結成差即無差）如來知是一相一味之法。所謂解脫相、離相、滅相。究竟涅槃、常寂滅相。終歸於空。（寅二釋出不即說意）佛知是已。觀眾生心欲、而將護之。是故不即為說一切種智。（壬二結歎述成）汝等迦葉、甚為希有。能知如來隨宜說法。能信能受。所以者何。諸佛世尊、隨宜說法。難解難知。（壬一頌法說）爾時世尊欲重宣此義。而說偈言。

破有法王、　出現世間。　隨眾生欲。　種種說法。

壬二頌立譬二
癸一頌無差而差
癸二頌差而無差
癸一頌無差而差二
子一超頌能潤無差
子二追頌能生所生受潤差別

如來尊重。智慧深遠。久默斯要。不務速說。
有智若聞。則能信解。無智疑悔。則爲永失。
是故迦葉。隨力爲說。以種種緣、令得正見。
子一超頌能潤無差
迦葉當知。譬如大雲。起於世間。徧覆一切。
慧雲含潤。電光晃曜。雷聲遠震。令衆悅豫。
日光揜蔽。地上清涼。靉靆垂布、如可承攬。
其雨普等。四方俱下。流澍無量。率土充洽。
子二追頌能生所生受潤、差別
山川險谷。幽邃所生。卉木藥草。大小諸樹。
百穀苗稼。甘蔗葡萄。雨之所潤。無不豐足。

癸二頌差而無差
壬三頌法合二
癸一頌合無差而差
癸二頌合差而無差
癸一頌合無差而差三
子一頌合能潤

乾地普洽。藥木並茂。其雲所出、一味之水。
草木叢林。隨分受潤。一切諸樹、上中下等。
稱其大小。各得生長。根、莖、枝、葉、華、果、光、色。
一雨所及。皆得鮮澤。

癸二頌差而無差

如其體相、性分大小。
所潤是一。而各滋茂。

子一頌合能潤

佛亦如是。出現於世。
譬如大雲、普覆一切。既出於世。爲諸衆生、
分別演說、諸法之實。大聖世尊。於諸天人、
一切衆中、而宣是言。我爲如來。兩足之尊。
出於世間。猶如大雲、充潤一切。枯槁衆生。

子二頌合能生所生

皆令離苦．得安隱樂、世間之樂、及涅槃樂。
諸天人衆．一心善聽．皆應到此、覲無上尊。
我爲世尊．無能及者．安隱衆生．故現於世．
爲大衆說、甘露淨法。其法一味．解脫涅槃．
以一妙音、演暢斯義．常爲大乘．而作因緣。

子二頌合能生所生

我觀一切．普皆平等．無有彼此、愛憎之心。
我無貪著．亦無限礙．恆爲一切、平等說法．
如爲一人．衆多亦然。常演說法．曾無它事．
去、來、坐、立、終不疲厭．充足世間．如雨普潤。

子三頌復合能潤所潤二

丑一頌合能潤

丑二頌合所潤二

寅一頌歎喜善利現世安隱合普洽譬

丑一頌合能潤

貴賤上下。持戒、毀戒。威儀具足、及不具足。

正見、邪見。利根、鈍根。等雨法雨、而無懈倦。

寅一頌歎喜善利現世、安隱合普洽譬

一切衆生、聞我法者。隨力所受、住於諸地。

或處人天、轉輪聖王。釋、梵、諸王。是小藥草。

知無漏法、能得涅槃。起六神通、及得三明。

獨處山林、常行禪定。得緣覺證。是中藥草。

求世尊處。我當作佛。行精進定。是上藥草。

又諸佛子、專心佛道。常行慈悲、自知作佛。

決定無疑。是名小樹。安住神通、轉不退輪。

寅二頌後生善處乃至漸得入道合生長敷實譬

度無量億。百千衆生。如是菩薩。名爲大樹。
佛平等說。如一味雨。隨衆生性、所受不同。
如彼草木。所稟各異。佛以此喩、方便開示。
種種言辭。演說一法。於佛智慧。如海一滴。

寅二頌後生善處乃至漸得入道合生長敷實譬

我雨法雨。充滿世間。一味之法。隨力修行。
如彼叢林、藥草、諸樹。隨其大小。漸增茂好。
諸佛之法。常以一味。令諸世間、普得具足。
漸次修行。皆得道果。聲聞、緣覺。處於山林。
住最後身。聞法得果。是名藥草。各得增長。

癸二頌合差而無差

若諸菩薩、智慧堅固、了達三界、求最上乘、
是名小樹、而得增長、復有住禪、得神通力、
聞諸法空、心大歡喜、放無數光、度諸衆生、
是名大樹、而得增長。

癸二頌合、差而無差

如是迦葉、佛所說法、
譬如大雲、以一味雨、潤於人華、各得成實。
迦葉當知、以諸因緣、種種譬喻、開示佛道、
是我方便、諸佛亦然。今爲汝等、說最實事、
諸聲聞衆、皆非滅度、汝等所行、是菩薩道、
漸漸修學、悉當成佛。

己四與受決二
庚一正授中根記
庚二許為下根宿世說
庚一正授中根記二
辛一授大迦葉記
辛二授三人記
辛一授大迦葉記二
壬一長文
壬二重頌
壬一長文六
癸一行因
癸二得果
癸三劫國名
癸四壽命
癸五正像久近
癸六國淨

妙法蓮華經授記品第六

中根得記
喩說一周

癸一行因

爾時世尊說是偈已。告諸大眾唱如是言。我此弟子摩訶迦葉。於未來世、當得奉覲三百萬億諸佛世尊。供養、恭敬。尊重、讚歎。廣宣諸佛無量大法。

癸二得果

於最後身、得成為佛。名曰光明如來、應供、正徧知、明行足、善逝世間解、無上士、調御丈夫、天人師、佛、世尊。

癸三劫國名

國名光德。劫名大莊嚴。

癸四壽命

佛壽十二小劫。

癸五正像久近

正法住世二十小劫。像法亦住二十小劫。

癸六國淨

國界嚴飾。無諸穢惡、瓦礫荊棘、便利不淨。其土平正。無有高下、坑坎堆阜。琉璃為地。寶

壬二重頌五
癸一頌行因得果

癸二頌國淨

樹行列．黃金爲繩、以界道側．散諸寶華．周徧清淨。其國菩薩、無量千億．諸聲聞衆、亦復無數．無有魔事．雖有魔及魔民．皆護佛法。（癸一頌行因得果）爾時世尊欲重宣此義．而說偈言．

告諸比丘．我以佛眼．見是迦葉。於未來世、
過無數劫．當得作佛。而於來世、供養奉覲。
三百萬億諸佛世尊．爲佛智慧．淨修梵行。
供養最上二足尊已．（癸二頌國淨）修習一切無上之慧．
於最後身、得成爲佛。其土清淨．琉璃爲地．

癸三頌佛壽
癸四頌正像
癸五總結
辛二授三人記二
壬一請記

多諸寶樹　行列、道側　金繩界道。見者歡喜。
常出好香。散衆名華。種種奇妙、以爲莊嚴。
其地平正。無有丘坑。諸菩薩衆、不可稱計。
其心調柔。逮大神通。奉持諸佛　大乘經典。
諸聲聞衆、無漏後身。法王之子。亦不可計。
乃以天眼、不能數知。癸三頌佛壽 其佛當壽、十二小劫。
癸四頌正像 正法住世、二十小劫。像法亦住　二十小劫。
癸五總結 光明世尊。其事如是。
癸一正請 爾時大目犍連、須菩提、摩訶迦旃延等。皆悉悚慄。一

壬二與記
壬一請記四
癸一正請
癸二立譬
癸三法合

心合掌。瞻仰世尊。目不暫捨。即共同聲而說偈言。

大雄猛世尊。諸釋之法王。哀愍我等故。
而賜佛音聲。（癸二立譬）若知我深心。見爲授記者。
如以甘露灑。除熱得清涼。如從饑國來。
忽遇大王膳。心猶懷疑懼。未敢即便食。
若復得王教。然後乃敢食。（癸三法合）我等亦如是。
每惟小乘過。不知當云何、得佛無上慧。
雖聞佛音聲。言我等作佛。心尚懷憂懼。
如未敢便食。若蒙佛授記。爾乃快安樂。

癸四結請

壬二與記三
癸一記須菩提
癸二記迦旃延
癸三記目揵連
癸一記須菩提二
子一長文
子二重頌
子一長文五
丑一行因
丑二得果
丑三劫國莊嚴

癸四結請
大雄猛世尊。常欲安世間。願賜我等記。如飢需教食。

丑一行因
爾時世尊知諸大弟子心之所念。告諸比丘。是須菩提。於當來世、奉覲三百萬億那由他佛。供養恭敬尊重讚歎。常修梵行。具菩薩道。丑二得果 於最後身、得成爲佛。號曰名相如來、應供、正徧知、明行足、善逝世間解、無上士、調御丈夫、天人師、佛、世尊。丑三劫國莊嚴 劫名有寶。國名寶生。其土平正。玻璃爲地。寶樹莊嚴。無諸丘坑、沙礫、荊棘、便利之穢。寶華覆地。周徧清淨。其土人民。皆處寶臺、珍

丑四壽命
丑五正像
子二重頌五
丑一誡聽
丑二頌行因得果

妙樓閣。聲聞弟子、無量無邊。算數譬喻所不能知。諸菩薩眾、無數千萬億那由他。（丑四壽命）佛壽十二小劫。（丑五正像）正法住世二十小劫。像法亦住二十小劫。其佛常處虛空、爲眾說法。度脫無量菩薩、及聲聞眾。（丑一誡聽）爾時世尊欲重宣此義。而說偈言。

諸比丘眾。　今告汝等。　皆當一心　聽我所說。
（丑二頌行因得果）
我大弟子、　須菩提者。　當得作佛。　號曰名相。
當供無數　萬億諸佛。　隨佛所行。　漸具大道。
最後身得　三十二相。　端正殊妙。　猶如寶山。

丑三頌國淨

丑四頌壽命

丑五頌正像

癸二記迦旃延二
子一長文

丑三頌國淨 其佛國土。嚴淨第一。衆生見者。無不愛樂。
佛於其中、度無量衆。其佛法中。多諸菩薩。
皆悉利根。轉不退輪。彼國常以。菩薩莊嚴。
諸聲聞衆、不可稱數。皆得三明。具六神通。
住八解脫。有大威德。其佛說法。現於無量。
神通變化、不可思議。諸天人民。數如恆沙。
皆共合掌。聽受佛語。丑四頌壽命 其佛當壽、十二小劫。
丑五頌正像 正法住世、二十小劫。像法亦住。二十小劫。
丑一行因 爾時世尊復告諸比丘衆。我今語汝。是大迦旃延。於

子二重頌
子一長文五
丑一行因

丑二得果

丑三國淨

當來世。以諸供具、供養奉事八千億佛。恭敬、尊重。諸佛滅後。各起塔廟。高千由旬。縱廣正等五百由旬。皆以金、銀、琉璃、硨磲、碼碯、眞珠、玫瑰七寶合成。眾華、瓔珞、塗香、末香、燒香、繒蓋、幢旛。供養塔廟。過是已後。當復供養二萬億佛。亦復如是。供養是諸佛已。具菩薩道。（丑二得果）當得作佛。號曰閻浮那提金光如來、應供、正偏知、明行足、善逝世間解、無上士、調御丈夫、天人師、佛世尊。（丑三國淨）其土平正。玻瓈爲地。寶樹莊嚴、黃金爲繩。以界道側。妙華覆地。周偏清淨。見者歡喜。無四惡道。地獄、餓

丑四壽命
丑五正像
子二重頌四
丑一誡聽
丑二頌行因
丑三頌得果
丑四頌國淨

鬼、畜生、阿修羅道。多有天人、諸聲聞衆、及諸菩薩。無量萬億、莊嚴其國。（丑四壽命）佛壽十二小劫。（丑五正像）正法住世、二十小劫。像法亦住二十小劫。（丑一誡聽）爾時世尊欲重宣此義、而說偈言。

諸比丘衆、皆一心聽。如我所說。眞實無異。
（丑二頌行因）是迦旃延。當以種種、妙好供具、供養諸佛。
諸佛滅後。起七寶塔。亦以華、香、供養舍利。
（丑三頌得果）其最後身。得佛智慧。成等正覺。（丑四頌國淨）國土淸淨。
度脫無量、萬億衆生。皆爲十方、之所供養。

癸三記目揵連二
子一長文
子二重頌
子一長文五
丑一行因
丑二得果

佛之光明。　無能勝者。　其佛號曰　閻浮金光。
菩薩、聲聞。　斷一切有。　無量無數。　莊嚴其國。

丑一行因

爾時世尊復告大眾。我今語汝。是大目犍連。當以種種供具、供養八千諸佛。恭敬尊重。諸佛滅後。各起塔廟。高千由旬。縱廣正等五百由旬。以金、銀、琉璃、硨磲、碼碯、真珠、玫瑰七寶合成。眾華、瓔珞、塗香、末香、燒香、繒蓋、幢旛、以用供養。過是已後。當復供養二百萬億諸佛。亦復如是。

丑二得果

當得成佛。號曰多摩羅跋栴檀香如來、應供、正徧知、明行足、善逝世間解、無上士、調御丈

丑三劫國

丑四壽命
丑五正像
子二重頌五
丑一頌行因

夫、天人師、佛、世尊。劫名喜滿。國名意樂。其土平正。玻瓈爲地。寶樹莊嚴。散眞珠華。周徧清淨。見者歡喜。多諸天、人、菩薩、聲聞。其數無量。佛壽二十四小劫。正法住世四十小劫。像法亦住四十小劫。爾時世尊欲重宣此義。而說偈言。

我此弟子、　大目犍連。　捨是身已、　得見八千
二百萬億　諸佛世尊。　爲佛道故。　供養恭敬。
於諸佛所、　常修梵行。　於無量劫、　奉持佛法。
諸佛滅後。　起七寶塔。　長表、金刹。　華、香、伎樂、

丑二頌得果兼國名
丑三頌壽命
丑四頌國淨
丑五頌正像
庚二許為下根宿世說

而以供養　諸佛塔廟。
（丑二頌得果兼國名）漸漸具足　菩薩道已。
於意樂國、　而得作佛。
號多摩羅、　栴檀之香。
（丑三頌壽命）其佛壽命、　二十四劫。
（丑四頌國淨）常爲天人　演說佛道。
聲聞無量。　如恒河沙。
三明、六通。　有大威德。
菩薩無數。　志固精進。
於佛智慧、　皆不退轉。
（丑五頌正像）佛滅度後。　正法當住
四十小劫。　像法亦爾。
（庚二許爲下根宿世說）我諸弟子。　威德具足。
其數五百、　皆當授記。
於未來世、　咸得成佛。
我及汝等、　宿世因緣。
吾今當說。　汝等善聽。

戊三因緣說周二
己一正說因緣
己二授下根記
己一正說因緣二
庚一先明知見久遠
庚二正明宿世因緣
庚一先明知見久遠二
辛一長文
辛二重頌
辛一長文三
壬一出所見事
壬二舉譬明久遠

妙法蓮華經化城喻品第七

爲下根甚鈍故說宿世因緣一周

壬一出所見事

佛告諸比丘．乃往過去無量無邊不可思議阿僧祇劫．爾時有佛．名大通智勝如來、應供、正徧知、明行足、善逝世間解、無上士、調御丈夫天人師、佛、世尊．其國名好城．劫名大相。諸比丘．彼佛滅度已來．甚大久遠．

壬二舉譬明久遠

譬如三千大千世界所有地種．假使有人．磨以爲墨．過於東方千國土、乃下一點．大如微塵．又過千國土、復下一點．如是展轉盡地種墨．於汝等意云何．是諸國土．若算師．若算師弟子．能得邊際、知其數否。不也、

壬三結見昔如今

辛二重頌三

壬一頌所見事

壬二頌舉譬明久遠

世尊。諸比丘。是人所經國土。若點不點。盡抹爲塵。一塵一劫。彼佛滅度已來。復過是數無量無邊百千萬億阿僧祇劫。

壬三結見昔如今

我以如來知見力故。觀彼久遠、猶若今日。

壬一頌所見事

爾時世尊欲重宣此義。而說偈言。

我念過去世、無量無邊劫。有佛兩足尊。名大通智勝。

壬二頌舉譬明久遠

如人以力磨　三千大千土。
盡此諸地種。皆悉以爲墨。過於千國土。
乃下一塵點。如是展轉點。盡此諸塵墨。
如是諸國土。點與不點等、復盡抹爲塵。

壬三頌見昔如今

庚二正明宿世因緣二
辛一廣述
辛二重頌
辛一廣述二
壬一結緣之由
壬二正結緣
壬一結緣之由二
癸一遠由
癸二近由

一塵爲一劫。此諸微塵數。其劫復過是。
彼佛滅度來。如是無量劫。

壬三頌見昔如今

如來無礙智。
知彼佛滅度。及聲聞、菩薩。如見今滅度。
諸比丘當知。佛智淨微妙。無漏、無所礙。
通達無量劫。

丑一明佛壽長遠

佛告諸比丘。大通智勝佛、壽五百四十萬億那由他劫。

丑二成道前事

其佛本坐道場。破魔軍已。垂得阿耨多羅三藐三菩提。而諸佛法不現在前。如是一小劫乃至十小劫。結跏趺坐。身心不動。而諸佛法猶不在前。爾時忉利

癸一遠由二
子一明大通智勝成佛
子二明十方梵王請法
子一明大通智勝成佛五
丑一佛壽長遠
丑二成道前事
丑三正明成道
丑四明成道後眷屬供養

諸天、先爲彼佛、於菩提樹下、敷師子座。高一由旬。佛於此座、當得阿耨多羅三藐三菩提。適坐此座時。諸梵天王、雨衆天華、面百由旬。香風時來。吹去萎華、更雨新者。如是不絕、滿十小劫供養於佛。乃至滅度、常雨此華。四王諸天、爲供養佛。常擊天鼓。其餘諸天、作天伎樂。滿十小劫、至於滅度、亦復如是。

丑三正明成道

諸比丘。大通智勝佛過十小劫。諸佛之法、乃現在前。成阿耨多羅三藐三菩提。

丑四明成道後眷屬供養

其佛未出家時。有十六子。其第一者、名曰智積。諸子各有種種珍異玩好之具。聞父得成阿耨多羅三藐三菩提。皆捨所珍。往詣佛所。諸母涕泣而隨送之。其祖轉輪聖王、與一百大臣、及餘百千萬億人民、皆共圍繞、隨至道場。咸欲親近大通智勝如來。供養恭敬。尊重讚歎。到已、頭面禮足。繞佛畢已。一心合掌、瞻仰世尊。以偈頌曰。

大威德世尊。　爲度衆生故。　於無量億劫。
爾乃得成佛。　諸願已具足。　善哉吉無上。
世尊甚希有。　一坐十小劫。　身體及手足、
寂然安不動。　其心常憺怕。　未曾有散亂。

丑五請轉法輪

究竟永寂滅。　安住無漏法。　今者見世尊
安隱成佛道。　我等得善利。　稱慶大歡喜。
眾生常苦惱、　盲冥無導師。　不識苦盡道。
不知求解脫。　長夜增惡趣。　減損諸天眾。
從冥入於冥。　永不聞佛名。　今佛得最上、
安隱無漏道。　我等及天人。　為得最大利。
是故咸稽首、　歸命無上尊。

丑五請轉法輪

爾時十六王子、偈讚佛已。勸請世尊轉於法輪。咸作是言。世尊說法。多所安隱、憐愍、饒益諸天人民。重說

子二明十方梵王請法二
丑一威光照動

偈言。

世雄無等倫。百福自莊嚴。得無上智慧。
願爲世間說。度脫於我等、及諸衆生類。
爲分別顯示。令得是智慧。若我等得佛。
衆生亦復然。世尊知衆生。深心之所念。
亦知所行道。又知智慧力。欲樂及修福。
宿命所行業。世尊悉知已。當轉無上輪。

丑一威光照動

佛告諸比丘。大通智勝佛、得阿耨多羅三藐三菩提時。十方各五百萬億諸佛世界、六種震動。其國中間

丑二梵王來請五
寅一東方
寅二東南方
寅三南方
寅四總舉餘六方
寅五上方
寅一東方六
卯一覩瑞驚駭
卯二互相問決

幽冥之處。日月威光所不能照。而皆大明。其中衆生。各得相見。咸作是言。此中云何忽生衆生。又其國界、諸天宮殿、乃至梵宮六種震動。大光普照。徧滿世界。勝諸天光。卯一覩瑞驚駭 爾時東方五百萬億諸國土中、梵天宮殿。光明照曜。倍於常明。諸梵天王、各作是念。今者宮殿光明。昔所未有。以何因緣、而現此相。卯二互相問決 是時諸梵天王、即各相詣。共議此事。時彼衆中、有一大梵天王。名救一切。爲諸梵衆而說偈言。

我等諸宮殿。　光明昔未有。　此是何因緣。

卯三尋光見佛

卯四三業供養

宜各共求之。爲大德天生、爲佛出世間、
而此大光明、徧照於十方。

卯三尋光見佛

爾時五百萬億國土諸梵天王、與宮殿俱、各以衣裓、盛諸天華、共詣西方、推尋是相。見大通智勝如來處於道場菩提樹下、坐師子座。諸天、龍王、乾闥婆、緊那羅、摩睺羅伽、人非人等、恭敬圍繞、及見十六王子、請佛轉法輪。

卯四三業供養

即時諸梵天王頭面禮佛、繞百千帀、即以天華而散佛上。其所散華、如須彌山、幷以供養佛菩提樹、其菩提樹、高十由旬、華供養已、各以宮殿奉上

卯五請轉法輪

彼佛、而作是言、惟見哀愍、饒益我等、所獻宮殿、願垂納處。時諸梵天王、即於佛前、一心同聲、以偈頌曰、

世尊甚希有、　難可得値遇、　具無量功德、
能救護一切。　天人之大師、　哀愍於世間、
十方諸衆生、　普皆蒙饒益。　我等所從來、
五百萬億國、　捨深禪定樂、　爲供養佛故。
我等先世福、　宮殿甚嚴飾、　今以奉世尊、
惟願哀納受。

卯五請轉法輪

爾時諸梵天王、偈讚佛已、各作是言、惟願世尊轉於

卯六如來默許
寅二東南方六
卯一覩瑞驚駭
卯二互相問決

法輪。度脫眾生。開涅槃道。時諸梵天王、一心同聲、而說偈言。

世雄兩足尊。惟願演說法。以大慈悲力、度苦惱眾生。

（卯六如來默許）爾時大通智勝如來。默然許之。（卯一覩瑞驚駭）又諸比丘。東南方五百萬億國土、諸大梵王。各自見宮殿光明照曜。昔所未有。歡喜踊躍。生希有心。（卯二互相問決）即各相詣。共議此事。時彼眾中、有一大梵天王。名曰大悲。為諸梵眾而說偈言。

是事何因緣、而現如此相。我等諸宮殿。

卯三尋光見佛

卯四三業供養

光明昔未有。爲大德天生、爲佛出世間、
未曾見此相。當共一心求。過千萬億土。
尋光共推之。多是佛出世。度脱苦衆生。

卯三尋光見佛

爾時五百萬億諸梵天王、與宮殿俱、各以衣裓盛諸天華。共詣西北方、推尋是相。見大通智勝如來、處於道場菩提樹下。坐師子座。諸天龍王、乾闥婆、緊那羅、摩睺羅伽、人非人等。恭敬圍繞。及見十六王子、請佛轉法輪。

卯四三業供養

時諸梵天王頭面禮佛。繞百千帀。即以天華而散佛上。所散之華、如須彌山。幷以供養佛菩提樹。

華供養已。各以宮殿奉上彼佛。而作是言。惟見哀愍。饒益我等。所獻宮殿。願垂納處。爾時諸梵天王、即於佛前。一心同聲、以偈頌曰。

聖主、天中王。　迦陵頻伽聲。　哀愍衆生者。
我等今敬禮。　世尊甚希有。　久遠乃一現。
一百八十劫、　空過無有佛。　三惡道充滿。
諸天衆減少。　今佛出於世。　爲衆生作眼。
世間所歸趣。　救護於一切。　爲衆生之父。
哀愍饒益者。　我等宿福慶。　今得値世尊。

卯五請轉法輪

卯六如來默許
寅三南方六
卯一覲瑞驚駭

卯二互相問決

（卯五請轉法輪）爾時諸梵天王、偈讚佛已。各作是言。惟願世尊哀愍一切。轉於法輪。度脫衆生。時諸梵天王、一心同聲、而說偈言。

大聖轉法輪。顯示諸法相。度苦惱衆生。
令得大歡喜。衆生聞此法。得道、若生天。
諸惡道減少。忍善者增益。

（卯六如來默許）爾時大通智勝如來默然許之。（卯一覲瑞驚駭）又諸比丘。南方五百萬億國土、諸大梵王。各自見宮殿光明照曜。昔所未有。歡喜踊躍。生希有心。（卯二互相問決）即各相詣。共議此事。以何因

卯三尋光見佛

緣。我等宮殿有此光曜。時彼衆中有一大梵天王。名曰妙法。爲諸梵衆、而說偈言

我等諸宮殿。光明甚威曜。此非無因緣。
是相、宜求之。過於百千劫。未曾見是相。
爲大德天生。爲佛出世間。

卯三尋光見佛

爾時五百萬億諸梵天王、與宮殿俱。各以衣祴盛諸天華。共詣北方、推尋是相。見大通智勝如來、處於道場菩提樹下。坐師子座。諸天、龍王、乾闥婆、緊那羅、摩睺羅伽、人非人等。恭敬圍繞。及見十六王子請佛轉

法輪。卯四三業供養時諸梵天王、頭面禮佛、繞百千帀、即以天華而散佛上。所散之華、如須彌山、并以供養佛菩提樹。華供養已、各以宮殿、奉上彼佛、而作是言、惟見哀愍、饒益我等、所獻宮殿、願垂納處。爾時諸梵天王、即於佛前、一心同聲、以偈頌曰、

世尊甚難見、　破諸煩惱者、　過百三十劫、
今乃得一見。　諸飢渴眾生、　以法雨充滿、
昔所未曾覩、　無量智慧者、　如優曇鉢華、
今日乃值遇。　我等諸宮殿、　蒙光故嚴飾、

卯五請轉法輪

卯六如來默許
寅四總舉餘六方
寅五上方五
卯一覩瑞驚駭

世尊大慈愍．　惟願垂納處。

卯五請轉法輪

爾時諸梵天王、偈讚佛已．各作是言．惟願世尊轉於法輪．令一切世間、諸天、魔、梵、沙門、婆羅門．皆獲安隱、而得度脫。時諸梵天王．一心同聲、以偈頌曰．

惟願天人尊、　轉無上法輪．　擊於大法鼓．
而吹大法螺．　普雨大法雨．　度無量眾生。
我等咸歸請．　當演深遠音。

卯六如來默許

爾時大通智勝如來默然許之。

寅四總舉餘六方

西南方乃至下方．亦復如是。

卯一覩瑞驚駭

爾時上方五百萬億國土、諸大梵王．皆悉自

卯二互相問決

卯三尋光見佛

覩所止宮殿、光明威曜。昔所未有。歡喜踊躍。生希有心。即各相詣共議此事。以何因緣。我等宮殿有斯光明。時彼衆中、有一大梵天王。名曰尸棄。爲諸梵衆而說偈言。

今以何因緣　我等諸宮殿、　威德光明曜。
嚴飾未曾有。　如是之妙相。　昔所未聞見。
爲大德天生。　爲佛出世間。

爾時五百萬億諸梵天王、與宮殿俱。各以衣裓盛諸天華。共詣下方、推尋是相。見大通智勝如來、處於道

卯四三業供養

場菩提樹下．坐師子座．諸天、龍王、乾闥婆、緊那羅、摩睺羅伽、人非人、等．恭敬圍繞．及見十六王子請佛轉法輪。

卯四三業供養

時諸梵天王頭面禮佛．繞百千帀．即以天華而散佛上。所散之華、如須彌山．并以供養佛菩提樹。華供養已．各以宮殿、奉上彼佛．而作是言．惟見哀愍、饒益我等．所獻宮殿．願垂納處。時諸梵天王．即於佛前、一心同聲、以偈頌曰．

善哉見諸佛．　救世之聖尊．　能於三界獄．
勉出諸眾生。　普智天人尊．　哀愍羣萌類．

能開甘露門．廣度於一切。於昔無量劫．
空過無有佛．世尊未出時．十方常闇冥．
三惡道增長．阿修羅亦盛．諸天眾減少．
死多墮惡道。不從佛聞法．常行不善事．
色力及智慧．斯等皆減少。罪業因緣故．
失樂及樂想．住於邪見法．不識善儀則．
不蒙佛所化．常墮於惡道。佛爲世間眼．
久遠時乃出．哀愍諸眾生．故現於世間。
超出成正覺．我等甚欣慶．及餘一切眾．

卯五請轉法輪

喜歎未曾有、我等諸宮殿、蒙光故嚴飾、
今以奉世尊、惟垂哀納處。願以此功德、
普及於一切、我等與衆生、皆共成佛道。

卯五請轉法輪

爾時五百萬億諸梵天王、偈讚佛已、各白佛言、惟願世尊轉於法輪、多所安隱、多所度脫。時諸梵天王而說偈言、

世尊轉法輪、擊甘露法鼓、度苦惱衆生、
開示涅槃道。惟願受我請、以大微妙音、
哀愍而敷演、無量劫集法。

癸二近由二
子一轉半字法輪
子二轉廢半明滿法輪
子一轉半字法輪三
丑一受請
丑二正轉
丑三聞法得道
丑二正轉二
寅一明四諦
寅二明十二因緣

丑三聞法得道

（丑一受請）爾時大通智勝如來、受十方諸梵天王、及十六王子請。（寅一明四諦）即時三轉十二行法輪。若沙門、婆羅門、若天、魔、梵、及餘世間所不能轉。謂是苦。是苦集。是苦滅。是苦滅道。（寅二明十二因緣）及廣說十二因緣法。無明緣行。行緣識。識緣名色。名色緣六入。六入緣觸。觸緣受。受緣愛。愛緣取。取緣有。有緣生。生緣老死憂悲苦惱。無明滅、則行滅。行滅、則識滅。識滅、則名色滅。名色滅、則六入滅。六入滅、則觸滅。觸滅、則受滅。受滅、則愛滅。愛滅、則取滅。取滅、則有滅。有滅、則生滅。生滅、則老死憂悲苦惱滅。（丑三聞法得道）佛於天

子二轉癈半明滿法輪七

丑一諸子出家

丑二請法

人大衆之中、說是法時．六百萬億那由他人．以不受一切法故．而於諸漏、心得解脫．皆得深妙禪定．三明、六通．具八解脫。第二第三第四說法時．千萬億恆河沙那由他等衆生．亦以不受一切法故．而於諸漏、心得解脫。從是已後．諸聲聞衆、無量無邊．不可稱數。

丑一諸子出家

爾時十六王子、皆以童子出家、而爲沙彌．諸根通利．智慧明了．已曾供養百千萬億諸佛．淨修梵行．求阿耨多羅三藐三菩提。

丑二請法

倶白佛言世尊．是諸無量千萬億大德聲聞．皆已成就．世尊．亦當爲我等說阿耨多羅

丑三所將亦出家
丑四佛受請
丑五時眾有解不解
丑六時節
丑七說已入定

三藐三菩提法。我等聞已。皆共修學。世尊。我等志願如來知見。深心所念。佛自證知。（丑三所將亦出家）爾時轉輪聖王所將眾中、八萬億人。見十六王子出家。亦求出家。王即聽許。（丑四佛受請）爾時彼佛受沙彌請。過二萬劫已。乃於四眾之中、說是大乘經。名妙法蓮華、敎菩薩法、佛所護念。說是經已。十六沙彌。為阿耨多羅三藐三菩提故。皆共受持。諷誦通利。（丑五時眾有解不解）說是經時。十六菩薩沙彌。皆悉信受。聲聞眾中、亦有信解。其餘眾生、千萬億種。皆生疑惑。（丑六時節）佛說是經。於八千劫、未曾休廢。（丑七說已入定）說是經已。即入靜室。住

壬二正結緣二
癸一法説結緣
癸二譬説結緣
癸一法説結緣三
子一明昔共結緣
子二明中間更相値遇
子三明今日還説法華
子一明昔共結緣二
丑一覆講利生
丑二佛起稱歎二
寅一正稱歎
寅二勸親信

於禪定、八萬四千劫。（丑一覆講利生）是時十六菩薩沙彌、知佛入室、寂然禪定。各升法座。亦於八萬四千劫、爲四部衆、廣説分別妙法華經。一一皆度六百萬億那由他恆河沙等衆生。示敎、利喜。令發阿耨多羅三藐三菩提心。（寅一正稱歎）大通智勝佛過八萬四千劫已。從三昧起。往詣法座、安詳而坐。普告大衆。是十六菩薩沙彌、甚爲希有。諸根通利。智慧明了。已曾供養無量千萬億數諸佛。於諸佛所。常修梵行。受持佛智。開示衆生、令入其中。（寅二勸親信）汝等皆當數數親近而供養之。所以者何。若聲聞、辟支

子二明中間更相值遇

子三明今日還說法華二

丑一先結會古今

丑二正明還說法華二

丑一先結會古今二

寅一結師之古今

佛、及諸菩薩。能信是十六菩薩所說經法、受持不毀者。是人皆當得阿耨多羅三藐三菩提、如來之慧。（子二明中間更相値遇）佛告諸比丘。是十六菩薩、常樂說是妙法蓮華經。一一菩薩。所化六百萬億那由它恆河沙等衆生。世世所生、與菩薩俱。從其聞法。悉皆信解。以此因緣得値四萬億諸佛世尊。於今不盡。（寅一結師之古今）諸比丘我今語汝。彼佛弟子十六沙彌。今皆得阿耨多羅三藐三菩提。於十方國土、現在說法。有無量百千萬億菩薩、聲聞、以爲眷屬。其二沙彌。東方作佛。一名阿閦。在歡喜國。二名須

寅二會弟子古今 四
卯一明本結大緣
卯二釋今住聲聞疑

彌頂。東南方二佛。一名師子音。二名師子相。南方二佛。一名虛空住。二名常滅。西南方二佛。一名帝相。二名梵相。西方二佛。一名阿彌陀。二名度一切世間苦惱。西北方二佛。一名多摩羅跋栴檀香神通。二名須彌相。北方二佛。一名雲自在。二名雲自在王。東北方佛、名壞一切世間怖畏。第十六、我釋迦牟尼佛。於娑婆國土、成阿耨多羅三藐三菩提。卯一明本結大緣諸比丘。我等爲沙彌時。各各教化無量百千萬億恆河沙等衆生。從我聞法。爲阿耨多羅三藐三菩提。卯二釋今住聲聞疑此諸衆生。於今有住

卯三正結會古今

卯四釋未來弟子疑

丑二正明還說法華二

聲聞地者。我常教化阿耨多羅三藐三菩提。是諸人等。應以是法、漸入佛道。所以者何。如來智慧。難信難解。

卯三正結會古今

爾時所化無量恒河沙等眾生者。汝等諸比丘、及我滅度後、未來世中聲聞弟子是也。

卯四釋未來弟子疑

我滅度後。復有弟子、不聞是經。不知不覺菩薩所行。自於所得功德、生滅度想。當入涅槃。我於餘國作佛。更有異名。是人雖生滅度之想、入於涅槃。而於彼土、求佛智慧。得聞是經。惟以佛乘而得滅度。更無餘乘。除諸如來方便說法。

寅一明應時故說

諸比丘若如來自知涅槃時到。眾又清淨。信解

寅一明應時故說
寅二釋前開三意

癸二譬說結緣二
子一立譬
子二法合
子一立譬二
丑一導師譬
丑二將導譬三
寅一所將人衆譬
寅二中路懈退譬
寅三滅化引至寶所譬
寅二中路懈退譬二
卯一退大

堅固。了達空法。深入禪定。便集諸菩薩及聲聞衆。爲說是經。世間無有二乘而得滅度。惟一佛乘得滅度耳。

寅二釋前開三意

比丘當知。如來方便深入衆生之性。知其志樂小法。深著五欲。爲是等故、說於涅槃。是人若聞。則便信受。

丑一導師譬

譬如五百由旬險難惡道。曠絕無人、怖畏之處。若有多衆。欲過此道、至珍寶處。有一導師。聰慧明達。善知險道通塞之相。

寅一所將人衆譬

將導衆人。欲過此難。

卯一退大

所將人衆、中路懈退。白導師言。我等疲極、而復怖畏。不能復進。前路猶遠。今欲退還。

辰一方便設化

導師多諸方便、而作是念。此等可

卯二接小二
辰一方便設化
辰二歡喜前入
寅三滅化引至寶所譬
子二法合二
丑一正合

愍。云何捨大珍寶而欲退還。作是念已。以方便力。於險道中。過三百由旬、化作一城。告眾人言。汝等勿怖。莫得退還。今此大城。可於中止。隨意所作。若入是城。快得安隱。若能前至寶所。亦可得去。（辰二歡喜前入）是時疲極之眾、心大歡喜。歎未曾有。我等今者、免斯惡道。快得安隱。於是眾人前入化城。生已度想。生安隱想。（寅三滅化引至寶所譬）爾時導師。知此人眾既得止息。無復疲倦。即滅化城。語眾人言。汝等去來。寶處在近。向者大城。我所化作、為止息耳。（寅一合導師譬）諸比丘。如來亦復如是。今為汝等作大導師。知諸生

丑二舉譬帖合
丑一正合二
寅一合導師譬
寅二合將導譬

丑二舉譬帖合

辛二重頌二

死煩惱惡道、險難長遠、應去應度。若衆生但聞一佛乘者、則不欲見佛、不欲親近、便作是念、佛道長遠、久受勤苦、乃可得成。

寅二合將導譬

佛知是心、怯弱下劣、以方便力而於中道爲止息故、說二涅槃。若衆生住於二地、如來爾時即便爲說、汝等所作未辦、汝所住地、近於佛慧、當觀察籌量所得涅槃、非眞實也。但是如來方便之力、於一佛乘、分別說三。

丑二舉譬帖合

如彼導師、爲止息故、化作大城。既知息已、而告之言、寶處在近、此城非實、我化作耳。

子二頌大通智勝成佛

爾時世尊欲重宣此義、而說偈言、

壬一頌結緣之由
壬二頌正結緣
壬一頌結緣之由二
癸一頌遠由
癸二頌近由
癸一頌遠由二
子一頌大通智勝成佛
子二頌十方梵王請法二

大通智勝佛．十劫坐道場．佛法不現前．
不得成佛道。諸天神、龍王、阿修羅衆等．
常雨於天華．以供養彼佛．諸天擊天鼓．
幷作衆伎樂．香風吹萎華．更雨新好者。
過十小劫已．乃得成佛道．諸天及世人．
心皆懷踊躍。彼佛十六子．皆與其眷屬、
千萬億圍繞．俱行至佛所．頭面禮佛足．

丑一頌威光照動

而請轉法輪。聖師子法雨．充我及一切．
世尊甚難值．久遠時一現．爲覺悟羣生．

丑一頌威光照動
丑二頌梵王來請

癸二頌近由二
子一頌轉半字法
輪

震動於一切。丑二頌梵王來請東方諸世界、五百萬億國．
梵宮殿光曜．昔所未曾有。諸梵見此相．
尋來至佛所．散華以供養．幷奉上宮殿．
請佛轉法輪．以偈而讚歎。佛知時未至．
受請默然坐。三方及四維、上下、亦復爾．
散華奉宮殿．請佛轉法輪．世尊甚難値．
願以本慈悲、廣開甘露門．轉無上法輪。
子一頌轉半字法輪
無量慧世尊、受彼衆人請．爲宣種種法．
四諦十二緣．無明至老死、皆從生緣有。

子二頌轉廢半明滿法輪

如是眾過患。汝等應當知。宣暢是法時。
六百萬億姟、得盡諸苦際。皆成阿羅漢。
第二說法時。千萬恒沙眾。於諸法不受。
亦得阿羅漢。從是後得道。其數無有量。
萬億劫算數、不能得其邊。子二頌轉廢半明滿法輪 時十六王子、
出家作沙彌。皆共請彼佛、演說大乘法。
我等及營從。皆當成佛道。願得如世尊、
慧眼第一淨。佛知童子心。宿世之所行。
以無量因緣、種種諸譬喻。說六波羅蜜、

壬二頌正結緣二
癸一頌法說
癸二頌譬說
癸一頌法說三
子一頌昔共結緣
子二頌中間更相值遇
子三頌今日還說法華二
丑一頌結會古今

及諸神通事。分別眞實法、菩薩所行道．
說是法華經．如恆河沙偈。彼佛說經已．
靜室入禪定．一心一處坐、八萬四千劫。
子一頌昔共結緣
是諸沙彌等．知佛禪未出．爲無量億衆、
說佛無上慧．各各坐法座．說是大乘經．
於佛宴寂後．宣揚助法化。一一沙彌等、
所度諸衆生．有六百萬億．恆河沙等衆。
子二頌中間更相值遇
彼佛滅度後．是諸聞法者．在在諸佛土、
常與師俱生。
丑一頌結會古今
是十六沙彌．具足行佛道．

丑二頌正明還說法華
癸二頌譬說二
子一頌立譬
子二頌法合
子一頌立譬二
丑一頌導師譬
丑二頌將導譬二
寅一頌所將人衆

今現在十方。各得成正覺。爾時聞法者。
各在諸佛所。其有住聲聞。漸教以佛道。
我在十六數。曾亦爲汝說。是故以方便、
引汝趣佛慧。丑二頌正明還說法華 以是本因緣。今說法華經。
令汝入佛道。愼勿懷驚懼。丑一頌導師譬 譬如險惡道。
迴絕多毒獸。又復無水草。人所怖畏處。
無數千萬衆、欲過此險道。其路甚曠遠。
經五百由旬。時有一導師。強識有智慧。
明了心決定。在險濟衆難。卯一頌衆人退大 衆人皆疲倦、

中路懈退
寅二頌滅化引至寶所
寅一頌所將人衆中路懈退二
卯一頌衆人退大
卯二頌導師接小二
辰一頌方便設化

辰二頌歡喜前入
寅二頌滅化引至寶所

而白導師言．我等今頓乏．於此欲退還。
辰一頌方便設化
導師作是念．此輩甚可愍．如何欲退還．
而失大珍寶。尋時思方便．當設神通力．
化作大城郭．莊嚴諸舍宅．周帀有園林、
渠流及浴池．重門高樓閣．男女皆充滿。
即作是化已．慰衆、言勿懼．汝等入此城．
各可隨所樂。辰二頌歡喜前入 諸人既入城．心皆大歡喜．
皆生安隱想．自謂已得度。寅二頌滅化引至寶所 導師知息已．
集衆而告言．汝等當前進．此是化城耳。

子二頌法合二
丑一頌正合
丑二頌舉譬帖合
丑一頌正合二
寅一頌合導師
寅二頌合將導

我見汝疲極．中路欲退還．故以方便力、
權化作此城．汝今勤精進．當共至寶所。
寅一頌合導師
我亦復如是．爲一切導師。寅二頌合將導
見諸求道者、
中路而懈廢．不能度生死、煩惱諸險道。
故以方便力．爲息、說涅槃．言汝等苦滅．
所作皆已辦。既知到涅槃．皆得阿羅漢．
爾乃集大眾．爲說眞實法。諸佛方便力．
分別說三乘．唯有一佛乘．息處、故說二。
今爲汝說實．汝所得非滅．爲佛一切智．

丑二頌舉譬帖合

當發大精進。汝證一切智。十力等佛法。
具三十二相。乃是眞實滅。丑二頌舉譬帖合 諸佛之導師。
爲息說涅槃。既知是息已。引入於佛慧。

妙法蓮華經冠科卷第三

三根普潤。弟子蒙恩。化城虛設莫爲眞。再觀智勝因。
十六王孫。八面證金身。
南無法華會上佛菩薩　三稱

音釋

藥草喻品　卉許貴切百草總名也　靉靆音愛逮雲盛貌　攬音覽手取也　邃私醉切深遠也　槁古老切　授記

品　穢惡下烏各切礰音歷悚慄音聳栗惶懼也多摩羅跋栴檀此云性無垢　化城喻品　阿僧祇此云無數那由它此云姟數由旬此云限量如此方之驛者大者八十里中者六十里小者四十里　菩提樹即道樹也憺怕音淡泊恬靜無為也稽首上音季留止也以頭至地留止少時也迦陵頻伽此云好音鳥　阿閦此云無動下初六切阿彌陀此云無量壽釋迦牟尼此云能仁寂默謂其德仁濟羣類其心寂然無為姟音該言十京曰姟即那由它也

持驗記

⊙陳南嶽尊者慧思。武津李氏子。幼持戒。頂禮法華。至忘寢息。因久雨蒸濕。身患浮腫。忍心向經。尋即痊愈。夢普賢乘白象王。親爲摩頂。頂上隱起肉髻。年十五出家受具。日惟一食。專誦法華。計盈千遍。感瓶水不竭。天童侍奉。時慧文禪師因閱大論至四諦品偈云。因緣所生法。我說即是空。亦名爲假名。亦名中道義。恍然大悟。遂遙禮龍樹爲師。依論立觀。師乃往受法。晝夜攝心。脅不至席。坐夏三七日。得宿命通。倍加勇猛。禪障忽起。四肢緩弱。身不隨心。即自念曰。病從業生。業繇心起。心緣不起。外境何狀。病業與心。都如雲影。如是觀已。顛倒想滅。輕安如故。竟歲猶無所得。深懷內媿。將放身倚壁。豁然大悟法華三昧。自後所未聞經。不疑自解。次光州大蘇山。講大般若經。嘗得䞋施。於齊光寺。造金字大品般若、金字法華二部。復自述願文一篇。願彌勒佛時。身及此經。一時出現。廣化一切云云。

⊙陳釋玄光。新羅國人。專修梵行。越滄溟。求中土禪法。於是往衡山。參思大禪師。授以四安樂行。俄證法華三昧。返江南。附海舶至大洋。忽覩彩雲雅樂。旌節繽紛而至。空中傳呼云。天帝召玄光師。於龍宮說親證法門。師拱手避讓。見青衣前導。尋入宮城。不類人間宮府。左右無非鱗介參雜鬼神。既登高臺。談說妙法七日。然後王躬送別。師復登舟。舟子謂經半日而已。南嶽祖構影堂。內圖師像。天台國清寺亦然。

⊙陳徐孝克。東海剡人。少談玄理。長通五經。梁太清初。起家爲太學博士。性至孝。父憂殆不勝喪。事所生母盡道。天嘉中。除剡令。尋復去職。太建中。徵爲祕書丞。不就。蔬食長齋。持菩薩戒。晝夜講誦法華經。六年。除國子祭酒。臨終正坐念佛。室內有非常香氣。鄰里皆驚異之。

⊙北魏釋志湛。齊州人。住泰山北邃谷中衡草寺。省事寡言。人鳥不亂。讀誦法華。人不測其素業。將終時。神僧誌公謂梁武曰。北方衡草寺。須陀洹果聖僧。今日滅度。師果於是日無疾而化。兩手各舒一指。有梵僧云。斯初果也。還葬此山。後發視之。惟舌不壞。建塔表信。

⊙北魏盧景裕。節閔初。爲國子博士。坐累繫晉陽獄。至心誦法華普門品。餘力亦誦全經。俄而枷鎖自脫。主者以聞於朝。特見原宥。

⊙隋仁壽元年辛酉。普曜寺沙門上行。請北天竺國闍那崛多法師。南天竺國達摩笈多法師。於大興善寺。重譯此經。爲八卷。名添品妙法蓮華經。於晉秦譯本添普門品後偈頌。藥王品後補日光喻之全文。

⊙釋慧威。江陵人。少依南嶽行法華三昧。專思玄寂。遂得解一切眾生語言陀羅尼。聞人畜鳥聲。輒知其音。後又發證神通。飛空履水。如步平地。密行殊常。人莫能測。

⊙隋天台國淸寺釋灌頂。姓吳。臨海章安人。生甫三月。能隨母稱三寶名。七歲出俗。日記萬言。二十進具。謁智者稟受觀法。研繹既久。頓蒙印可。後隨智者至金陵光宅。聽講法華。又於江陵玉泉受法華玄義及止觀。晚止會稽稱心精舍。講說法華。時有跨朗籠基超雲邁印之語。貞觀六年八月示寂。室有異香。師化流囂俗。神用無方。每誦經宴坐。常有天花飄墜其側。村人于法龍。去山三十里。染患將絕。其子馳至祈救。師爲轉法華經。焚栴檀香。病者遙聞香氣入鼻。應時痊愈。又樂安南嶺地曰安洲。碧樹清溪。泉流伏溺。人逕不通。師留連愛翫。顧而誓曰。若使斯地坦平。當來此講經。曾未浹旬。白沙徧涌。平如玉鏡。乃講法華金光明。以答靈惠。

⊙隋釋智晞。潁川陳氏。童年出俗。至台山智者所。稟受禪訣。加修寂定。常居佛隴。修禪道場。行法華三昧。時欲搆香臺。香爐峯林木秀異。師欲伐用。衆以神所據爲疑。夜夢神送疏云。香爐峯檉柏樹。盡捨給經臺。遂伐之。有僧法雲。欲往峯頂禪坐。師止之曰。卿道力微弱。山神剛猛。不宜往。雲不從。甫一夕。神現形驅令還。方悟前旨。深生敬仰。師嘗往阿育王寶塔。禮八萬四千拜。貞觀元年。跏趺端坐。仍執如意說法。弟子問當生何所。答云。如吾見夢。當在兜率。儼然如入禪定。空中有絃管聲。良久乃息。

⊙隋黃州濟華寺釋玄秀。恆誦法華。每有異相。時當炎暑。師方誦經。次寺僧見翊衛嚴肅。怖告同侶。共視如初。上望空中。塡塞無際。四衆咸稱神異。

⊙隋釋法安。止建元寺。博通玄要。長誦法華。講四十餘徧。忽於講座四隅。生花一叢。有十餘枝。黃白相閒。狀似蓮華。香光馥藹。又經旬日。復於都講牀側。及大衆坐處。生八九華。一月方萎。道俗聚觀。歎爲奇瑞。

⊙隋釋智璪。臨海張氏。二十即登天台。參智者大師求出家。智者令誦法華。兼修三昧。至二七夜懺訖。見九頭龍從地涌出。上升虛空。天明白問智者。曰。此表九道衆生。聞法華經。將來之世。破無明。入法性空耳。

後移住寶林寺。專修華法三昧。初夜即有鬼搖撼戶扇。三七日中。每夜如是。以至搥杜破壁。滅燈現狀。師一無所動。唯坐禪誦經而已。第三七日畢。見一青衣童子讚曰。善哉言訖遂滅。

⊙隋廬山福林寺釋大志。會稽顧氏。髫齡出家。師事天台智者。開皇十年。來遊廬嶽。住華頂寺。誦法華經。索然閒靜。音聲清轉。眾皆樂聞。後於甘露峯前。建靜觀道場。頭陀爲業。孑爾一身。不避虓虎。每投身飼之。虎皆避去。

⊙隋益州招提寺釋慧恭。與同學僧慧遠結契。後由荊揚訪道而歸。契濶三十年。夜話次。遠語如流。師默無所對。遠曰。仁者無所得耶。師曰。性闇無解。遠曰。可不誦一經乎。師曰。唯誦法華普門品一卷。當爲誦之。但至心聽。乃結壇升高座。始發聲唱經題。覺有香氣。久之聞天樂振空。雨華零亂。經已方歇。遠敬禮謝之。

⊙隋釋法朗。南陽許氏。棲止無定。多住鄂州。時誦讀諸經。志專法華。潔誓誦之。一坐七徧。如是良久。聲如雷動。遠近亮徹。世因目爲法華朗焉。有比丘尼爲鬼所著。超悟玄解。莫不稱爲聰悟。師曰。此邪鬼也。厲聲呵之。魅即怖去。霍然如失。

⊙隋雍州釋法喜。襄陽李氏。七歲出俗。志持法華。仁壽中。住京師禪定寺。欲冥祈靈爽。誓誦蓮經千徧。因不止舊室。巡繞梵誦。數滿八百。誓心不散。同寺僧忽見有寶車瓔珞入師房內。迫而觀之。了無所睹。方知幽通之感。

⊙隋開皇中。蔣州嚴恭。平生淨心皈法。於郭外造精舍。寫法華經。清淨供養。紙筆繕寫。咸務精良。信心而施。不行欺詐。隨得便營。無所乞覓。每終卷必逐字親爲檢校。久而忘疲。嘗有人從貸經錢一萬。恭不獲已與之。貸者乘船覆水失錢。僅得身免。是日恭入家庫。見所貸錢在焉。溼如水洗。後聞其事。方知靈異。

8 五百弟子授記品
己二 授下根記二
庚一 此品授千二百記
庚二 學無學品授二千人記
庚一 此品授千二百記二
辛一 授滿慈子
辛二 授千二百人
辛一 授滿慈子二
壬一 序默領解
壬二 如來述記
壬一 序默領解二
癸一 敍其得解歡喜

妙法蓮華經冠科卷第四

姚秦三藏法師鳩摩羅什奉詔譯

明古吳蕅益智旭科

妙法蓮華經五百弟子授記品第八

下根無學得記因緣一周

癸一敍其得解歡喜

爾時富樓那彌多羅尼子、從佛聞是智慧方便、隨宜說法。又聞授諸大弟子阿耨多羅三藐三菩提記。復聞宿世因緣之事。復聞諸佛有大自在神通之力。得未曾有。心淨踊躍。即從座起。到於佛前。頭面禮足。卻住一面。瞻仰尊顏、目不暫捨。

癸二敍其默念領解

而作是念。世尊甚奇特。

癸二敘其默念領解
壬二如來述記二
癸一長文
癸二偈頌
癸一長文二
子一述本迹
子二與授記
子一述本迹三
丑一就釋迦世行因發迹
丑二約過去世顯其本行

所爲希有。隨順世間若干種性、以方便知見、而爲說法。拔出衆生處處貪著。我等於佛功德、言不能宣。惟佛世尊能知我等深心本願。

丑一就釋迦世行因發迹

爾時佛告諸比丘。汝等見是富樓那彌多羅尼子否。我常稱其於說法人中、最爲第一。亦常歎其種種功德。精勤護持助宣我法。能於四衆、示敎利喜。具足解釋佛之正法。而大饒益同梵行者。自捨如來。無能盡其言論之辯。

丑二約過去世顯其本行

汝等勿謂富樓那但能護持助宣我法。亦於過去九十億諸佛所、護持助宣佛之正法。於彼說法人中、亦最第一。又

丑三約三世佛所修因

於諸佛所說空法。明了通達。得四無礙智。常能審諦清淨說法。無有疑惑。具足菩薩神通之力。隨其壽命。常修梵行。彼佛世人、咸皆謂之實是聲聞。而富樓那以斯方便。饒益無量百千眾生。又化無量阿僧祇人、令立阿耨多羅三藐三菩提。爲淨佛土故。常作佛事。教化眾生。

丑三約三世佛所修因

諸比丘。富樓那亦於七佛說法人中、而得第一。今於我所說法人中、亦爲第一。於賢劫中當來諸佛、說法人中。亦復第一。而皆護持、助宣佛法。亦於未來、護持助宣無量無邊諸佛之法。教化饒益無量

子二與授記五
丑一明因圓果滿
丑二明國土廣淨
丑三明劫國名字
丑四明佛壽法住
丑五明滅後供養
舍利
丑二明國土廣淨
五
寅一明國大嚴淨
寅二明純是善道
寅三明人天福慧具足

衆生。令立阿耨多羅三藐三菩提。爲淨佛土故。常勤精進、教化衆生。丑一明因圓果滿 漸漸具足菩薩之道。過無量阿僧祇劫。當於此土、得阿耨多羅三藐三菩提。號曰法明如來、應供、正徧知、明行足、善逝世間解、無上士、調御丈夫、天人師、佛世尊。寅一明國、大嚴淨 其佛以恆河沙等三千大千世界、爲一佛土。七寶爲地。地平如掌。無有山陵谿澗溝壑。七寶臺觀、充滿其中。諸天宮殿、近處虛空。人天交接。兩得相見。寅二明純是善道 無諸惡道。亦無女人。一切衆生、皆以化生。無有淫欲。寅三明人天福慧具足 得大神通。身出光明。飛行自在。志念堅固。

寅四明菩薩聲聞眾數甚多

寅五總結莊嚴

丑三明劫國名字

丑四明佛壽法住

丑五明滅後供養舍利

癸二偈頌二

子一頌發迹

子二頌授記

子一頌發迹二

丑一總發諸聲聞迹

精進智慧。普皆金色。三十二相、而自莊嚴。其國眾生。常以二食。一者、法喜食。二者、禪悅食。

寅四明菩薩聲聞眾數甚多

有無量阿僧祇千萬億那由它諸菩薩眾。得大神通、四無礙智。善能教化眾生之類。其聲聞眾、算數校計所不能知。皆得具足六通、三明、及八解脫。

寅五總結莊嚴

其佛國土、有如是等無量功德莊嚴成就。

丑三明劫國名字

劫名寶明。國名善淨。

丑四明佛、壽法住

其佛壽命無量阿僧祇劫。法住甚久。

丑五明滅後供養舍利

佛滅度後。起七寶塔。徧滿其國。

丑一總發諸聲聞迹

爾時世尊欲重宣此義。而說偈言。

諸比丘諦聽。　佛子所行道。　善學方便故。

不可得思議。知眾樂小法、而畏於大智．
是故諸菩薩．作聲聞、緣覺．以無數方便、
化諸眾生類。自說是聲聞．去佛道甚遠．
度脫無量眾、皆悉得成就．雖小欲懈怠．
漸當令作佛。內祕菩薩行．外現是聲聞．
少欲、厭生死．實自淨佛土。示眾有三毒．
又現邪見相．我弟子如是　方便度眾生。
若我具足說、種種現化事．眾生聞是者．
心則懷疑惑。

丑二頌發富樓那迹

今此富樓那．於昔千億佛、

丑二頌發富樓那迹

子二頌授記三
丑一頌因圓果滿

勤修所行道、宣護諸佛法。爲求無上慧、
而於諸佛所、現居弟子上。多聞有智慧、
所說無所畏、能令眾歡喜、未曾有疲倦、
而以助佛事。已度大神通、具四無礙智、
知諸根利鈍、常說淸淨法、演暢如是義、
教諸千億眾、令住大乘法、而自淨佛土。
未來亦供養、無量無數佛、護助宣正法、
亦自淨佛土。常以諸方便、說法無所畏、
度不可計眾、成就一切智。丑一頌因圓果滿 供養諸如來、

丑二超頌國劫名字
丑三頌國土廣淨

護持法寶藏。其後得成佛。號名曰法明。
丑二超頌國劫名字
其國名善淨。七寶所合成。劫名爲寶明。
丑三頌國土廣淨
菩薩衆甚多。其數無量億。皆度大神通。
威德力具足。充滿其國土。聲聞亦無數。
三明、八解脫。得四無礙智。以是等爲僧。
其國諸衆生。淫欲皆已斷。純一變化生。
具相莊嚴身。法喜禪悅食。更無餘食想。
無有諸女人。亦無諸惡道。富樓那比丘。
功德悉成滿。當得斯淨土。賢聖衆甚多。

辛二授千二百人記三
壬一念請
壬二與記
壬三領解
壬二與記二
癸一長文
癸二偈頌
癸一長文三
子一總記千二百
子二別記憍陳如
子三別記五百

如是無量事。我今但畧說。

壬一念請

爾時千二百阿羅漢心自在者、作是念。我等歡喜得未曾有。若世尊各見授記、如餘大弟子者。不亦快乎。

子一總記千二百

佛知此等心之所念。告摩訶迦葉。是千二百阿羅漢。我今當現前次第授阿耨多羅三藐三菩提記。

子二別記憍陳如

於此衆中。我大弟子憍陳如比丘。當供養六萬二千億佛。然後得成爲佛。號曰普明如來、應供、正徧知、明行足、善逝世間解、無上士、調御丈夫、天人師、佛、世尊。

子三別記五百

其五百阿羅漢、優樓頻螺迦葉、伽耶迦葉、那提迦葉、迦

癸二偈頌二　子一頌記陳如及五百

留陀夷、優陀夷、阿㝹樓馱、離婆多、劫賓那、薄拘羅、周陀、莎伽陀、等。皆當得阿耨多羅三藐三菩提。盡同一號。名曰普明。爾時世尊欲重宣此義。而說偈言。

子一頌記陳如及五百

憍陳如比丘。當見無量佛。過阿僧祇劫。
乃成等正覺。常放大光明。具足諸神通。
名聞徧十方。一切之所敬。常說無上道。
故號爲普明。其國土清淨。菩薩皆勇猛。
咸升妙樓閣。游諸十方國。以無上供具、
奉獻於諸佛。作是供養已。心懷大歡喜。

子二頌總授一切聲聞記

須臾還本國．有如是神力。佛壽六萬劫．
正法住倍壽．像法復倍是．法滅、天人憂。
其五百比丘．次第當作佛．同號曰普明．
轉次而授記。我滅度之後．某甲當作佛．
其所化世間．亦如我今日。國土之嚴淨．
及諸神通力．菩薩、聲聞眾．正法及像法．
壽命劫多少．皆如上所說。

子二頌總授一切聲聞記

迦葉汝已知．
五百自在者．餘諸聲聞眾．亦當復如是。
其不在此會．汝當為宣說。

壬三領解二
癸一長文
癸二偈頌
癸一長文二
子一經家敍喜
子二自陳領解二
丑一法說
丑二譬說二
寅一立譬
寅二法合
寅一立譬二
卯一醉酒譬譬自謂滅度小智爲足
卯二親友覺悟譬譬今乃知之應得如來智慧
卯一醉酒譬三
辰一繫珠譬領上王子結緣
辰二醉臥不覺譬領上中間退大

子一經家敍喜

爾時五百阿羅漢、於佛前得授記已。歡喜踊躍。即從座起。到於佛前。頭面禮足。悔過自責。

丑一法說

世尊我等常作是念。自謂已得究竟滅度。今乃知之、如無智者。所以者何。我等應得如來智慧。而便自以小智爲足。

辰一繫珠譬領上王子結緣

世尊。譬如有人至親友家。醉酒而臥。是時親友官事當行。以無價寶珠、繫其衣裏。予之而去。

辰二醉臥不覺譬領上中間退大

其人醉臥都不覺知。

辰三起已、遊行譬領上接之以小

起已遊行、到於他國。爲衣食故、勤力求索、甚大艱難。若少有所得、便以爲足。

辰一訶責、

於後親友會遇見之。而作是言。咄哉、丈夫。何爲衣食乃至如是。

辰二示珠

我昔欲令汝得

辰三起已遊行譬領上接之以小
卯二親友覺悟譬領上以是本因緣今說法華經等賜諸子白牛大車也三
辰一訶責
辰二示珠
辰三勸貿
寅二法合二
卯一合醉酒
卯二合覺悟
卯一合醉酒三
辰一合繫珠
辰二合醉臥不知
辰三合起已遊行得少為足
卯二合親友覺悟譬三
辰一合訶責
辰二合示珠
辰三合勸貿

安樂，五欲自恣，於某年月日，以無價寶珠、繫汝衣裏，
今故現在。而汝不知，勤苦憂惱、以求自活，甚爲癡也。
辰三勸貿汝今可以此寶、貿易所需，常可如意，無所乏短。辰一合繫珠佛亦
如是，爲菩薩時，教化我等，令發一切智心。辰二合醉臥不知而尋廢忘，
不知不覺，辰三合起已遊行得少爲足既得阿羅漢道，自謂滅度，資生艱難，得少
爲足。辰一合訶責一切智願，猶在不失。今者、世尊覺悟我等，作如
是言，諸比丘，汝等所得，非究竟滅。辰二合示珠我久令汝等種佛
善根，以方便故，示涅槃相，而汝謂爲實得滅度。辰三合勸貿世尊，
我今乃知實是菩薩，得受阿耨多羅三藐三菩提記，

癸二偈頌二
子一頌內心得解
子二頌自陳領解二
丑一頌法說
丑二頌譬說二
寅一頌立譬
寅二頌法合
寅一頌立譬二
卯一頌醉酒譬

以是因緣．甚大歡喜．得未曾有。爾時阿若憍陳如等．
欲重宣此義．而說偈言．

子一頌內心得解

我等聞無上、安隱授記聲．歡喜未曾有．
禮無量智佛。今於世尊前、自悔諸過咎．

丑一頌法說

於無量佛寶．得少涅槃分．如無智愚人．
便自以爲足。

卯一頌醉酒譬

譬如貧窮人、往至親友家．
其家甚大富．具設諸肴膳。以無價寶珠、
繫著內衣裏．默予而捨去．時臥不覺知。
是人既已起．游行詣他國．求衣食自濟．

卯二頌親友覺悟譬

寅二頌法合二
卯一頌合醉酒

卯二頌合覺悟

資生甚艱難。得少便爲足。更不願好者。
不覺內衣裏。有無價寶珠。
卯二頌親友覺悟譬
予珠之親友。
後見此貧人。苦切責之已。示以所繫珠。
貧人見此珠。其心大歡喜。富有諸財物。
五欲而自恣。
卯一頌合醉酒
我等亦如是。世尊於長夜。
常愍見教化。令種無上願。我等無智故。
不覺亦不知。得少涅槃分。自足不求餘。
卯二頌合覺悟
今佛覺悟我。言非實滅度。得佛無上慧。
爾乃爲眞滅。我今從佛聞。授記莊嚴事。

9 授學無學人記品
庚二授二千人記
二
辛一請記
辛二授記
壬一二請記二
壬二二千人請
壬一二人請二
癸一默念請
癸二發言請二
子一引例
子二引望
壬二二千人請

及轉次受決。身心徧歡喜。

妙法蓮華經授學無學人記品第九（下根有學得記因緣一周）

（癸一默念請）爾時阿難、羅睺羅、而作是念。我等每自思惟。設得授記。不亦快乎。（子一引例）即從座起。到於佛前。頭面禮足。俱白佛言。世尊。我等於此、亦應有分。惟有如來。我等所歸。（子二）又、（引望）我等爲一切世間天人、阿修羅、所見知識。阿難常爲侍者。護持法藏。羅睺羅是佛之子。若佛見授阿耨多羅三藐三菩提記者。我願既滿。衆望亦足。（壬二二千人請）爾時學無學聲聞弟子二千人。皆從座起。偏袒右肩。到於佛前。

辛二授記二
壬一記二人
壬二記二千人
壬一記二人二
癸一記阿難
癸二記羅睺羅
癸一記阿難五
子一長文

一心合掌。瞻仰世尊。如阿難、羅睺羅、所願。住立一面。

子一長文

爾時佛告阿難。汝於來世、當得作佛。號山海慧自在通王如來、應供、正徧知、明行足、善逝世間解、無上士、調御丈夫天人師、佛、世尊。當供養六十二億諸佛。護持法藏。然後得阿耨多羅三藐三菩提。教化二十千萬億恆河沙諸菩薩等。令成阿耨多羅三藐三菩提。國名常立勝旛。其土清淨。琉璃爲地。劫名妙音徧滿。其佛、壽命無量千萬億阿僧祇劫。若人於千萬億無量阿僧祇劫中、算數校計。不能得知。正法住世、倍於

子二重頌

壽命。像法住世、復倍正法。阿難。是山海慧自在通王佛。爲十方無量千萬億恆河沙等諸佛如來、所共讚歎。稱其功德。爾時世尊欲重宣此義。而說偈言。

子二重頌

我今僧中說。阿難持法者。當供養諸佛。
然後成正覺。號曰山海慧自在通王佛。
其國土清淨。名常立勝旛。教化諸菩薩。
其數如恆沙。佛有大威德。名聞滿十方。
壽命無有量。以愍衆生故。正法倍壽命。
像法復倍是。如恆河沙等、無數諸衆生。

子三新發意者生疑

子四如來釋疑

子五阿難述歎

於此佛法中。種佛道因緣。

子三新發意者生疑

爾時會中新發意菩薩八千人、咸作是念。我等尚不聞諸大菩薩得如是記。有何因緣、而諸聲聞得如是決。

子四如來釋疑

爾時世尊知諸菩薩、心之所念。而告之曰。諸善男子。我與阿難等。於空王佛所、同時發阿耨多羅三藐三菩提心。阿難常樂多聞。我常勤精進。是故我已得成阿耨多羅三藐三菩提。而阿難護持我法。亦護將來諸佛法藏。教化成就諸菩薩眾。其本願如是。故獲斯記。

子五阿難述歎

阿難面於佛前。自聞授記、及國土莊嚴。所願具

足心大歡喜得未曾有。即時憶念過去無量千萬億諸佛法藏通達無礙如今所聞亦識本願。爾時阿難而說偈言

世尊甚希有　令我念過去　無量諸佛法
如今日所聞。我今無復疑　安住於佛道
方便為侍者　護持諸佛法。

癸二記羅睺羅二
子一長文

子一長文

爾時佛告羅睺羅汝於來世當得作佛號蹈七寶華如來、應供、正偏知、明行足、善逝世間解、無上士、調御丈夫、天人師、佛、世尊。當供養十世界微塵等數諸佛

子二重頌

如來．常爲諸佛而作長子．猶如今也。是蹈七寶華佛．國土莊嚴．壽命刧數．所化弟子．正法、像法．亦如山海慧自在通王如來、無異．亦爲此佛而作長子。過是已後．當得阿耨多羅三藐三菩提。子二重頌爾時世尊欲重宣此義．而說偈言．

我爲太子時．　羅睺爲長子．
我今成佛道．　受法、爲法子．
於未來世中．　見無量億佛．
皆爲其長子．　一心求佛道。
羅睺羅密行．　惟我能知之．
現爲我長子．　以示諸衆生。

無量億千萬　功德不可數．安住於佛法．
以求無上道。

壬二記二千人三
癸一長文

癸一長文

爾時世尊見學無學二千人．其意柔輭．寂然清淨．一心觀佛。佛告阿難．汝見是學無學二千人否。唯然．已見。阿難．是諸人等．當供養五十世界微塵數諸佛如來．恭敬尊重．護持法藏。末後同時於十方國各得成佛．皆同一號．名曰寶相如來、應供、正徧知、明行足、善逝、世間解、無上士、調御丈夫、天人師、佛、世尊。壽命一劫。國土莊嚴．聲聞、菩薩、正法、像法、皆悉同等。

癸二重頌

癸二重頌

爾時世

癸三得記歡喜

尊欲重宣此義．而說偈言．

是二千聲聞．今於我前住．悉皆予授記．
未來當成佛。所供養諸佛．如上說塵數．
護持其法藏．後當成正覺。各於十方國．
悉同一名號．俱時坐道場．以證無上慧．
皆名爲寶相。國土及弟子．正法與像法．
悉等無有異。咸以諸神通、度十方眾生．
名聞普周徧．漸入於涅槃。

癸三得記歡喜

爾時學無學二千人、聞佛授記．歡喜踊躍、而說偈言．

丙三 流通段五
丁一 法師品
丁二 寶塔品
丁三 達多品
丁四 持品
丁五 安樂行品
丁一 法師品二
戊一 歎美能持法人
戊二 歎美所持之法及示通經方軌
戊一 歎美能持法人二
己一 明稟道弟子功深福重

世尊慧燈明。我聞授記音。心歡喜充滿。如甘露見灌。

妙法蓮華經法師品第十　廣記推尊顯勝勸持　授廣記以圓該前記

庚一佛世弟子

爾時世尊因藥王菩薩、告八萬大士。藥王。汝見是大眾中。無量諸天、龍王、夜叉、乾闥婆、阿修羅、迦樓羅、緊那羅、摩睺羅伽、人與非人、及比丘、比丘尼、優婆塞、優婆夷、求聲聞者。求辟支佛者。求佛道者。如是等類。咸於佛前、聞妙法華經一偈一句、乃至一念隨喜者。我皆予授記。當得阿耨多羅三藐三菩提。

庚二滅後弟子

佛告藥王。又

己二明授道師功深福重
己一明稟道弟子功深福重二
庚一佛世弟子
庚二滅後弟子
己二明授道師功深福重二
庚一長文
庚二偈頌
庚一長文二
辛一別明
辛二總明
辛一別明二
壬一明現世
壬二明來世
壬一明現世二
癸一明下品師

如來滅度之後．若有人聞妙法華經、乃至一偈一句．一念隨喜者．我亦予授阿耨多羅三藐三菩提記。（癸二）若復有人受持、讀誦、解說、書寫妙法華經．乃至一偈．（明下品師）於此經卷．敬視如佛．種種供養華、香、瓔珞、末香、塗香、燒香．繒蓋、幢旛、衣服、技樂．乃至合掌恭敬。藥王．當知是諸人等、已曾供養十萬億佛．於諸佛所、成就大願．愍眾生故．生此人間。藥王．若有人問．何等眾生．於未來世、當得作佛。應示是諸人等．於未來世、必得作佛。何以故。若善男子、善女人．於法華經、乃至一句．受持、讀

癸二明上品師

壬二明來世二
癸一明下品師

癸二明上品師
辛二總明

誦、解說、書寫．種種供養經卷．華、香、瓔珞．末香、塗香、燒
香．繒蓋、幢旛．衣服、技樂．合掌恭敬．是人、一切世間所
應瞻奉．應以如來供養而供養之。當知此人是大菩
薩．成就阿耨多羅三藐三菩提．哀愍衆生．願生此閒．
廣演分別妙法華經。癸二明上品師 何況盡能受持、種種供養者。藥
王．當知是人、自捨清淨業報．於我滅度後．愍衆生故．
生於惡世．廣演此經。癸一明下品師 若是善男子、善女人．我滅度後．
能竊爲一人說法華經、乃至一句．當知是人、則如來
使．如來所遣、行如來事。癸二明上品師 何況於大衆中、廣爲人說。辛二 藥

庚二偈頌三

辛一奬勸自行利他

總明王。若有惡人以不善心。於一劫中、現於佛前。常毀罵佛。其罪尙輕。若人以一惡言、毀呰在家出家讀誦法華經者。其罪甚重。藥王。其有讀誦法華經者。當知是人、以佛莊嚴而自莊嚴。則爲如來肩所荷擔。其所至方。應隨向禮。一心合掌。恭敬、供養。尊重、讚歎。華香、瓔珞、末香、塗香、燒香、繒蓋。幢旛。衣服、餚饌。作諸技樂。人中上供、而供養之。應持天寶、而以散之。天上寶聚。應以奉獻。所以者何。是人歡喜說法。須臾聞之。即得究竟阿耨多羅三藐三菩提故。

辛一奬勸自行利他

爾時世尊欲重宣此義。

辛二重頌別總兩義
辛三結歎經最第一

辛二重頌別總兩義二
壬一頌別明
壬二頌總明
壬一頌別明二
癸一頌現世

而說偈言。

若欲住佛道。成就自然智。常當勤供養。
受持法華者。其有欲疾得。（癸一頌現世）一切種智慧。
當受持是經。幷供養持者。若有能受持
妙法華經者。當知佛所使。愍念諸眾生。
諸有能受持。妙法華經者。捨於清淨土。
愍眾故生此。當知如是人。自在所欲生。
能於此惡世。廣說無上法。應以天華香。
及天寶衣服、天上妙寶聚。供養說法者。

癸二頌來世
壬二頌總明

癸二頌來世

吾滅後、惡世、能持是經者．當合掌禮敬．
如供養世尊．上饌、眾甘美、及種種衣服、
供養是佛子．冀得須臾聞。若能於後世、
受持是經者．我遣在人中．行於如來事。

壬二頌總明

若於一劫中．常懷不善心．作色而罵佛．
獲無量重罪．其有讀、誦、持、是法華經者．
須臾加惡言．其罪復過彼。有人求佛道．
而於一劫中．合掌在我前．以無數偈讚。
由是讚佛故．得無量功德．歎美持經者、

辛三結歎經最第一

戊二歎美所持之法及示通經方軌二

己一長文

己二偈頌

己一長文二

庚一歎經法

庚二示方軌

庚一歎經法五

辛一約法歎

其福復過彼。於八十億劫。以最妙色、聲、
及與香、味、觸、供養持經者。如是供養已。
若得須臾聞。則應自欣慶、我今獲大利。
辛三結歎、經最第一
藥王今告汝。我所說諸經。而於此經中。
法華最第一。

辛一約法歎

爾時佛復告藥王菩薩摩訶薩。我所說經典、無量千萬億。已說、今說、當說。而於其中此法華經、最爲難信難解。藥王此經、是諸佛祕要之藏。不可分布、妄授予人。諸佛世尊之所守護。從昔已來。未曾顯說。而此經

辛二約人歎

辛三約處歎

者。如來現在。猶多怨嫉。況滅度後。辛二約人歎藥王當知如來滅後。其能書、持、讀、誦、供養、爲他人說者。如來則爲以衣覆之。又爲他方現在諸佛之所護念。是人有大信力。及志願力、諸善根力。當知是人、與如來共宿。則爲如來手摩其頭。辛三約處歎藥王在在處處。若說、若讀、若誦、若書、若經卷所住處。皆應起七寶塔。極令高廣嚴飾。不需復安舍利。所以者何。此中已有如來全身。此塔、應以一切華、香、瓔珞、繒蓋、幢旛、技樂、歌頌。供養、恭敬、尊重、讚歎。若有人得見此塔。禮拜、供養。當知是等、皆近阿耨

辛四約因歎

辛五約果歎五
壬一明近果

壬二立譬

壬三法合

多羅三藐三菩提。（辛四約因歎）藥王多有人、在家出家行菩薩道。
若不能得見、聞、讀、誦、書、持、供養、是法華經者。當知是
人未善行菩薩道。若有得聞是經典者。乃能善行菩
薩之道。（壬一明近果）其有衆生、求佛道者。若見、若聞、是法華經。聞
已、信解受持者。當知是人、得近阿耨多羅三藐三菩
提。（壬二立譬）藥王。譬如有人、渴乏需水。於彼高原、穿鑿求之。猶
見乾土。知水尚遠。施功不已。轉見溼土。遂漸至泥。其
心決定、知水必近。（壬三法合）菩薩亦復如是。若未聞、未解、未能
修習是法華經者。當知是人、去阿耨多羅三藐三菩

壬四釋近
壬五揀非
庚二示方軌二
辛一正明方法
辛二明五利益
辛一正明方法三
壬一標章

提尙遠。若得聞、解、思惟、修習。必知得近阿耨多羅三藐三菩提。（壬四釋近）所以者何。一切菩薩阿耨多羅三藐三菩提。皆屬此經。此經開方便門。示眞實相。是法華經藏。深固幽遠。無人能到。今佛教化成就菩薩、而爲開示。（壬五揀非）藥王。若有菩薩聞是法華經、驚疑怖畏。當知是爲新發意菩薩。若聲聞人聞是經、驚疑怖畏。當知是爲增上慢者。（壬一標章）藥王。若有善男子、善女人。如來滅後。欲爲四衆說是法華經者。云何應說。是善男子、善女人。入如來室。著如來衣。坐如來座。爾乃應爲四衆廣說斯經。

壬二解釋

壬三勸修

辛二明五利益

己二偈頌三

庚一總勸

壬二解釋

如來室者．一切眾生中、大慈悲心是．如來衣者．柔和忍辱心是．如來座者．一切法空是．

壬三勸修

安住是中．然後以不懈怠心．為諸菩薩及四眾、廣說是法華經。

辛二明五利益

藥王．我於餘國．遣化人．為其集聽法眾．亦遣化比丘、比丘尼、優婆塞、優婆夷．聽其說法．是諸化人．聞法信受隨順不逆。若說法者．在空閑處．我時廣遣天龍、鬼神、乾闥婆、阿修羅、等．聽其說法。我雖在異國．時時令說法者得見我身。若於此經．忘失句讀．我還為說．令得具足。

庚一總勸

爾時世尊．欲重宣此義．而說偈言．

庚二頌長文
庚三結勸

庚二頌長文二
辛一但頌約果歎
辛二頌方軌
二
辛一但頌約果歎
壬一頌立譬
壬二頌法合

辛二頌方軌二
壬一頌正明方法

欲捨諸懈怠。應當聽此經。是經難得聞。
信受者亦難。（壬一頌立譬）如人渴需水。穿鑿於高原。
猶見乾燥土。知去水尚遠。漸見溼土泥。
決定知水近。（壬二頌法合）藥王汝當知。如是諸人等。
不聞法華經。去佛智甚遠。若聞是深經。
決了聲聞法。是諸經之王。聞已、諦思惟。
當知此人等、近於佛智慧。（壬一頌正明方法）若人說此經。
應入如來室。著於如來衣。而坐如來座。
處衆無所畏。廣爲分別說。大慈悲爲室。

壬二頌明五利益

柔和忍辱衣．諸法空爲座．處此爲說法。
若說此經時．有人惡口罵．加刀杖瓦石．
念佛故、應忍。

壬二頌明五利益

我千萬億土、現淨堅固身．
於無量億劫、爲衆生說法。若我滅度後、
能說此經者．我遣化四衆、比丘、比丘尼、
及清淨士女、供養於法師．引導諸衆生．
集之、令聽法。若人欲加惡、刀杖及瓦石．
則遣變化人、爲之作衞護。若說法之人．
獨在空閑處．寂寞無人聲．讀誦此經典．

庚三結勸

11見寶塔品

二二四頁來

丁二見寶塔品二

我爾時爲現　清淨光明身。若忘失章句。
爲說、令通利。若人具是德。或爲四衆說。
空處讀誦經。皆得見我身。若人在空閑。
我遣天龍王、夜叉、鬼神等。爲作聽法衆。
是人樂說法。分別無罣礙。諸佛護念故。
能令大衆喜。（庚三結勸）若親近法師。速得菩薩道。
隨順是師學。得見恆沙佛。

妙法蓮華經見寶塔品第十一

（示諸佛說示修證之道　因會諸佛以證前法）

（庚一現塔之相）爾時佛前有七寶塔。高五百由旬。縱廣二百五十由

戊一長文
戊二偈頌
戊一長文三
己一明多寶涌現
己二明分身遠集
己三明釋迦唱募
己一明多寶涌現六
庚一現塔之相
庚二諸天供養
庚三多寶稱歎

句。從地涌出。住在空中。種種寶物而莊校之。五千欄楯。龕室千萬。無數幢旛以爲嚴飾。垂寶瓔珞。寶鈴萬億而懸其上。四面皆出多摩羅跋栴檀之香。充徧世界。其諸旛蓋。以金、銀、琉璃、硨磲、碼碯、眞珠、玫瑰、七寶合成。高至四天王宮。庚二諸天供養 三十三天、雨天曼陀羅華、供養寶塔。餘諸天、龍、夜叉、乾闥婆、阿修羅、迦樓羅、緊那羅、摩睺羅伽、人非人等。千萬億衆。以一切華、香、瓔珞、旛蓋、技樂、供養寶塔。恭敬、尊重、讚歎。庚三多寶稱歎 爾時寶塔中出大音聲。歎言。善哉善哉。釋迦牟尼世尊。能以平等大慧

庚四時衆驚疑
庚五大樂說問
庚六如來答三
辛一超答何故涌出

教菩薩法、佛所護念、妙法華經、爲大衆說。如是如是。釋迦牟尼世尊。如所說者。皆是眞實。庚四時衆驚疑爾時四衆見大寶塔住在空中。又聞塔中所出音聲。皆得法喜。怪未曾有。從座而起。恭敬合掌。卻住一面。庚五大樂說問爾時有菩薩摩訶薩、名大樂說。知一切世間天、人、阿修羅、等。心之所疑。而白佛言。世尊。以何因緣。有此寶塔、從地涌出。又於其中發是音聲。辛一超答何故涌出爾時佛告大樂說菩薩。此寶塔中、有如來全身。乃往過去、東方無量千萬億阿僧祇世界。國名寶淨。彼中有佛。號曰多寶。其佛行菩薩道時。

辛二追答何因有塔
辛三答何故發是音聲
己二明分身遠集七
庚一大樂說請見多寶

作大誓願。若我成佛、滅度之後。於十方國土、有說法華經處。我之塔廟。爲聽是經故、涌現其前。爲作證明。讚言、善哉。（辛二追答何因有塔）彼佛成道已。臨滅度時。於天人大眾中、告諸比丘。我滅度後。欲供養我全身者。應起一大塔。（辛三答何故發是音聲）其佛以神通願力。十方世界。在在處處、若有說法華經者。彼之寶塔、皆涌出其前。全身在於塔中、讚言、善哉善哉。大樂說。今多寶如來塔、聞說法華經故。從地涌出讚言、善哉善哉。（庚一大樂說請見多寶）是時大樂說菩薩、以如來神力故。白佛言。世尊。我等願欲見此佛身。（庚二明應集分身）佛告大樂說菩薩

庚二明應集分身
庚三大樂說請集
庚四放光遠召
庚五諸佛同來
庚六嚴淨國界
庚七與欲開塔

庚三大樂說請集

庚四放光遠召

摩訶薩。是多寶佛、有深重願。若我寶塔、爲聽法華經故、出於諸佛前時。其有欲以我身示四衆者。彼佛分身諸佛、在於十方世界說法。盡還集一處。然後我身乃出現耳。大樂說。我分身諸佛、在於十方世界說法者。今應當集。

庚三大樂說請集

大樂說白佛言。世尊。我等亦願欲見世尊分身諸佛。禮拜供養。

庚四放光遠召

爾時佛放白毫一光。即見東方五百萬億那由它恆河沙等國土諸佛。彼諸國土。皆以玻璃爲地。寶樹、寶衣、以爲莊嚴。無數千萬億菩薩、充滿其中。徧張寶幔。寶網羅上。彼國諸佛。以大妙

庚五諸佛同來

庚六嚴淨國界三

辛一變娑婆

音而說諸法。及見無量千萬億菩薩。徧滿諸國。爲眾說法。南西北方四維、上下、白毫相光所照之處、亦復如是。

庚五諸佛同來

爾時十方諸佛、各告眾菩薩言。善男子、我今應往娑婆世界、釋迦牟尼佛所。幷供養多寶如來寶塔。

辛一變娑婆

時娑婆世界、即變清淨。琉璃爲地。寶樹莊嚴。黃金爲繩、以界八道。無諸聚落、村營、城邑、大海、江河、山川、林藪。燒大寶香。曼陀羅華、徧布其地。以寶網幔、羅覆其上。懸諸寶鈴。惟留此會眾、移諸天人、置於它土。是時、諸佛各將一大菩薩、以爲侍者。至娑婆世界。各到寶

辛二變八方各二百萬億那由它

樹下。一一寶樹、高五百由旬。枝、葉、華、果、次第莊嚴。諸
寶樹下、皆有師子之座。高五由旬。亦以大寶而校飾
之。爾時諸佛、各於此座結跏趺坐。如是展轉徧滿三
千大千世界。而於釋迦牟尼佛、一方所分之身。猶故
未盡。辛二變八方各二百萬億那由它時釋迦牟尼佛、欲容受所分身諸佛故。八方各
更變二百萬億那由它國。皆令清淨。無有地獄、餓鬼、
畜生、及阿修羅。又移諸天、人、置於它土。所化之國。亦
以琉璃爲地。寶樹莊嚴。樹高五百由旬。枝、葉、華、果、次
第嚴飾。樹下皆有寶師子座。高五由旬。種種諸寶以

辛三更變八方各二百萬億那由它

爲莊校。亦無大海、江河、及目眞鄰陀山、摩訶目眞鄰陀山、鐵圍山、大鐵圍山、須彌山等、諸山王．通爲一佛國土。寶地平正．寶交露幔、徧覆其上．懸諸幡蓋．燒大寶香諸天寶華徧布其地。（辛三更變八方各二百萬億那由他）釋迦牟尼佛爲諸佛當來坐故．復於八方、各更變二百萬億那由它國．皆令清淨．無有地獄、餓鬼、畜生、及阿修羅．又移諸天、人、置於它土。所化之國．亦以琉璃爲地．寶樹莊嚴．樹高五百由旬、枝、葉、華、果、次第莊嚴．樹下皆有寶師子座．高五由旬．亦以大寶而校飾之。亦無大海、江河、及目眞鄰

庚七與欲開塔五
辛一諸佛問訊說欲

陀山、摩訶目眞鄰陀山、鐵圍山、大鐵圍山、須彌山、等．諸山王．通爲一佛國土。寶地平正．寶交露幔、偏覆其土．懸諸旛蓋．燒大寶香．諸天寶華、偏布其地。爾時東方釋迦牟尼佛所分之身、百千萬億那由它恆河沙等國土中諸佛．各各說法、來集於此．如是次第十方諸佛、皆悉來集．坐於八方．爾時一一方、四百萬億那由它國土諸佛如來、偏滿其中。辛一諸佛、問訊說欲是時諸佛各在寶樹下、坐師子座．皆遣侍者問訊釋迦牟尼佛．各齎寶華滿掬、而告之言．善男子．汝往詣耆闍崛山、釋迦牟尼

辛二釋迦開塔

辛三四眾同皆見聞

佛所。如我辭曰。少病、少惱。氣力安樂。及菩薩、聲聞眾、悉安隱否。以此寶華、散佛供養。而作是言。彼某甲佛。與欲開此寶塔。諸佛遣使、亦復如是。

辛二釋迦開塔

爾時釋迦牟尼佛、見所分身佛悉已來集。各各坐於師子之座。皆聞諸佛與欲同開寶塔。即從座起。住虛空中。一切四眾。起立、合掌。一心觀佛。於是釋迦牟尼佛、以右指開七寶塔戶。出大音聲。如卻關鑰、開大城門。

辛三四眾同皆見聞

即時一切眾會、皆見多寶如來、於寶塔中坐師子座。全身不散。如入禪定。又聞其言。善哉善哉。釋迦牟尼佛、快說是法

辛四二佛分座而坐

辛五四衆請加處空

二三八頁上來
己三明釋迦唱募

華經。我爲聽是經故、而來至此。爾時四衆等、見過去無量千萬億劫滅度佛說如是言．歎未曾有．以天寶華聚、散多寶佛及釋迦牟尼佛上。辛四二佛分座而坐 爾時多寶佛、於寶塔中、分半座與釋迦牟尼佛．而作是言．釋迦牟尼佛、可就此座。即時釋迦牟尼佛入其塔中．坐其半座．結跏趺坐。辛五四衆、請加處空 爾時大衆見二如來在七寶塔中師子座上、結跏趺坐．各作是念．佛坐高遠．惟願如來以神通力．令我等輩、俱處虛空。即時釋迦牟尼佛、以神通力．接諸大衆、皆在虛空。己三明釋迦唱募 以大音聲、普告四衆．誰能於此娑

戊二偈頌三
己一頌多寶
己二頌分身
己三頌付囑

己二頌分身

婆國土、廣說妙法華經。今正是時。如來不久當入涅槃。佛欲以此妙法華經、付囑有在。爾時世尊欲重宣此義。而說偈言。

己一頌多寶

聖主世尊、雖久滅度。在寶塔中。尙爲法來。
諸人云何　不勤爲法。此佛滅度　無央數劫。
處處聽法。以難遇故。彼佛本願。我滅度後。
在在所往。常爲聽法。

己二頌分身

又我分身　無量諸佛。
如恆沙等。來欲聽法。及見滅度　多寶如來。
各捨妙土。及弟子衆、天人龍神、諸供養事。

己三頌付囑二
庚一舉三佛以勸流通
庚二舉難持之法以勸流通
庚一舉三佛以勸流通三
辛一慕覓其人

令法久住．故來至此。爲坐諸佛、以神通力、
移無量衆．令國清淨。諸佛各各、詣寶樹下．
如淸淨池、蓮華莊嚴。其寶樹下、諸師子座．
佛坐其上．光明嚴飾．如夜闇中、然大炬火。
身出妙香．偏十方國．衆生蒙薰．喜不自勝．
譬如大風、吹小樹枝。以是方便．令法久住。

辛一慕覓其人

告諸大衆．我滅度後．

辛二正舉三佛以勸持經

誰能護持、讀、說、斯經．
今於佛前、自說誓言。其多寶佛、雖久滅度．
以大誓願、而師子吼。多寶如來．及與我身

辛二正舉三佛以勸持經
辛三釋勸意

庚二舉難持之法以勸流通二
辛一正舉勸
辛二釋勸意
辛一正舉勸三
壬一誡勸
壬二正舉難持以勸

所集化佛。當知此意。諸佛子等。誰能護法。
當發大願。令得久住。
辛三釋勸意
其有能護此經法者。
則爲供養我及多寶。此多寶佛。處於寶塔。
常游十方。爲是經故。亦復供養諸來化佛。
莊嚴、光飾、諸世界者。若說此經。則爲見我
多寶如來、及諸化佛。
壬一誡勸
諸善男子。各諦思惟。
此爲難事。宜發大願。
壬二正舉難持以勸
諸餘經典。數如恆沙。
雖說此等。未足爲難。若接須彌。擲置他方
無數佛土。亦未爲難。若以足指動大千界。

遠擲他國．亦未爲難。若立有頂．爲衆演說
無量餘經．亦未爲難。若佛滅後．於惡世中、
能說此經．是則爲難。假使有人．手把虛空、
而以游行．亦未爲難。於我滅後．若自書持．
若使人書．是則爲難。若以大地．置足甲上．
升於梵天．亦未爲難。佛滅度後．於惡世中、
暫讀此經．是則爲難。假使劫燒．擔負乾草、
入中不燒．亦未爲難。我滅度後．若持此經、
爲一人說．是則爲難。若持八萬　四千法藏、

壬三釋難持意

辛二釋勸意三
壬一重募持經之人

十二部經、為人演說。令諸聽者　得六神通。
雖能如是。亦未為難。於我滅後。聽受此經。
問其義趣。是則為難。若人說法。令千萬億
無量無數。恆沙眾生、得阿羅漢。具六神通。
雖有是益。亦未為難。於我滅後。若能奉持
如斯經典。是則為難。

壬三釋難持意

我為佛道。於無量土。
從始至今、廣說諸經。而於其中。此經第一。
若有能持。則持佛身。

壬一重募持經之人

諸善男子。於我滅後。
誰能受持、讀、誦、此經。今於佛前、自說誓言。

壬二明能持難持則諸佛喜歡
壬三明卽成自行化他勝行

12提婆達多品
丁三達多品二
戊一明昔日達多通經釋迦成道
戊二明今日文殊通經龍女作佛

壬二明能持難持則諸佛喜歡

此經難持。若暫持者。我則歡喜。諸佛亦然。
如是之人。諸佛所歎。

壬三明卽成自行化他勝行

是則勇猛。是則精進。
是名持戒、行頭陀者。則爲疾得無上佛道。
能於來世讀持此經。是眞佛子。住淳善地。
佛滅度後。能解其義。是諸天人、世間之眼。
於恐畏世。能須臾說。一切天人、皆應供養。

顯法妙利釋尊獲因龍女獲果顯功行之妙

妙法蓮華經提婆達多品第十二

辛一明求法時節

爾時佛告諸菩薩、及天人四衆。吾於過去無量劫中。求法華經。無有懈倦。

壬一明發願

於多劫中、常作國王。發願求於

戊一明昔日達多通經釋迦成道三
己一明往昔師弟持經之相
己二結會古今
己三勸信
己一明往昔師弟持經之相二
庚一長文
庚二偈頌
庚一長文四
辛一明求法時節
辛二正明求法
辛三求得法師
辛四受法奉行
辛二正明求法二
壬一明發願
壬二明修行二
癸一明欲滿檀那勤行布施
癸二明爲滿般若勤求妙法
庚二偈頌四
辛一頌時節及正求法

無上菩提。心不退轉。（癸一明欲滿檀那勤行布施）爲欲滿足六波羅蜜。勤行布施。心無吝惜。象、馬、七珍、國、城、妻、子、奴婢、僕從。頭、目、髓、腦。身、肉、手、足。不惜軀命。（癸二明爲滿般若勤求妙法）時世人民。壽命無量。爲於法故。捐捨國位。委政太子。擊鼓宣令。四方求法。誰能爲我說大乘者。吾當終身供給走使。（辛三求得法師）時有仙人。來白王言。我有大乘。名妙法蓮華經。若不違我。當爲宣說。（辛四受法奉行）王聞仙言。歡喜踊躍。即隨仙人。供給所需。采果汲水。拾薪、設食。乃至以身而爲牀座。身心無倦。於時奉事。經於千歲。爲於法故。精勤給侍。令無所乏。（辛一頌時節及正求法）爾時世尊欲重

辛二頌求得法師

辛三頌受法奉行

宣此義而說偈言．

我念過去劫．爲求大法故．雖作世國王．
不貪五欲樂。椎鐘告四方．（辛二頌求得法師）誰有大法者．
若爲我解說．身當爲奴僕。時有阿私仙．
來白於大王．我有微妙法．世間所希有．
若能修行者．吾當爲汝說。（辛三頌受法奉行）時王聞仙言．
心生大喜悅．即便隨仙人．供給於所需。
采薪及果蓏．隨時恭敬予．情存妙法故．
身心無懈倦。普爲諸眾生．勤求於大法．

辛四結證勸信

己二結會古今二
庚一正結會
庚二明師弟功報俱滿二
辛一明弟子圓因報滿

辛二明法師妙果當成三
壬一明正果成

亦不爲己身、及以五欲樂。故爲大國王。勤求獲此法、遂致得成佛。今故爲汝說。

辛四結證勸信

庚一正結會

佛告諸比丘、爾時王者、則我身是。時仙人者、今提婆達多是。

辛一明弟子圓因報滿

由提婆達多善知識故、令我具足六波羅蜜、慈悲喜捨、三十二相、八十種好、紫磨金色、十力、四無所畏、四攝法、十八不共、神通道力、成等正覺、廣度衆生、皆因提婆達多善知識故。

壬一明正果成

告諸四衆、提婆達多卻後過無量劫、當得成佛。號曰天王如來、應供、正徧知、明行足、善逝世間解、無上士、調御丈夫、天人師、佛、世

壬二明所化度

壬三明滅後利益

己三勸信

尊。世界名天道。壬二明所化度時天王佛、住世二十中劫。廣爲衆生說於妙法。恒河沙衆生得阿羅漢果。無量衆生發緣覺心。恒河沙衆生發無上道心。得無生忍。至不退轉。

壬三明滅後利益時天王佛般涅槃後。正法住世二十中劫。全身舍利、起七寶塔。高六十由旬。縱廣四十由旬。諸天人民。悉以雜華、末香、燒香、塗香、衣服、瓔珞、幢旛、寶蓋、技樂、歌頌。禮拜、供養七寶妙塔。無量衆生、得阿羅漢果。無量衆生、悟辟支佛。不可思議衆生、發菩提心。至不退轉。

己三勸信佛告諸比丘。未來世中。若有善男子、善女人。聞妙法

戊二明今日文殊通經龍女作佛二
己一明通經
己二明利益
己一明通經五
庚一智積請退
庚二釋尊止之
庚三文殊尋來

華經提婆達多品。淨心信敬。不生疑惑者。不墮地獄、餓鬼、畜生。生十方佛前。所生之處。常聞此經。若生人天中。受勝妙樂。若在佛前。蓮華化生。（庚一智積請退）於時下方多寶世尊、所從菩薩。名曰智積。白多寶佛。當還本土。（庚二釋尊止之）釋迦牟尼佛告智積曰。善男子。且待須臾。此有菩薩、名文殊師利。可與相見。論說妙法。可還本土。（庚三文殊尋來）爾時文殊師利、坐千葉蓮華。大如車輪。俱來菩薩。亦坐寶蓮華。從於大海娑竭羅龍宮、自然涌出。住虛空中。詣靈鷲山。從蓮華下。至於佛所。頭面敬禮二世尊足。修敬已畢。

庚四智積問
庚五文殊答四
辛一答利益甚多
辛二蒙益者集證
辛三文殊結益
辛四智積偈讚

往智積所。共相慰問。卻坐一面。庚四智積問 智積菩薩問文殊師利。仁往龍宮。所化眾生。其數幾何。辛一答利益甚多 文殊師利言。其數無量。不可稱計。非口所宣。非心所測。且待須臾。自當證知。辛二蒙益者集證 所言未竟。無數菩薩。坐寶蓮華。從海涌出。詣靈鷲山。住虛空中。此諸菩薩。皆是文殊師利之所化度。具菩薩行。皆共論說六波羅蜜。本聲聞人。在虛空中說聲聞行。今皆修行大乘空義。辛三文殊結益 文殊師利謂智積曰。於海教化。其事如是。辛四智積偈讚 爾時智積菩薩。以偈讚曰。

大智德勇健。　化度無量眾。　今此諸大會、

己二明利益九
庚一文殊自敘
庚二智積問
庚三文殊答

及我、皆已見。演暢實相義。開闡一乘法。廣導諸眾生。令速成菩提。

庚一文殊自敘

文殊師利言。我於海中惟常宣說妙法華經。

庚二智積問

智積問文殊師利言。此經甚深微妙。諸經中寶。世所希有。頗有眾生、勤加精進。修行此經。速得佛否。

庚三文殊答

文殊師利言。有娑竭羅龍王女。年始八歲。智慧利根。善知眾生諸根行業。得陀羅尼。諸佛所說甚深祕藏。悉能受持。深入禪定。了達諸法。於剎那頃、發菩提心。得不退轉。辯才無礙。慈念眾生、猶如赤子。功德具足。心念口演微

庚四智積執別教爲疑

庚五龍女明圓釋疑

妙廣大。慈悲仁讓。志意和雅。能至菩提。（庚四智積執別教爲疑）智積菩薩言。我見釋迦如來。於無量劫、難行苦行。積功累德。求菩提道。未曾止息。觀三千大千世界。乃至無有如芥子許、非是菩薩捨身命處。爲衆生故。然後乃得成菩提道。不信此女於須臾頃、便成正覺。（庚五龍女明圓釋疑）言論未訖。時龍王女、忽現於前。頭面禮敬。卻住一面。以偈讚曰。

深達罪福相。偏照於十方。微妙淨法身。
具相三十二。以八十種好、用莊嚴法身。
天人所戴仰。龍神咸恭敬。一切衆生類。

無不宗奉者。又聞成菩提。唯佛當證知。
我闡大乘敎。度脫苦衆生。

庚六身子挾三藏權難

時舍利弗語龍女言。汝謂不久得無上道。是事難信。所以者何。女身垢穢。非是法器。云何能得無上菩提。佛道懸曠。經無量劫。勤苦積行。具修諸度。然後乃成。又女人身、猶有五障。一者、不得作梵天王。二者、帝釋。三者、魔王。四者、轉輪聖王。五者、佛身。云何女身速得成佛。

庚七龍女以一實除疑

爾時龍女有一寶珠。價直三千大千世界。持以上佛。佛即受之。龍女謂智積菩薩、尊者舍利弗言。我

庚六身子挾三藏權難

庚七龍女以一實除疑

庚八時眾見聞得益

庚九智積身子默然信受

獻寶珠。世尊納受。是事疾否。答言。甚疾。女言。以汝神力、觀我成佛。復速於此。當時眾會。皆見龍女、忽然之間、變成男子。具菩薩行。即往南方無垢世界。坐寶蓮華。成等正覺。三十二相、八十種好。普為十方一切眾生、演說妙法。庚八時眾見聞得益爾時娑婆世界、菩薩、聲聞、天龍八部、人與非人。皆遙見彼龍女成佛。普為時會人天說法。心大歡喜。悉遙敬禮。無量眾生、聞法解悟。得不退轉。無量眾生、得受道記。無垢世界、六反震動。娑婆世界、三千眾生住不退地。三千眾生發菩提心、而得受記。庚九智

13 勸持品

丁四持品二
戊一明受持
戊二明勸持
戊一明受持三
己一二萬菩薩奉命此土持經
己二聲聞發誓他國流通

積菩薩及舍利弗、一切眾會、默然信受。（智積身子默然信受、）

妙法蓮華經勸持品第十三

（聖眾願持顯功行之妙）

己一二萬菩薩奉命此土持經

爾時藥王菩薩摩訶薩、及大樂說菩薩摩訶薩、與二萬菩薩眷屬俱、皆於佛前、作是誓言、惟願世尊不以爲慮。我等於佛滅後、當奉持讀誦說此經典。後惡世眾生、善根轉少、多增上慢、貪利供養、增不善根、遠離解脫。雖難可教化、我等當起大忍力、讀誦此經、持說、書寫、種種供養、不惜身命。

己二聲聞發誓他國流通

爾時眾中五百阿羅漢得受記者、白佛言、世尊、我等亦自誓願、於異國土廣說

己三諸尼請記四
庚一記大愛道及六千尼

此經。復有學無學八千人、得受記者．從座而起．合掌向佛、作是誓言．世尊．我等亦當於他國土、廣說此經。所以者何。是娑婆國中人多弊惡．懷增上慢．功德淺薄、瞋濁、諂曲．心不實故。

庚一記大愛道及六千尼

爾時佛姨母摩訶波闍波提比丘尼、與學無學比丘尼六千人俱．從座而起．一心合掌．瞻仰尊顏．目不暫捨。於時世尊告憍曇彌．何故憂色而視如來．汝心、將無謂我不說汝名．授阿耨多羅三藐三菩提記耶。憍曇彌．我先總說、一切聲聞皆已授記．今汝欲知記者．將來之世．當於六萬八千億

庚二記耶輸陀羅

諸佛法中、爲大法師。及六千學無學比丘尼、倶爲法師。汝如是漸漸具菩薩道。當得作佛。號一切衆生喜見如來、應供、正徧知、明行足、善逝世間解、無上士、調御丈夫天人師、佛、世尊。憍曇彌。是一切衆生喜見佛、及六千菩薩。轉次授記、得阿耨多羅三藐三菩提。

庚二 記耶輸陀羅

爾時羅睺羅母耶輸陀羅比丘尼、作是念。世尊於授記中。獨不說我名。佛告耶輸陀羅。汝於來世百千萬億諸佛法中、修菩薩行。爲大法師。漸具佛道。於善國中當得作佛。號具足千萬光相如來、應供、正徧知、明行

庚三諸尼領解

庚四諸尼發願
戊二明勸持二
己一長文
己二偈頌
己一長文四
庚一佛眼視
庚二菩薩請敕

足、善逝世間解、無上士、調御丈夫、天人師、佛、世尊。佛壽無量阿僧祇劫。（庚三諸尼領解）爾時摩訶波闍波提比丘尼、及耶輸陀羅比丘尼、幷其眷屬、皆大歡喜、得未曾有、即於佛前而說偈言、

世尊導師、　安隱天人、　我等聞記、　心安具足。

（庚四諸尼發願）諸比丘尼說是偈已、白佛言、世尊、我等亦能於他方國土、廣宣此經。（庚一佛眼視）爾時世尊視八十萬億那由它諸菩薩摩訶薩。（庚二菩薩請敕）是諸菩薩、皆是阿惟越致、轉不退法輪、得諸陀羅尼。即從座起、至於佛前、一心合掌、而作是念、

庚三念佛默然
庚四順佛意發誓

己二偈頌四
庚一明著衣宏經
庚二明入室宏經
庚三明坐座宏經
庚四總結請知
庚一明著衣宏經
三

若世尊告敕我等、持說此經者。當如佛教。廣宣斯法。

庚三念佛默然

復作是念。佛今默然、不見告敕。我當云何。

庚四順佛意發誓

時諸菩薩敬順佛意。并欲自滿本願。便於佛前、作師子吼。而發誓言。世尊。我等於如來滅後。周旋往返十方世界。能令衆生書寫此經。受持、讀誦。解說其義。如法修行。正憶念。皆是佛之威力。惟願世尊。在於他方、遙見守護。

辛一總論時節以明著衣

即時諸菩薩俱同發聲、而說偈言。

惟願不爲慮。於佛滅度後。恐怖惡世中。
我等當廣說。

壬一通明邪人

有諸無智人。惡口罵詈等。

辛一總論時節以明著衣
辛二別明所忍之境
辛三明著衣意
辛二別明所忍之境三
壬一通明邪人
壬二明道門增上慢者
壬三明僭聖增上慢者

及加刀杖者．我等皆當忍。

壬二明道門增上慢者

惡世中比丘．邪智心諂曲．未得、謂爲得．我慢心充滿。

壬三明僭聖增上慢者

或有阿練若．衲衣在空閑．自謂行眞道．
輕賤人間者。貪著利養故．與白衣說法．
爲世所恭敬、如六通羅漢。是人懷惡心．
常念世俗事．假名阿練若．好出我等過．
而作如是言．此諸比丘等．爲貪利養故、
說外道論議．自作此經典．誑惑世間人．
爲求名聞故。分別於是經．常在大衆中、

辛三明著衣意

欲毀我等故．向國王大臣、婆羅門居士、
及餘比丘衆．誹謗說我惡．謂是邪見人、
說外道論議。我等敬佛故．悉忍是諸惡。
辛三明著衣意
爲斯所輕言、汝等皆是佛．如此輕慢言．
皆當忍受之。濁劫惡世中．多有諸恐怖．
惡鬼入其身．罵詈毀辱我。我等敬信佛．
當著忍辱鎧．爲說是經故．忍此諸難事。
我不愛身命．但惜無上道．我等於來世．
護持佛所囑．世尊自當知。濁世惡比丘．

庚二明入室宏經
庚三明坐座宏經
庚四總結請知

不知佛方便、隨宜所說法。惡口而顰蹙。
數數見擯出。遠離於塔寺。如是等衆惡。
念佛告敕故。皆當忍是事。（庚二明入室宏經）諸聚落城邑。
其有求法者。我皆到其所。說佛所囑法。
（庚三明坐座宏經）我是世尊使。處衆無所畏。我當善說法。
願佛安隱住。（庚四總結請知）我於世尊前、諸來十方佛。
發如是誓言。佛自知我心。

妙法蓮華經冠科卷第四

五百弟子記證金仙。多寶佛塔涌其前。樂說起根源。

為法求賢，聽演妙蓮詮。

南無法華會上佛菩薩　三稱

音釋

五百弟子品　迦留陀夷（此云黑光顏色黑故）優陀夷（此云出見日出時生故名）周陀（此云大路邊生）莎伽陀（此云小路邊生又翻繼道繼兄於道而生也兄弟皆生於路乃以大小別之）

寶塔品　大樂　說（樂五教切）藪（音叟大澤曰藪）目眞鄰陀（此云石）鐵圍（四洲之外圍者有大小之別）須彌（此云妙高居四洲之中）鑰（音藥鎖也）

達多品　捐舍（音緣捨後喜捨同）椎（傳追切）阿私仙（此云無比其形與法皆無比也）果蓏（下郎果切樹生曰果藤生曰蓏）闡（昌善切）

勸持品　憍曇彌（此云尼眾主也）阿練若（此云寂靜處若音惹）鎧（苦亥切）數數（音朔）擯（必刃切）

持驗記

⊙隋釋行堅。常修禪觀、節操唯嚴。偶東遊、路出泰山、日夕止嶽廟。廟祝曰、近寄宿者、多罹殃暴、不可。師不聽、乃藉藁廡下、端坐誦經。可一更、聞室中環佩聲、須臾神出、衣冠甚偉、部從煜煌、向師合掌。師因延坐談說、如食頃間、師問世傳泰山治鬼、寧有之耶。神曰、有之、豈欲見先亡乎。師曰、有兩同學僧已死、願一見之。神問其名、乃曰一人已生人間、一人在獄受對、不可喚來、師就見可也。即同起至一處、見獄火光燄甚熾、使者引師入、遙見一人在火中號呼、血肉焦臭、不忍覩。師愍然求出、復同神坐。師問曰、欲救同學可乎。神曰、可能為寫法華經、必應得免。將曙、神辭入廟、祝視師不死、怪之。師去、急報前願、寫裝經畢、齎就廟宿。神出如初、歡喜禮拜云、已知師為寫經、始書經題、彼已脫免、今生人間也。此大業中事。

⊙隋終南山悟眞寺釋法誠、雍州樊氏、止藍田王效寺、專誦法華。負笈歷遊名嶽、法華三昧、矢心奉行。夢感普賢勸書大乘、乃命工書八部般若、又造華嚴堂、竭其精志、書寫受持。時弘文學士張靜、夙善翰墨、請至山舍、含香繕寫終部。時感異鳥飛至經案、自然馴擾。貞觀初、手寫法華、正當露地、因事他去、未收、値洪雨滂注、趨往觀之、合案並乾、餘便流潦。十四年夏、語侍人曰、吾聞諸行無常、生滅不住、九品往生、此言驗矣。今有童子相迎、吾當去世。言已、口出光明、照於楹內、又聞異香苾芬、端坐而化、誦習法華、畧計十年萬有餘徧。

⊙隋釋法充、九江畢氏。常誦法華、兼通大品。住廬山化城寺、每勸僧眾、無令女人入寺、上損佛化、下墜諸俗。初眾有不從者、師遂於山頂香爐峯、自投而下、誓粉身骨、用生淨土、忽於空中、頭自轉上、冉冉而下、身無少損。眾感其異、相戒始斷女人。開皇末坐化、隆暑不腐、異香滿室。

⊙隋居士陸淳、吳郡人、心常慕道、法華一部、日夕誦持。後忽病、仰臥看屋、了不暫瞬。有知識僧來探疾、因問君何仰視屋樑耶。答曰、佛記陸淳當生夜摩天、今見彼天宮殿城闕、及諸天眾、故顧盼不倦爾。

⊙隋臨沂王梵行。少瞽。其母慈念。口授法華經。布衣蔬食。禪誦無缺。計誦經一萬七千部。後趺坐而逝。遺言露尸林野。久之皮肉既盡。唯舌不壞。色如蓮華。

⊙唐京兆西明寺道宣律師。丹徒人。隋吏部尚書錢申之子。母孕時。夢梵僧云。汝所娠者。梁朝僧祐律師也。及長。師日嚴頵公出家落髮。年二十。依首師進具。徙居終南山。紵麻蘭若。製行事鈔。四分律鈔。內典錄、三寶感通錄。廣弘明集、續高僧傳。常感天人送饌侍衛。後在西明寺行道。中夜臨砌足蹶。且仆。有少年介冑擁衛之。師問為誰。曰。弟子毗沙門天王子那吒也。以師戒德宏經。當生兜率天宮。故來翊衛耳。懿宗朝謚澄照。尊者師述法華經弘傳序。韋天稟報十方諸佛。佛皆印可。乾封丁卯冬十月三日。眾聞天人同聲。請師歸彌勒內院。

⊙唐攝山棲霞寺釋智聰。住揚州白馬寺。專習三論。尋渡江住安樂寺。值隋亡。思歸無計。隱江浦荻中。誦法華經。七日不飢。恒有四虎馴遶。忽見老翁挾一小艇來。曰。請師渡江。聰登艇。四虎蹲伏不肯去。師曰。將無渡耶。虎遂起。即同利涉。抵南岸。艇及老人忽不見。師攜四虎止棲霞寺西。貞觀中。年九十九。端坐逝。虎哀吼而去。

⊙唐蘇州通玄寺釋智琰。吳郡朱氏。年十二。誦通法華。後從秦皇寺延法師進具。德瓶儀鉢。深護戒根。武德七年。返舊山。常行法華金光明普賢等懺法。誦法華三千餘徧。講涅槃法華各三十徧。觀經百十徧。苦節彌勤。鑪香不爇自焚。罐水空自滿。祥感非一。貞觀八年。示疾。見梵僧手執寶瓶曰。吾無邊光也。卻後淨土稱功德寶王。即我是也。師謂門人曰。無邊光。大勢至也。功德寶王。其成佛之號也。絲因言果。余其西歸乎。即趺坐而逝。

丁五安樂行品二
戊一問
戊二答
戊一問二
己一歎前品深行菩薩能如法宏經
己二問始行菩薩云何惡世宏經
戊二答三
己一總標章
己二解釋修行方法

妙法蓮華經冠科卷第五

姚秦三藏法師鳩摩羅什奉詔譯

明古吳蕅益智旭科

妙法蓮華經安樂行品第十四

持經妙行正修三業
大悲願功行之妙

己一歎前品深行菩薩能如法宏經

爾時文殊師利法王子菩薩摩訶薩、白佛言．世尊．是諸菩薩．甚爲希有．敬順佛故．發大誓願．於後惡世、護持讀說是法華經。

己二問始行菩薩云何惡世宏經

世尊．菩薩摩訶薩、於後惡世、云何能說是經。

己一總標章

佛告文殊師利．若菩薩摩訶薩．於後惡世、欲說是經．當安住四法。

壬一標

一者安住菩薩行處及親近

己三總明行成之相
己二解釋修行方法四
庚一身安樂行
庚二口安樂行
庚三意安樂行
庚四誓願安樂行
庚一身安樂行二
辛一長文
辛二偈頌
辛一長文二
壬一標
壬二釋二
癸一釋行處
癸二釋親近處三
子一約遠論近
子二約近論近
子三約非遠非近論近
子一約遠論近十
丑一遠豪勢
丑二遠邪人邪法
丑三遠兇險戲
丑四遠旃陀羅

處。能爲衆生演說是經。（癸一釋行處）文殊師利。云何名菩薩摩訶薩行處。若菩薩摩訶薩住忍辱地。柔和善順。而不猝暴。心亦不驚。又復於法。無所行。而觀諸法如實相。亦不行。不分別。是名菩薩摩訶薩行處。（丑一遠豪勢）云何名菩薩摩訶薩親近處。菩薩摩訶薩不親近國王、王子、大臣、官長。（丑二遠邪人邪法）不親近諸外道梵志、尼犍子等。及造世俗文筆、讚詠外書。及路伽耶陀、逆路伽耶陀者。（丑三遠兇險戲）亦不親近諸有兇戲、相扠相撲、及那羅等種種變現之戲。（丑四遠旃陀羅）又不親近旃陀羅、及畜豬羊雞狗、畋獵漁捕、諸惡律儀。如是人

丑五遠二乘眾
丑六遠欲想
丑七遠不男
丑八遠危害
丑九遠譏嫌
丑十遠畜養

等、或時來者．則爲說法．無所悕望。（丑五遠二乘眾）又不親近求聲聞比丘、比丘尼、優婆塞、優婆夷．亦不問訊。若於房中．若經行處．若在講堂中．不共住止。或時來者．隨宜說法．無所悕求。（丑六遠欲想）文殊師利．又菩薩摩訶薩不應於女人身、取能生欲想相．而爲說法．亦不樂見。若入他家．不與小女、處女、寡女、等共語。（丑七遠不男）亦復不近五種不男之人、以爲親厚．（丑八遠危害）不獨入他家．若有因緣、須獨入時．但一心念佛。（丑九遠譏嫌）若爲女人說法．不露齒笑．不現胸臆．乃至爲法、猶不親厚．況復餘事。（丑十遠畜養）不樂畜年少弟子、沙彌、小兒．亦不

子二約近論近
子三約非遠非近論近三
丑一總標境智
丑二別釋
丑三結成
辛二偈頌三
壬一頌標
壬二頌釋
壬三明行成
壬二頌釋二
癸一頌約遠論近

樂與同師。子二約近論近常好坐禪。在於閒處。修攝其心。文殊師利。是名初親近處。丑一總標、境智復次菩薩摩訶薩觀一切法空。丑二別釋如實相。不顛倒。不動。不退。不轉。如虛空。無所有性。一切語言道斷。不生、不出。不起。無名、無相。實無所有。無量、無邊。無礙、無障。丑三結成但以因緣有。從顛倒生。故說。常樂觀如是法相。是名菩薩摩訶薩第二親近處。壬一頌標爾時世尊欲重宣此義。而說偈言。

若有菩薩。　於後惡世。　無怖畏心。　欲說是經。
應入行處、　及親近處。　癸一頌約遠論近常離國王、　及國王子大臣、官長．凶險戲者．及旃陀羅、外道梵志．
亦不親近增上慢人．貪著小乘、三藏學者．
破戒比丘．名字羅漢。及比丘尼好戲笑者．
深著五欲．求現滅度．諸優婆夷．皆勿親近。
若是人等、以好心來．到菩薩所、爲聞佛道、
菩薩則以無所畏心．不懷悕望、而爲說法。
寡女、處女、及諸不男．皆勿親近、以爲親厚。
亦莫親近屠兒、魁膾．畋獵、漁捕．爲利殺害．
販肉自活．衒賣女色．如是之人．皆勿親近。

癸二頌非遠非近

凶險相撲、種種嬉戲。諸婬女等。盡勿親近。
莫獨屏處、爲女說法。若說法時。毋得戲笑。
入里乞食。將一比丘。若無比丘。一心念佛。
是則名爲 行處、近處。以此二處。能安樂說。

癸二頌非遠非近

又復不行 上、中、下法。有爲、無爲。實、不實法。
亦不分別 是男、是女。不得諸法。不知、不見。
是則名爲 菩薩行處。一切諸法。空無所有。
無有常住。亦無起滅。是名智者 所親近處。
顛倒分別 諸法有無。是實、非實。是生、非生。

壬三明行成三
癸一標行成
癸二釋行成而得安樂
癸三頌總結

在於閒處、修攝其心。安住不動。如須彌山。
觀一切法、皆無所有、猶如虛空。無有堅固、
不生不出。不動不退。常住一相。是名近處。
癸一標行成
若有比丘。於我滅後。入是行處、及親近處。
說斯經時。無有怯弱。
癸二釋行成而得安樂
菩薩有時、入於靜室。
以正憶念、隨義觀法。從禪定起。爲諸國王、
王子、臣民、婆羅門等。開化演暢。說斯經典。
其心安隱。無有怯弱。
癸三頌總結
文殊師利。是名菩薩
安住初法。能於後世、說法華經。

庚二口安樂行二
辛一長文
辛二偈頌
辛一長文二
壬一標
壬二釋二
癸一止行
癸二觀行
癸一止行四
子一不說過
子二不輕慢
子三不歎毀
子四不怨嫌
辛二偈頌三
壬一頌標
壬二頌釋
壬三明行成

（壬一標）又文殊師利。如來滅後。於末法中、欲說是經。應住安樂行。（子一不說過）若口宣說、若讀經時。不樂說人、及經典過。（子二不輕慢）亦不輕慢諸餘法師。（子三不歎毀）不說他人好惡長短。於聲聞人亦不稱名說其過惡。亦不稱名讚歎其美。（子四不怨嫌）又亦不生怨嫌之心。（癸二觀行）善修如是安樂心故。諸有聽者、不逆其意。有所難問。不以小乘法答。但以大乘而爲解說。令得一切種智。（壬二頌標）爾時世尊欲重宣此義。而說偈言。

菩薩常樂　安隱說法。　於淸淨地、　而施牀座。
以油塗身。　澡浴塵穢。　著新淨衣。　內外俱淨。

壬二頌釋二
癸一頌止行
癸二頌觀行
癸一頌止行四
子一頌二不輕慢
子二頌三不歎毀
子三頌初不說過
子四頌四不怨嫌
癸二頌觀行

（子一頌二不輕慢）安處法座。隨問爲說。（子二頌三不歎毀）若有比丘、及比丘尼。
諸優婆塞、及優婆夷。國王、王子、羣臣士民。
以微妙義。和顏爲說。若有難問。隨義而答。
（子三頌初、不說過）因緣譬喻。敷演、分別、以是方便。皆使發心。
漸漸增益、入於佛道。（子四頌四不怨嫌）除懶惰意、及懈怠想。
離諸憂惱。慈心說法。（癸二頌觀行）晝夜常說 無上道教。
以諸因緣、無量譬喻、開示衆生。咸令歡喜。
衣服、臥具、飲食、醫藥。而於其中。無所悕望。
但一心念、說法因緣、願成佛道。令衆亦爾。

壬三明行成四
癸一標行成
癸二明內無過則外難不生
癸三明內有善法所以行成
癸四格量功德
庚三意安樂行二
辛一長文
辛二偈頌
辛一長文三
壬一標
壬二釋
壬三結行成
壬二釋二

是則大利、安樂供養。（癸一標行成）我滅度後。若有比丘、
能演說斯妙法華經。（癸二明內無過則外難不生）心無嫉恚、諸惱障礙。
亦無憂愁、及罵詈者。又無怖畏、加刀杖等。
亦無擯出。安住忍故。（癸三明內有善法所以行成）智者如是、善修其心。
能住安樂。如我上說。（癸四格量功德）其人功德、千萬億劫、
算數譬喻、說不能盡。

（壬一標）
又文殊師利菩薩摩訶薩。於後末世、法欲滅時。受持、
讀誦斯經典者。（子一不嫉誑）無懷嫉妒諂誑之心。（子二不輕罵）亦勿輕罵學佛
道者、求其長短。（子三不惱亂）若比丘、比丘尼、優婆塞、優婆夷、求聲

癸一止行
癸二觀行
癸一止行四
子一不嫉誑
子二不輕罵
子三不惱亂
子四不諍競
癸二觀行四
子一大悲想治嫉誑
子二慈父想治輕罵
子三大師想治惱亂
子四平等說法治諍競
壬三結行成

聞者．求辟支佛者．求菩薩道者．無得惱之．令其疑悔．語其人言．汝等去道甚遠．終不能得一切種智．所以者何．汝是放逸之人．於道懈怠故。（子四不諍競）又亦不應戲論諸法．有所諍競。（子一大悲想治嫉誑）當於一切眾生、起大悲想．（子二慈父想治輕罵）於諸如來起慈父想．（子三大師想治惱亂）於諸菩薩、起大師想．於十方諸大菩薩．常應深心、恭敬禮拜。（子四平等說法治諍競）於一切眾生．平等說法．以順法故．不多不少．乃至深愛法者、亦不為多說。（壬三結行成）文殊師利．是菩薩摩訶薩．於後末世、法欲滅時．有成就是第三安樂行者．說是法時．無能惱亂．得好同學、共讀誦是經．亦

辛二偈頌二
壬一頌釋
壬二頌行成
壬一頌釋二
癸一頌止行
癸二頌觀行

得大眾而來聽受。聽已、能持。持已、能誦。誦已、能說。說已、能書。若使人書。供養經卷。恭敬尊重、讚歎。爾時世尊欲重宣此義。而說偈言。

癸一頌止行

若欲說是經　當捨嫉恚慢、　諂誑邪偽心。
常修質直行　不輕蔑於人　亦不戲論法。

癸二頌觀行

不令他疑悔　云汝不得佛。　是佛子說法。
常柔和能忍　慈悲於一切　不生懈怠心。
十方大菩薩　愍眾故、行道　應生恭敬心。
是則我大師。　於諸佛世尊　生無上父想。

壬二頌行成

庚四誓願安樂行　二七六頁來
辛一長文　二
辛二偈頌
辛一長文二
壬一明行法
壬二歎經
壬一明行法三
癸一標
癸二釋
癸三結行成
癸二釋三
子一明誓願所緣之境
子二明起誓願之由
子三正立誓願
癸三結行成二

破於憍慢心。說法無障礙。（壬二頌行成）第三法如是。
智者應守護。一心安樂行。無量眾所敬。
（癸一標）又文殊師利。菩薩摩訶薩。於後末世、法欲滅時。有持是法華經者。（子一明誓願所緣之境）於在家出家人中、生大慈心。於非菩薩人中、生大悲心。應作是念。（子二明起誓願之由）如是之人則爲大失。如來方便隨宜說法。不聞不知不覺、不問不信不解。（子三正立誓願）其人雖不問不信不解是經。我得阿耨多羅三藐三菩提時。隨在何地。以神通力、智慧力、引之令得住是法中。
（子一明離過）文殊師利。是菩薩摩訶薩。於如來滅後、有成就此第

子一明離過
子二明利益二
丑一正明
丑二釋結
壬二歎經二
癸一就法畧歎
癸二約譬廣歎二
子一不與珠譬
子二與珠譬
丑一立譬
丑二法合
丑一立譬五
寅一威伏諸國

四法者。說是法時。無有過失。丑一正明 常爲比丘、比丘尼、優婆塞、優婆夷、國王、王子、大臣、人民、婆羅門、居士等、供養、恭敬、尊重、讚歎。虛空諸天、爲聽法故、亦常隨侍。若在聚落、城邑、空閑林中、有人來、欲難問者。諸天晝夜、常爲法故而衛護之。能令聽者皆得歡喜。丑二釋結 所以者何。此經是一切過去未來現在諸佛、神力所護故。癸一就法畧歎 文殊師利。是法華經。於無量劫中、乃至名字不可得聞。何況得見、受持讀誦。寅一威伏諸國 文殊師利。譬如強力轉輪聖王。欲以威勢降伏諸國。寅二小王不順 而諸小王不順其命。寅三起兵討伐 時轉輪王、起種

寅二小王不順
寅三起兵討伐
寅四有功喜賜
寅五惟不與珠
丑二法合五
寅一合威伏諸國
寅二合小王不順
寅三合起兵討伐
寅四合有功喜賜

種兵而往討伐。（寅四有功喜賜）王見兵眾、戰有功者．即大歡喜．隨功賞賜．或予田宅、聚落、城邑．或予衣服、嚴身之具．或予種種珍寶．金銀、琉璃、硨磲、碼碯、珊瑚、琥珀．象、馬、車乘．奴婢人民．（寅五惟不與珠）惟髻中明珠、不以予之。所以者何。獨王頂上有此一珠．若以予之．王諸眷屬、必大驚怪。（寅一合威伏諸國）文殊師利．如來亦復如是．以禪定智慧力、得法國土．王於三界．（寅二合小王不順）而諸魔王不肯順伏。（寅三合起兵討伐）如來賢聖諸將、與之共戰．（寅四合有功喜賜）其有功者．心亦歡喜．於四眾中、為說諸經．令其心悅．賜以禪定、解脫、無漏根力、諸法之財．又復賜予涅槃之

寅五合惟不與珠
子二與珠譬二
丑一立譬
丑二法合

城。言得滅度。引導其心。令皆歡喜。而不爲說是法華（寅五合惟不與珠）經。文殊師利。（丑一立譬）如轉輪王。見諸兵衆有大功者。心甚歡喜。以此難信之珠。久在髻中。不妄予人。而今予之。（丑二）如（法合）來亦復如是。於三界中。爲大法王。以法教化一切衆生。見賢聖軍。與五陰魔、煩惱魔、死魔、共戰。有大功勳。滅三毒。出三界。破魔網。爾時如來亦大歡喜。此法華經。能令衆生至一切智。一切世間、多怨難信。先所未說。而今說之。文殊師利。此法華經。是諸如來第一之說。於諸說中、最爲甚深。末後賜予。如彼強力之王、久

辛二偈頌二
壬一頌行法
壬二頌歎經
癸一頌行法二
癸一超頌行成
癸二追頌行法三
子一頌誓願所緣之境
子二頌起誓願之由
子三頌正立誓願

護明珠。今乃予之。文殊師利。此法華經。諸佛如來祕密之藏。於諸經中、最在其上。長夜守護。不妄宣說。始於今日、乃予汝等而敷演之。

癸一超頌行成

爾時世尊欲重宣此義。而說偈言。

常行忍辱。哀愍一切。乃能演說　佛所讚經。

子一頌誓願所緣之境

後末世時、持此經者。於家、出家、及非菩薩。應生慈悲。

子二頌起誓願之由

斯等不聞　不信是經。則爲大失。

子三頌正立誓願

我得佛道。以諸方便、爲說此法。令住其中。

癸一總頌兩譬

譬如強力　轉輪之王。兵戰有功。賞賜諸物。

壬二頌歎經二
癸一總頌兩譬
癸二總頌兩合

象、馬、車乘。嚴身之具。及諸田、宅。聚落、城邑。
或予衣服、種種珍寶。奴婢、財物。歡喜賜予。
如有勇健、能爲難事。王解髻中。明珠賜之。

癸二總頌兩合

如來亦爾。爲諸法王。忍辱、大力。智慧寶藏。
以大慈悲、如法化世。見一切人、受諸苦惱。
欲求解脫。與諸魔戰。爲是衆生。說種種法。
以大方便、說此諸經。既知衆生。得其力已。
末後乃爲。說是法華。如王解髻。明珠予之。
此經爲尊。衆經中上。我常守護。不妄開示。

二七六頁下來
己三總明行成之相三
庚一結勸四行
庚二舉三報以勸
庚三總結
庚二舉三報以勸三
辛一報障轉轉現報
辛二業障轉轉生報
辛三煩惱障轉轉後報二
壬一別明三煩惱障轉
壬二總明一切煩惱障轉
壬一別明煩惱障轉三
癸一貪障轉
癸二瞋障轉
癸三癡障轉
壬二總明一切煩惱障轉四

今正是時．為汝等說．庚一結勸四行我滅度後．求佛道者、
欲得安隱　演說斯經．應當親近　如是四法。
辛一報障轉轉現報讀是經者．常無憂惱。又無病痛．顏色鮮白．
辛二業障轉轉生報不生貧窮、卑賤醜陋。癸一貪障轉眾生樂見．如慕賢聖．
天諸童子、以為給使。癸二瞋障轉刀杖不加．毒不能害．
若人惡罵．口則閉塞。游行無畏．如師子王．
癸三癡障轉智慧光明．如日之照。癸一夢入十信相似位若於夢中．但見妙事。
見諸如來．坐師子座。諸比丘眾、圍繞說法。
又見龍神、阿修羅等．數如恆沙．恭敬合掌、

癸一夢入十信相似位
癸二夢入初住見道位
癸三夢入住行向地修道位

自見其身　而爲說法。
癸二夢入初住見道位
又見諸佛、身相金色、放無量光、照於一切、以梵音聲、演說諸法。佛爲四衆、說無上法、見身處中、合掌讚佛。聞法歡喜、而爲供養、得陀羅尼、證不退智。佛知其心　深入佛道、即爲授記、成最正覺。汝善男子、當於來世、得無量智、佛之大道。國土嚴淨、廣大無比、亦有四衆、合掌聽法。
癸三夢入住行向地修、道位
又見自身　在山林中、修習善法、證諸實相、深入禪定、見十方佛。

癸四夢入妙覺究竟位

庚三總結

15從地涌出品

（癸四夢入妙覺究竟位）
諸佛身金色。百福相莊嚴。聞法爲人說。
常有是好夢。又夢作國王。捨宮殿眷屬、
及上妙五欲。行詣於道場。在菩提樹下、
而處師子座。求道過七日。得諸佛之智。
成無上道已。起而轉法輪。爲四衆說法、
經千萬億劫。說無漏妙法。度無量衆生。
後當入涅槃。如烟盡燈滅。（庚三總結）若後惡世中、
說是第一法。是人得大利。如上諸功德。

妙法蓮華經從地涌出品第十五

顯妙法智力所化之迹顯本迹之妙

乙二本門開近顯遠三
丙一從此至汝等自當因是得聞是敘段
丙二從爾時釋迦牟尼佛告彌勒菩薩下訖分別功德品初彌勒說偈是正說段
丙三從爾時佛告彌勒訖常不輕品共三品半是流通段
丙一敘段二
丁一涌出
丁二疑問
丁一涌出三
戊一他方菩薩請宏經
戊二如來不許
戊三下方涌出二
己一經家敘相
己二明問訊

戊一他方菩薩請宏經

爾時他方國土諸來菩薩摩訶薩。過八恆河沙數。於大衆中起。合掌作禮、而白佛言世尊。若聽我等、於佛滅後。在此娑婆世界。勤加精進。護持、讀誦、書寫、供養、是經典者。當於此土而廣說之。

戊二如來不許

爾時佛告諸菩薩摩訶薩衆。止。善男子。不需汝等護持此經。所以者何。我娑婆世界、自有六萬恆河沙等菩薩摩訶薩。一一菩薩、各有六萬恆河沙眷屬。是諸人等。能於我滅後、護持讀誦廣說此經。

庚一涌出

佛說是時。娑婆世界三千大千國土。地皆震裂。而於其中。有無量千萬億菩薩摩訶薩、

己一經家敘相五
庚一涌出
庚二身相
庚三住處
庚四聞命
庚五眷屬

同時涌出。庚二身相是諸菩薩．身皆金色．三十二相．無量光明．庚三住處先盡在此娑婆世界之下、此界虛空中住。庚四聞命是諸菩薩、聞釋迦牟尼佛所說音聲．從下發來。庚五眷屬一一菩薩、皆是大眾唱導之首．各將六萬恒河沙眷屬．況將五萬、四萬、三萬、二萬、一萬恒河沙等眷屬者．況復乃至一恒河沙、半恒河沙、四分之一、乃至千萬億那由它分之一．況復千萬億那由它眷屬．況復億萬眷屬．況復千萬、百萬、乃至一萬．況復一千、一百、乃至一十．況復將五、四、三、二、一弟子者．況復單己、樂遠離行．如是等比、

己二明問訊伍
庚一三業供養
庚二陳問訊之辭
庚三佛答安樂
庚四偈頌隨喜
庚五如來述歎
庚一三業供養三
辛一正明供養
辛二明所經時節
辛三明佛神力加持

無量無邊。算數譬喻所不能知。（辛一正明供養）是諸菩薩從地出已。各詣虛空七寶妙塔多寶如來、釋迦牟尼佛、所。到已、向二世尊頭面禮足、及至諸寶樹下師子座上佛所、亦皆作禮。右繞三帀。合掌恭敬。以諸菩薩種種讚法、而以讚歎。住在一面。欣樂瞻仰於二世尊。（辛二明所經時節）是諸菩薩摩訶薩。從初涌出。以諸菩薩種種讚法、而讚於佛。如是時間、經五十小劫。（辛三明佛神力加持）是時釋迦牟尼佛默然而坐。及諸四眾、亦皆默然。五十小劫。佛神力故。令諸大眾謂如半日。爾時四眾亦以佛神力故。見諸菩薩、徧滿無量百千萬億國土虛空。（庚二陳問訊之辭）是菩薩眾中、有四導師。一、名上行。二、名無邊行。三、名淨行。四、名安立行。是四菩薩。於其眾中、最為上首唱導之師。在大眾前、各共合掌。觀釋迦牟尼佛、而問訊言。世尊。少病、少惱。安樂行否。所應度者。受教易否。不令世尊生疲勞耶。爾時四大菩薩而說偈言。

世尊安樂。　少病少惱。　教化眾生。　得無疲倦。
又諸眾生、　受化易否。　不令世尊　生疲勞耶。

（庚三佛答安樂）爾時世尊、於菩薩大眾中而作是言。如是、如是。諸善

庚四偈頌隨喜

庚五如來述歎

男子．如來安樂少病、少惱．諸眾生等．易可化度．無有疲勞。所以者何。是諸眾生．世世已來、常受我化．亦於過去諸佛、恭敬尊重．種諸善根。此諸眾生．始見我身．聞我所說．即皆信受、入如來慧。除先修習、學小乘者．如是之人．我今亦令得聞是經．入於佛慧。

庚四偈頌隨喜

爾時諸大菩薩而說偈言．

善哉、善哉．　大雄世尊．　諸眾生等．　易可化度．
能問諸佛　甚深智慧．　聞已、信行．　我等隨喜。

庚五如來述歎

於時世尊讚歎上首諸大菩薩．善哉、善哉．善男子．汝

丁二疑問敘二
戊一此土菩薩疑問
戊二他土菩薩疑問
戊一此土菩薩疑問二
己一長文敘疑念
己二偈頌正發問四
庚一問來處來緣

等能於如來、發隨喜心。己一長文敘疑念 爾時彌勒菩薩及八千恒河沙諸菩薩眾、皆作是念。我等從昔已來、不見不聞如是大菩薩摩訶薩眾、從地涌出、住世尊前、合掌、供養、問訊如來。時彌勒菩薩摩訶薩、知八千恒河沙諸菩薩等、心之所念、幷欲自決所疑、合掌向佛、以偈問曰。

庚一問來處來緣

無量千萬億、　大眾諸菩薩、　昔所未曾見。
願兩足尊說、　是從何所來、　以何因緣集。
巨身、大神通、　智慧叵思議、　其志念堅固。
有大忍辱力、　眾生所樂見、　為從何所來。

庚二敘眷屬數量

庚二敘眷屬數量

一一諸菩薩、所將諸眷屬．其數無有量．
如恒河沙等。或有大菩薩．將六萬恒沙．
如是諸大衆．一心求佛道。是諸大師等
六萬恒河沙．俱來供養佛、及護持是經。
將五萬恒沙．其數過於是。四萬及三萬、
二萬至一萬、一千一百等．乃至一恒沙、
半及三四分、億萬分之一．千萬那由它．
萬億諸弟子．乃至於半億．其數復過上。
百萬至一萬、一千及一百、五十與一十、

庚三問法師是誰

庚四結請決疑四
辛一結歎

辛二請答來處

乃至三、二、一、　單己無眷屬。　樂於獨處者。
俱來至佛所。　其數轉過上。　如是諸大眾。
若人行籌數。　過於恆沙劫。　猶不能盡知。
是諸大威德、　精進菩薩眾。　誰爲其說法。
（庚三問法師是誰）
教化而成就。　從誰初發心。　稱揚何佛法。
受持行誰經。　修習何佛道。　如是諸菩薩。
（辛一結歎）
神通大智力。　四方地震裂。　皆從中涌出。
（辛二請答來處）
世尊。我昔來　未曾見是事。　願說其所從
國土之名號。　我常游諸國。　未曾見是眾。

辛三請答來緣
辛四明大會同請
戊二他土菩薩疑問

我於此眾中、乃不識一人。辛三請答來緣忽然從地出。
願說其因緣。辛四明大會同請今此之大會。無量百千億。
是諸菩薩等。皆欲知此事。是諸菩薩眾、
本末之因緣。無量德世尊。惟願決眾疑。

戊二他土菩薩疑問爾時釋迦牟尼分身諸佛、從無量千萬億他方國土來者。在於八方諸寶樹下、師子座上。結跏趺坐。其佛侍者。各各見是菩薩大眾。於三千大千世界、四方、從地涌出。住於虛空。各白其佛言。世尊。此諸無量無邊阿僧祇菩薩大眾。從何所來。爾時諸佛各告侍者。諸

二九六頁上來
丙二正說段二
丁一誡許
丁二正說
丁一誡許二
戊一長文
戊二偈頌
戊一長文三
己一述歎
己二誡
己三許
戊二偈頌二
己一頌誡
己二頌許

善男子。且待須臾。有菩薩摩訶薩、名曰彌勒。釋迦牟尼佛之所授記。次後作佛。已問斯事。佛今答之。汝等自當因是得聞。己一述歎爾時釋迦牟尼佛告彌勒菩薩。善哉、善哉。阿逸多。乃能問佛如是大事。己二誡汝等當共一心。被精進鎧。發堅固意。己三許如來今欲顯發宣示諸佛智慧。諸佛自在神通之力。諸佛師子奮迅之力。諸佛威猛大勢之力。己一頌誡爾時世尊欲重宣此義。而說偈言。

當精進一心。　我欲說此事。　勿得有疑悔。
己二頌許佛智叵思議。　汝今出信力。　住於忍善中。

丁二正說三
戊一從此訖壽量
品是正開近
顯遠
戊二分別功德品
初長文是總
授法身記
戊三彌勒說偈是
總申領解
戊一正開近顯遠
二
己一初訖此品是
畧開顯動執
生疑

昔所未聞法。今皆當得聞。我今安慰汝。
勿得懷疑懼。佛無不實語。智慧不可量。
所得第一法。甚深叵分別。如是今當說。
汝等一心聽。

壬一答所師

爾時世尊說此偈已。告彌勒菩薩。我今於此大眾、宣告汝等。阿逸多。是諸大菩薩摩訶薩。無量無數阿僧祇、從地涌出。汝等昔所未見者。我於是娑婆世界、得阿耨多羅三藐三菩提已。教化示導是諸菩薩。調伏其心。令發道意。

癸一答

此諸菩薩。皆於是娑婆世界之下、此

己二壽量品是廣開顯斷疑生信
己一畧開顯動執生疑二
庚一畧開
庚二疑請
庚一畧開二
辛一長文
辛二偈頌
辛一長文二
壬一答所師
壬二答來處二
癸一答
癸二釋二
子一釋住處
子二釋稱揚受持修習
辛二偈頌二
壬一頌長文
壬二正畧開顯
壬一頌長文二
癸一頌答所師
癸二頌答來處

界虛空中住。於諸經典。讀誦通利。思惟分別、正憶念。（子一釋住處）阿逸多。是諸善男子等。不樂在衆、多有所說。常樂靜處、勤行精進。未曾休息。亦不依止人天而住。（子二釋稱揚受持修習）常樂深智。無有障礙、亦常樂於諸佛之法。一心精進。求無上慧。（癸一頌答所師）爾時世尊欲重宣此義。而說偈言。

阿逸、汝當知。是諸大菩薩。從無數劫來。
修習佛智慧。（癸二頌答來處）悉是我所化。令發大道心。
此等是我子。依止是世界。常行頭陀事。
志樂於靜處。捨大衆憒鬧。不樂多所說。

庚二疑請二
辛一長文

壬二正畧開顯

如是諸子等. 學習我道法. 晝夜常精進.
爲求佛道故. 在娑婆世界、下方空中住.
志念力堅固. 常勤求智慧. 說種種妙法.
其心無所畏。

壬二正畧開顯

我於伽耶城、菩提樹下坐.
得成最正覺. 轉無上法輪。爾乃敎化之、
令初發道心. 今皆住不退. 悉當得成佛。
我今說實語. 汝等一心信. 我從久遠來、
敎化是等衆。

壬一經家、敍疑

爾時彌勒菩薩摩訶薩、及無數諸菩薩等. 心生疑惑.

辛二偈頌
辛一長文二
壬一經家敍疑
壬二騰疑請答二
癸一騰疑
癸二請答
癸一騰疑三
子一法說
子二立譬
子三法合
子一法說三
丑一執近疑遠
丑二執遠疑近

怪未曾有。而作是念。云何世尊於少時間、教化如是無量無邊阿僧祇諸大菩薩。令住阿耨多羅三藐三菩提。

丑一執近疑遠

即白佛言。世尊。如來爲太子時。出於釋宮。去伽耶城不遠。坐於道場。得成阿耨多羅三藐三菩提。從是已來。始過四十餘年。世尊。云何於此少時、大作佛事。以佛勢力。以佛功德。教化如是無量大菩薩衆、當成阿耨多羅三藐三菩提。

丑二執遠疑近

世尊。此大菩薩衆。假使有人。於千萬億劫、數不能盡。不得其邊。斯等久遠已來。於無量無邊諸佛所、植諸善根。成就菩薩道。常修梵

丑三結難信
子二立譬
子三法合
癸二請答二
子一明請意

行。世尊如此之事。世所難信。丑三結難信譬如有人、色美髮黑。子二立譬年二十五。指百歲人、言是我子。其百歲人。亦指年少言是我父。生育我等。是事難信。子三法合佛亦如是。得道已來。其實未久。而此大眾諸菩薩等。已於無量千萬億劫。爲佛道故。勤行精進。善入出住無量百千萬億三昧。得大神通。久修梵行。善能次第習諸善法。巧於問答。人中之寶。一切世間甚爲希有。今日世尊方云。得佛道時。初令發心。教化示導。令向阿耨多羅三藐三菩提。世尊得佛未久。乃能作此大功德事。丑一爲現在我等雖復信佛

子二正請答
子一明請意二
丑一為現在
丑二為未來

子二正請答

辛二偈頌二
壬一頌騰疑
壬二頌請答
壬一頌騰疑三
癸一頌法說
癸二頌立譬
癸三頌法合
癸一頌法說三
子一頌執近
子二頌執遠

隨宜所說．佛所出言、未曾虛妄．佛所知者．皆悉通達．（丑二為未來）然諸新發意菩薩．於佛滅後．若聞是語．或不信受、而起破法罪業因緣。（子二正請答）唯然世尊．願為解說．除我等疑．及未來世諸善男子、聞此事已．亦不生疑。（子一頌執近）爾時彌勒菩薩欲重宣此義．而說偈言．

佛昔從釋種、出家近伽耶．坐於菩提樹．
爾來尚未久。（子二頌執遠）此諸佛子等．其數不可量．
久已行佛道．住於神通力．善學菩薩道．
不染世間法．如蓮華在水．從地而涌出．

子三頌結難信　癸二頌立譬　癸三頌法合

皆起恭敬心。住於世尊前。（子三頌結難信）是事難思議。
云何而可信。佛得道甚近。（癸二頌立譬）所成就甚多。
願爲除衆疑。如實分別說。譬如少壯人。
年始二十五。示人百歲子。髮白而面皺。
是等我所生。子亦說是父。父少而子老。
擧世所不信。（癸三頌法合）世尊亦如是。得道來甚近。
是諸菩薩等。志固無怯弱。從無量劫來、
而行菩薩道。巧於難問答。其心無所畏。
忍辱心決定。端正有威德。十方佛所讚。

壬二頌請答

16 如來壽量品
三〇七頁上來
己二廣開顯斷疑生信二
庚一誠信
庚二正答

善能分別說、不樂在人眾、常好在禪定、
爲求佛道故、於下空中住。壬二頌請答 我等從佛聞、
於此事無疑、願佛爲未來、演說令開解。
若有於此經、生疑不信者、即當墮惡道。
願今爲解說、是無量菩薩、云何於少時、
教化令發心、而住不退地。

妙法蓮華經如來壽量品第十六

顯如來壽量本無生滅顯本迹之妙

辛一三誡、爾時佛告諸菩薩及一切大眾、諸善男子、汝等當信解如來誠諦之語。復告大眾、汝等當信解如來誠諦

庚一誠信四
辛一三誠
辛二三請
辛三重請
辛四重誡
庚二正答二
辛一長文二
辛二偈頌
辛一長文二
壬一正開近顯遠
壬二明三世益物
壬一正開近顯遠二
癸一出執近之情
癸二破近顯遠二
子一正顯遠
子二舉譬格量久遠三
丑一舉譬問

之語。又復告諸大衆．汝等當信解如來誠諦之語。辛二三請是時菩薩大衆．彌勒爲首．合掌白佛言．世尊．惟願說之．我等當信受佛語．如是三白已．辛三重請復言惟願說之．我等當信受佛語。辛四重誡爾時世尊知諸菩薩三請不止．而告之言．汝等諦聽．癸一出執近之情如來祕密神通之力。一切世間天、人、及阿修羅．皆謂今釋迦牟尼佛、出釋氏宮．去伽耶城不遠．坐於道場．得阿耨多羅三藐三菩提。子一正顯遠然善男子．我實成佛已來、無量無邊、百千萬億那由它劫．丑一舉譬問譬如五百千萬億那由它、阿僧祇、三千大千世界．假使有人、抹爲微塵.過於東方五百千萬億那由它阿僧祇國、乃下一塵.如是東行.盡是微塵.諸善男子、於意云何.是諸世界.可得思惟校計、知其數否。（丑二答）彌勒菩薩等、俱白佛言.世尊.是諸世界.無量無邊.非算數所知、亦非心力所及.一切聲聞、辟支佛.以無漏智.不能思惟、知其限數.我等住阿鞞跋致地.於是事中、亦所不達.世尊.如是諸世界.無量無邊。（丑三合顯久遠）爾時佛告大菩薩衆.諸善男子.今當分明宣語汝等.是諸世界.若著微塵及不著者、盡以爲塵.一塵一劫.我成佛已來.復過於此百

壬二明三世益物二
癸一法說
癸二譬說
癸一法說二
子一正明三世益物
子二總結不虛
子一正明三世益物三
丑一明過去益物
丑二明現在益物
丑三明未來益物
丑一明過去益物三
寅一過去益物處
寅二拂過去迹疑
寅三明過去益物所宜二
卯一感應
卯二施化二
辰一明形聲兩益
辰二明得益歡喜
丑二明現在益物二

千萬億那由它阿僧祇劫。（寅一過去益物處）自從是來。我常在此娑婆世界、說法教化。亦於餘處百千萬億那由它阿僧祇國、導利衆生。（寅二拂過去迹疑）諸善男子。於是中間。我說然燈佛等。又復言其入於涅槃。如是、皆以方便分別。（卯一感應）諸善男子。若有衆生、來至我所。我以佛眼、觀其信等、諸根利鈍。隨所應度。（辰一明形聲兩益）處處自說、名字不同、年紀大小。亦復現言、當入涅槃。又以種種方便、說微妙法。（辰二明得益歡喜）能令衆生發歡喜心。（寅一感應）諸善男子。如來見諸衆生、樂於小法、德薄垢重者。（卯一明現形）為是人說。我少出家。得阿耨多羅三藐三菩提。然我

寅一感應
寅二施化二
卯一明現形
卯二明說法二
辰一正明一代所說
辰二釋出巧說之由二
巳一明由照權實理故卽是說示之本
巳二明由稱漸頓機故卽是說示之緣
丑三明未來益物二

實成佛已來、久遠若斯。但以方便、敎化衆生。令入佛道。作如是說。〔辰一正明一代所說〕諸善男子。如來所演經典。皆爲度脫衆生。或說己身。或說他身。或示己身。或示他身。或示己事。或示他事。諸所言說。皆實不虛。〔巳一明由照權實理故。卽是說示之本〕所以者何。如來如實知見三界之相。無有生死、若退若出。亦無在世、及滅度者。非實非虛。非如非異。不如三界、見於三界。如斯之事。如來明見。無有錯謬。〔巳二明由稱漸頓機故卽是說示之緣〕以諸衆生有種種性、種種欲、種種行、種種憶想分別故。欲令生諸善根。以若干因緣、譬喩言辭、種種說法。所作佛事。未曾暫廢。〔卯一〕如

寅一正明非滅唱滅以益未來
寅二釋須唱滅意
寅一正明非滅唱滅以益未來
二
卯一明本實不滅
卯二明方便唱滅
寅二釋須唱滅意
二
卯一不滅有損
卯二唱滅有益

明本實不滅

是、我成佛已來、甚大久遠、壽命無量阿僧祇劫、常住不滅。諸善男子、我本行菩薩道、所成壽命、今猶未盡、復倍上數。

卯二明方便唱滅

然今非實滅度、而便唱言、當取滅度、如來以是方便、教化衆生。

卯一不滅有損

所以者何、若佛久住於世、薄德之人、不種善根、貧窮下賤、貪著五欲、入於憶想妄見網中、若見如來常在不滅、便起憍恣、而懷厭怠、不能生於難遭之想、恭敬之心。

卯二唱滅有益

是故如來、以方便說、比丘當知、諸佛出世、難可值遇。所以者何、諸薄德人、過無量百千萬億劫、或有見佛、或不見者。以此事故、我作

子二總結不虛
癸二譬說二（三一六頁下來）
子一立譬
子二法合
子一立譬二
丑一良醫治子譬譬上三世益物
丑二治子實益譬譬上總結不虛
丑一良醫治子譬譬上三世益物三
寅一遠行譬譬過去益物
寅二還來譬譬現

是言。諸比丘。如來難可得見。斯衆生等、聞如是語。必當生於難遭之想。心懷戀慕。渴仰於佛。便種善根。是故如來雖不實滅。而言滅度。（子二總結不虛）又善男子。諸佛如來、法皆如是。爲度衆生。皆實不虛。（寅一遠行譬譬過去益物）譬如良醫。智慧聰達。明練方藥。善治衆病。其人多諸子息。若十、二十。乃至百數。以有事緣。遠至餘國。（卯一譬感應）諸子於後、飲他毒藥。藥發悶亂。宛轉於地。（辰一譬現形）是時其父還來歸家。諸子飲毒。或失本心。或不失者。遙見其父。皆大歡喜。拜跪、問訊、善安隱歸。我等愚癡。誤服毒藥。願見救療。更賜壽命。（巳一譬佛受請）父見子

在益物
寅三復去譬譬未來益物
寅二還來譬譬現在益物二
卯一譬感應
卯二譬施化二
辰一譬現形
辰二譬說法三
巳一譬佛受請轉頓漸法輪
巳二譬勸誡
巳三譬得益
寅三復去譬譬未來益物四
卯一超譬不滅有損
卯二譬方便唱滅

轉頓漸法輪

等苦惱如是.依諸經方.求好藥草.色香美味、皆悉具足.擣篩和合.予子令服.巳二譬勸誡而作是言.此大良藥.色香美味、皆悉具足.汝等可服.速除苦惱.無復衆患。巳三譬得益其諸子中、不失心者.見此良藥、色香俱好.即便服之.病盡除瘉。卯一超譬不滅有損餘失心者.見其父來.雖亦歡喜問訊.求索治病.然予其藥、而不肯服。所以者何.毒氣深入.失本心故.於此好色香藥、而謂不美。卯二譬方便唱滅父作是念.此子可愍.爲毒所中.心皆顛倒.雖見我喜.求索救療.如是好藥、而不肯服.我今當設方便、令服此藥。即作是言.汝等當知.我

卯三譬唱滅有益

卯四追譬本實不滅

丑二治子實益譬譬上總結不虛

子二法合

今衰老死時已至是好良藥今留在此汝可取服勿憂不瘥。作是教已復至他國遣使還告汝父已死。卯三譬唱滅有益是時諸子聞父背喪心大憂惱而作是念若父在者慈愍我等能見救護今者、捨我遠喪他國自惟孤露無復恃怙常懷悲感心遂醒悟乃知此藥色香美味。即取服之毒病皆愈。卯四追譬本實不滅其父聞子悉已得瘥尋便來歸咸使見之。丑二治子實益譬譬上總結不虛諸善男子於意云何頗有人、能說此良醫虛妄罪否。不也世尊。子二法合佛言我亦如是成佛已來、無量無邊百千萬億那由他阿僧祇劫爲衆生故以方便力、

三一四頁下來
辛二偈頌二
壬一頌正顯遠
壬二頌三世益物二
癸一頌法說
癸二頌譬說
癸一頌法說二
子一頌正明三世益物
子二頌總結不虛
子一頌正明三世益物三
丑一頌過去
丑二頌現在
丑三頌未來
丑一頌過去三
寅一超頌過去益物所宜

言當滅度．亦無有能如法說我虛妄過者。爾時世尊欲重宣此義．而說偈言．

（壬一頌正顯遠）

自我得佛來．（寅一超頌過去益物所宜）所經諸劫數．無量百千萬
億載阿僧祇．常說法教化．無數億衆生．
令入於佛道。爾來無量劫．爲度衆生故．
方便現涅槃、（寅二追頌過去益物處）而實不滅度．常住此說法。
（寅三頌拂過去迹疑）
我常住於此．以諸神通力．令顚倒衆生、
雖近而不見。（寅一頌感應）衆見我滅度．廣供養舍利．
咸皆懷戀慕、而生渴仰心。衆生旣信伏．

寅二追頌過去益物處
寅三頌拂過去迹疑
丑二頌現在二
寅一頌感應
寅二頌施化
丑三頌未來二
寅一先頌方便唱滅兼頌須唱滅意
寅二頌本實不滅兼廣釋不見得見之由

質直意柔輭、一心欲見佛。不自惜身命。

寅二頌施化

時我及衆僧、俱出靈鷲山。我時語衆生。常在此不滅。以方便力故。現有滅不滅。

寅一先頌方便唱滅兼頌須唱滅意

餘國有衆生、恭敬信樂者。我復於彼中、爲說無上法。汝等不聞此。但謂我滅度。我見諸衆生、沒在於苦惱。故不爲現身。令其生渴仰。因其心戀慕。乃出爲說法。

寅二頌本實不滅兼廣釋不見得見之由

神通力如是。於阿僧祇劫。常在靈鷲山、及餘諸住處。衆生見劫盡、大火所燒時。

我此土安隱。天人常充滿。園林諸堂閣、
種種寶莊嚴。寶樹多華果。衆生所游樂。
諸天擊天鼓。常作衆技樂。雨曼陀羅華、
散佛及大衆。我淨土不毀。而衆見燒盡。
憂怖諸苦惱、如是悉充滿。是諸罪衆生。
以惡業因緣。過阿僧祇劫、不聞三寶名。
諸有修功德、柔和質直者。則皆見我身
在此而說法。或時爲此衆、說佛壽無量。
子二頌總結不虛
久乃見佛者。爲說佛難値。我智力如是。

子二頌總結不虛

癸二頌譬說二
子一頌立譬
子二頌法合

慧光照無量。壽命無數劫。久修業所得。
汝等有智者。勿於此生疑。當斷令永盡。
（子一頌立譬）
佛語實不虛。如醫善方便。爲治狂子故。
實在而言死。無能說虛妄。
（子二頌法合）
我亦爲世父。
救諸苦患者。爲凡夫顛倒。實在而言滅。
以常見我故。而生憍恣心。放逸著五欲。
墮於惡道中。我常知眾生、行道不行道。
隨所應可度。爲說種種法。每自作是意。
以何令眾生、得入無上道。速成就佛身。

17 分別功德品
三〇六頁上來
、戊二總授法身記
三
己一經家總敘
己二如來分別

妙法蓮華經分別功德品第十七

（己一經家總敘）爾時大會、聞佛說壽命劫數長遠如是。無量無邊阿僧祇眾生、得大饒益。（己二如來分別）於時世尊告彌勒菩薩摩訶薩。（聞法獲益佛為分別顯聞持之妙）阿逸多。我說是如來壽命長遠時。六百八十萬億那由它恆河沙眾生、得無生法忍。復有千倍菩薩摩訶薩、得聞持陀羅尼門。復有一世界微塵數菩薩摩訶薩、得樂說無礙辯才。復有一世界微塵數菩薩摩訶薩、得百千萬億無量旋陀羅尼。復有三千大千世界微塵數菩薩摩訶薩、能轉不退法輪。復有二千中國土微塵數菩薩摩訶薩、能轉清淨法輪。復有小千國土微塵數菩薩摩訶薩、八生當得阿耨多羅三藐三菩提。復有四四天下微塵數菩薩摩訶薩、四生當得阿耨多羅三藐三菩提。復有三四天下微塵數菩薩摩訶薩、三生當得阿耨多羅三藐三菩提。復有二四天下微塵數菩薩摩訶薩、二生當得阿耨多羅三藐三菩提。復有一四天下微塵數菩薩摩訶薩、一生當得阿耨多羅三藐三菩提。復有八世界微塵數眾生、皆發阿耨多羅三藐三菩提心。

己三瑞表圓益

佛說是諸菩薩摩訶

三〇六頁上來
戊三彌勒總申領解三
己一頌時衆得解

薩得大法利時.於虛空中.雨曼陀羅華、摩訶曼陀羅華.以散無量百千萬億寶樹下、師子座上、諸佛.幷散七寶塔中、師子座上、釋迦牟尼佛、及久滅度多寶如來.亦散一切諸大菩薩、及四部衆。又雨細末栴檀、沉水香等.於虛空中.天鼓自鳴.妙聲深遠.又雨千種天衣.垂諸瓔珞、眞珠瓔珞、摩尼珠瓔珞、如意珠瓔珞.徧於九方.衆寶香鑪、燒無價香.自然周至.供養大會。一一佛上.有諸菩薩、執持旛蓋.次第而上.至於梵天。是諸菩薩.以妙音聲、歌無量頌.讚歎諸佛。（己一頌時衆得解）爾時彌勒菩

薩從座而起、偏袒右肩、合掌向佛、而說偈言、

佛說希有法、　昔所未曾聞、　世尊有大力、
壽命不可量。　無數諸佛子、　聞世尊分別
己二頌如來分別
說得法利者、　歡喜充徧身。　或住不退地、
或得陀羅尼、　或無礙樂說、　萬億旋總持。
或有大千界、　微塵數菩薩、　各各皆能轉
不退之法輪。　復有中千界、　微塵數菩薩、
各各皆能轉　清淨之法輪。　復有小千界、
微塵數菩薩、　餘各八生在、　當得成佛道。

己三頌瑞表圓益

復有四、三、二、　如此四天下、　微塵諸菩薩。
隨數生成佛。　或一四天下、　微塵數菩薩。
餘有一生在。　當成一切智。　如是等眾生。
聞佛壽長遠。　得無量無漏　清淨之果報。
復有八世界、　微塵數眾生。　聞佛說壽命。
皆發無上心。
己三頌瑞表圓益
世尊說無量　不可思議法。
多有所饒益。　如虛空無邊。　雨天曼陀羅、
摩訶曼陀羅。　釋、梵、如恆沙。　無數佛土來。
雨栴檀、沉水。　繽紛而亂墜。　如鳥飛空下。

供散於諸佛。天鼓虛空中、自然出妙聲．
天衣千萬種、旋轉而來下．衆寶妙香鑪．
燒無價之香．自然悉周徧、供養諸世尊。
其大菩薩衆．執七寶旛蓋．高妙萬億種．
次第至梵天．一一諸佛前．寶幢懸勝旛。
亦以千萬偈、歌詠諸如來。如是種種事．
昔所未曾有．聞佛壽無量．一切皆歡喜。
佛名聞十方．廣饒益衆生．一切具善根．
以助無上心。

二九六頁下來
丙三流通段三
丁一初一品半明
初品因功德
以勸流通
丁二法師功德品
明初品果功
德以勸流通
丁三不輕品引信
毀福罪證勸
流通
丁一初一品半明
初品因功德
以勸流通二
戊一明現在四信四
戊二明滅後五品
戊一明現在四信
己一一念信解
己二解其言趣
己三聞持供養
己四深信觀成
己一一念信解二
庚一長文
庚二偈頌

辛一出相貌

爾時佛告彌勒菩薩摩訶薩。阿逸多。其有眾生、聞佛壽命長遠如是。乃至能生一念信解。所得功德、無有限量。

壬一總論無量

癸一舉五度為格量本

若有善男子、善女人。為阿耨多羅三藐三菩提故。於八十萬億那由它劫、行五波羅蜜、檀波羅蜜、尸羅波羅蜜、羼提波羅蜜、毘梨耶波羅蜜、禪波羅蜜、除般若波羅蜜。

癸二正格信解功德甚多

以是功德比前功德、百分、千分、百千萬億分、不及其一。乃至算數譬喻所不能知。

辛三明位行不退

若善男子、善女人、有如是功德。於阿耨多羅三藐三菩提、退者。無有是處。

癸一頌舉五度為格量本

爾時世尊欲重宣此義。而說偈言。

庚一長文三
辛一出相貌
辛二明功德
辛三明位行不退
壬一總論無量
壬二格量顯多二
癸一舉五度爲格量本
癸二正格信解功德甚多
辛三明位行不退
庚二偈頌三
辛一超頌功德
辛二頌位行不退
辛三追頌相貌
辛一超頌功德二
壬一超頌格量顯多
壬二追頌總論無量
壬一超頌格量顯多二
癸一頌舉五度爲格量本

若人求佛慧．於八十萬億　那由它劫數、
行五波羅蜜。於是諸劫中．布施供養佛、
及緣覺弟子、幷諸菩薩眾．珍異之飲食、
上服與臥具．栴檀立精舍．以園林莊嚴。
如是等布施．種種皆微妙．盡此諸劫數．
以回向佛道。若復持禁戒．清淨無缺漏．
求於無上道．諸佛之所歎。若復行忍辱．
住於調柔地．設眾惡來加．其心不傾動。
諸有得法者．懷於增上慢．爲斯所輕惱．

癸二頌正格信解功德甚多
壬二追頌總論無量

如是亦能忍。若復勤精進．志念常堅固．
於無量億劫、一心不懈息。又於無數劫．
住於空閑處．若坐、若經行．除睡、常攝心．
以是因緣故．能生諸禪定．八十億萬劫、
安住心不亂．持此一心福．願求無上道。
我得一切智．盡諸禪定際．是人於百千
萬億劫數中、行此諸功德．如上之所說。

（癸二頌正格信解功德甚多）

有善男女等．聞我說壽命．乃至一念信．
其福過於彼。

（壬二追頌總論無量）

若人悉無有一切諸疑悔．

辛二頌位行不退 二
壬一明不易信解
壬二明信解則必發願故得不退
辛三追頌相貌
己二解其言趣

深心須臾信。其福爲如此。壬一明不易信解其有諸菩薩。
無量劫行道。聞我說壽命。是則能信受。
壬二明信解則必發願故得不退如是諸人等。頂受此經典。願我於未來。
長壽度衆生。如今日世尊、諸釋中之王。
道場師子吼。說法無所畏。我等未來世。
一切所尊敬。坐於道場時。說壽亦如是。
辛三追頌相貌若有深心者。清淨而質直。多聞能總持。
隨義解佛語。如是之人等。於此無有疑。
己二解其言趣又阿逸多。若有聞佛壽命長遠。解其言趣。是人所得

己三聞持供養

己四深信觀成

戊二明滅後五品二

功德、無有限量．能起如來無上之慧。己三聞持供養 何況廣聞是經、若教人聞．若自持、若教人持．若自書、若教人書．若以華、香、瓔珞．幢旛、繒蓋．香油、酥燈供養經卷．是人功德、無量無邊．能生一切種智。己四深信觀成．阿逸多若善男子、善女人、聞我說壽命長遠．深心信解．則爲見佛常在耆闍崛山．共大菩薩、諸聲聞衆、圍繞說法。又見此娑婆世界．其地琉璃．坦然平正．閻浮檀金．以界八道．寶樹行列．諸臺樓觀、皆悉寶成．其菩薩衆、咸處其中。若有能如是觀者．當知是爲深信解相。辛一直起隨喜心 又復如來滅後．若聞是

己一列五品麤格量後四品功德
己二隨喜功德品廣格量初品功德
己一列五品麤格量後四品功德二
庚一長文
庚二偈頌
庚一長文五
辛一直起隨喜心
辛二加受持讀誦
辛三加教人
辛四加兼行六度
辛五加正行六度
辛二加受持讀誦二
壬一標人相
壬二格量功德
辛三加教人二
壬一標人相

經、而不毀呰。起隨喜心。當知已爲深信解相。（壬一標人相）何況讀誦、受持之者。（壬二格量功德）斯人則爲頂戴如來。阿逸多。是善男子、善女人。不須爲我復起塔寺。及作僧坊、以四事供養衆僧。所以者何。是善男子、善女人、受持讀誦是經典者。爲已起塔、造立僧坊、供養衆僧。則爲以佛舍利、起七寶塔。高廣漸小、至於梵天。懸諸旛蓋、及衆寶鈴。華、香、瓔珞。末香、塗香、燒香、衆鼓、技樂、簫、笛、箜篌、種種舞戲。以妙音聲、歌唄讚頌。則爲於無量千萬億劫、作是供養已。（壬一標人相）阿逸多。若我滅後。聞是經典。有能受持。若自

壬二格量功德

辛四加兼行六度二
壬一標人相
壬二格量功德

書、若教人書。
壬二格量功德
則為起立僧坊。以赤栴檀、作諸殿堂三十有二。高八多羅樹。高廣嚴好。百千比丘。於其中止。園林、浴池、經行、禪窟。衣服、飲食、牀褥、湯藥、一切樂具、充滿其中。如是僧坊、堂閣若干百千萬億。其數無量。以此現前、供養於我、及比丘僧。○是故我說。如來滅後。若有受持讀誦、為他人說。若自書、若教人書。供養經卷。不須復起塔寺。及造僧坊、供養眾僧。○
壬一標人相
況復有人能持是經。兼行布施、持戒、忍辱、精進、一心、智慧。
壬二格量功德
其德最勝。無量無邊。譬如虛空、東西南北、四維、上下、無量無

辛五加正行六度二
壬一標人相
壬二格量功德

邊。是人功德。亦復如是無量無邊。疾至一切種智。壬一若人讀誦受持是經。為他人說。若自書、若教人書。復能起塔。及造僧坊、供養讚歎聲聞眾僧。亦以百千萬億讚歎之法、讚歎菩薩功德。又為他人、種種因緣。隨義解說此法華經。復能清淨持戒。與柔和者而共同止。忍辱無瞋。志念堅固。常貴坐禪、得諸深定。精進勇猛、攝諸善法。利根智慧、善答問難。阿逸多。壬二若我滅後。諸善男子、善女人、受持讀誦是經典者。復有如是諸善功德。當知是人、已趣道場。近阿耨多羅三藐三菩提。

庚二偈頌四
辛一頌第二品

坐道樹下。阿逸多。是善男子、善女人。若坐、若立、若經行處。此中便應起塔。一切天人。皆應供養如佛之塔。

爾時世尊欲重宣此義、而說偈言。

辛一頌第二品

若我滅度後。能奉持此經。斯人福無量。
如上之所說。是則爲具足　一切諸供養、
以舍利起塔。七寶而莊嚴。表刹甚高廣。
漸小至梵天。寶鈴千萬億。風動出妙音。
又於無量劫、而供養此塔。華、香、諸瓔珞。
天衣、衆伎樂。然香油、酥燈。周帀常照明。

辛二頌第三品
辛三頌第四品

惡世法末時、能持是經者．則爲已如上、
具足諸供養。
辛二頌第三品
若能持此經．則如佛現在．
以牛頭栴檀、起僧坊供養．堂有三十二．
高八多羅樹．上饌妙衣服、牀臥皆具足．
百千衆住處．園林諸浴池．經行及禪窟．
種種皆嚴好。
辛三頌第四品
若有信解心、受持讀誦書．
若復教人書、及供養經卷．散華香末香、
以須曼薝蔔、阿提目多伽、熏油常然之。
如是供養者．得無量功德．如虛空無邊．

辛四頌第五品

其福亦如是。
辛四頌第五品
況復持此經．兼布施、持戒．
忍辱、樂禪定．不瞋不惡口．恭敬於塔廟．
謙下諸比丘．遠離自高心．常思惟智慧．
有問難不瞋．隨順爲解說．若能行是行．
功德不可量。若見此法師、成就如是德．
應以天華散．天衣覆其身．頭面接足禮．
生心如佛想。又應作是念．不久詣道場．
得無漏、無爲．廣利諸人天。其所住止處．
經行、若坐臥．乃至說一偈．是中應起塔．

莊嚴令妙好．種種以供養。佛子住此地．
則是佛受用．常在於其中、經行及坐臥。

妙法蓮華經冠科卷第五

曼殊起告擁護眞詮。堅持四法得安然。地涌衆多千。
阿逸重宣壽量廣無邊。

南無法華會上佛菩薩 三稱

音釋 安樂行品 行去聲 梵志 出家外道也 尼犍 此云不繫在家外道 路伽耶陀 此云惡論義師破弟子慈恩翻惡對答是順世外道計順世情 逆路伽耶陀 此云惡問難弟子破師慈恩翻惡徵問以所計不順世間故 抧 丑佳切 那羅 此云上伎戲勇悍多力者 旃陀羅 此云嚴熾謂以嚴厲自熾 沙彌 此云息慈 涌出品 阿逸多 此云無能勝

頭陀 此云抖擻 伽耶 此云山

壽量品

擣 音禱

分別品

檀 具云檀那此云布施 尸羅 此云戒 羼提 此云忍辱上音產 毘梨耶 此云精進 禪 具云禪那此云靜慮 般若 此云智慧 多羅樹 西域記云其形如此方椶櫚樹 牛頭栴檀 正經云北洲有山形似牛頭多生此香 須曼 具云須曼那此云善稱意 薝蔔 此云黃花小而香 阿提目多伽 此云善思惟

持驗記

⊙唐梓州釋智通。俗陳氏。八歲離俗。專誦法華。尤勤講授。住牛頭山。善持威儀。奉戒貞苦。常有雙鵝依時聽法。講百餘徧。兩度放光。貞觀中示寂。時合寺堂房。變作白色。悉震動。一食頃乃已。

⊙唐釋慧達。太原人。專誦法華五千餘徧。行坐威儀。誦聲不輟。存愛物命。每一步履。直視低身。地有蟲豸。必迴身而避。或問之。師曰。斯之與我。升沈不定。彼或先成正覺。何敢妄輕之耶。貞觀八年。坐逝。經五宿。顏色如初。

⊙唐雍州醴泉寺釋遺俗。誦法華數千徧。貞觀中。因疾。告友人慧廓禪師曰。某生平誦經。意希有驗。若生善道。當舌根不壞。可埋十年發視。若壞。知誦經無功。不壞則爲起一塔。令人信向。言訖而寂。後十年啟視。舌果不壞。慕道者如市。眾爲起塔於甘谷崖。前後諸釋以誦法華。得舌根不壞者甚眾。茲不盡錄。

⊙唐蒲州釋法徹。絳州人。少勤苦。通法華經。常以是經誘化一切。邑有孤山。師依而結業。創立蘭若。地本高險。向絕泉源。師積歲崇道。一旦清泉迸出。刺史房仁裕申請寺額。即以陷泉名之。嘗於道中遇一癩者。引至山中。爲鑿穴給食。令誦法華。癩者素不識字。加又頑鈍。句句授之。終不辭倦。至第六卷。癩病漸愈。經完。眉鬚復生。膚已如故。

⊙唐釋法瑨。開元中。於天童山東麓。建精舍棲止。後移居西南隅之多寶塔。日誦法華經。感天童躡雲升降。捧食來供。遇夜則遶塔行道。人遙見師身於塔之相輪等。時號爲太白禪師。

⊙唐佛隴釋道暹。徧覽百家。彌精法華。大曆年中。入京弘化。盛有著述。能於虛空遊行。往來時謂有神足證云。

⊙唐蘇州支硎山釋道遵。姓張。吳興人。參左溪。學天台止觀。欲廣寫法華經。乃於支硎創關經院。舉精行沙門十四人。常持法華。以燭繼晝。用弘大乘。敕署爲法華道場。師於山中鑄盧舍那像。及多寶佛塔。修淨土當生業。造彌陀佛像。平時講法華玄義。歲無虛日。天寶元年。於靈巖道場行法華三昧。忽睹大明、上燭於天。身在光中。異日問荊溪。然師然曰。智慧光明。從心流出。將以顯發第一義天也。又入法華道場。覩此身在空中坐。知是滌垢之相。興元元年坐逝。門人靈翰等樹塔。

⊙唐京師大安國寺釋志鄰。姓范氏。兗州人。母王氏。不信三寶。鄰逃東都。依廣受寺修律師出家。開元十年。思親歸寧。母終已三載。因詣嶽廟。數具誦法華經。誓見嶽帝。求母生處。夜見帝召謂曰。汝母禁獄。見受諸苦。師悲號祈免。帝曰。往鄮山禮育王塔。庶可救也。師詰朝到寺。哀泣禮拜。至四萬。俄聞空中有呼鄰聲見母謝曰。承汝之力。得生忉利天矣。倏然不見。

⊙宋汝州首山釋省念。萊州狄氏。受學於本郡南禪寺。徧遊叢席。常密誦法華經。衆目爲念法華也。晚侍風穴。一日師與眞園頭同問訊、次穴問、如何是世尊不說說。眞曰、鵓鳩樹頭鳴。穴曰、汝作許多癡福作麼、何不體究言句、又問師。師曰、動容揚古路。不墮悄然機。穴謂眞曰、汝何不看念法華下語。淳化三年十二月四日上堂說偈、有今年記。卻來年事語。至四年月日無爽前記。仍上堂說偈曰、諸子謾波波、過卻幾恆河、觀音指彌勒、文殊不柰何。良久泪然而化。闍維得舍利五色。

⊙宋靈隱天竺寺釋祖韶、天台劉氏、十九誦通法華、入東掖參慈雲、盡得奧旨。唯行法華三昧、用爲常課。嘗修光明懺百晝夜、至期將半、忽見旌幢滿前、導者呼爲大辨尊天、師卽前揖。天曰、師傳通大乘、利益弘多。言訖而隱。又道出淮泗、夢僧摩頂曰、吾文殊和尚也、示汝五無生義。旣覺、五藏豁然、如咀冰雪。

⊙宋溫州法明院釋繼忠、永嘉丘氏。八歲得度、詣南湖依廣智、洞悟教觀。行法華光明三昧、日無虛晷。卻病除祟、神應莫測。元豐五年、集衆說法而逝。赤光照徹空表。淨社全教、夢金甲神人告曰、忠法師已生兜率。

⊙宋釋思照、錢塘陽氏。參神悟有契。旣而刺血書法華七軸、築小庵曰德雲、專修念佛三昧、凡三十年。宣和元年春、一夕見佛現金色身、卽結印坐化。師誦蓮華經千部、淨土七經、一字一禮、又禮法華十遍、苦行無兩。

⊙宋宜人陸氏、錢塘人、朝請王璵妻也。常誦法華經三千部。篤志修行、年至八十。後因微疾、忽聞天鼓自鳴、人方驚異、兒女問何事、答曰、吾生兜率天宮、仰觀上天、口誦蓮經、合掌而逝。

⊙宋紹興中奉化趙母、素持法華。一女使竊聽久之、忽記得青蓮華香、白蓮華香、華樹香、果樹香、四句、自是吟諷不絕。後卒、於葬所生青蓮華一朵。

卷五三三七頁
下來

18隨喜功德品
己二廣格量初品功德二
庚一問

庚二答二
辛一長文

妙法蓮華經冠科卷第六

姚秦三藏法師鳩摩羅什奉詔譯

明古吳蕅益智旭科

妙法蓮華經隨喜功德品第十八 明暫持功德顯聞持之妙

庚一問

爾時、彌勒菩薩摩訶薩白佛言、世尊、若有善男子、善女人聞是法華經、隨喜者、得幾所福。而說偈言、

世尊滅度後、其有聞是經、若能隨喜者、為得幾所福。

癸一約展轉相教舉最後人以顯初心之初

爾時佛告彌勒菩薩摩訶薩、阿逸多、如來滅後、若比

辛二偈頌
辛一長文二
壬一答內心隨喜
人功德
壬二直明外聽法
人功德
壬一答內心隨喜
人功德五
癸一約展轉相教
舉最後人以
顯初心之初
癸二格量本

丘、比丘尼、優婆塞、優婆夷．及餘智者、若長若幼．聞是經、隨喜已．從法會出．至於餘處．若在僧坊．若空閑地．若城邑巷陌、聚落田里．如其所聞．爲父母宗親、善友、知識、隨力演說．是諸人等．聞已隨喜．復行轉教．餘人聞已．亦隨喜轉教．如是展轉、至第五十．阿逸多．其第五十善男子、善女人、隨喜功德．我今說之．汝當善聽。

癸二格量本

若四百萬億阿僧祇世界．六趣四生衆生．卵生、胎生、溼生、化生．若有形、無形、有想、無想．非有想、非無想．無足、二足、四足、多足．如是等、在衆生數者．有人求福隨

癸三問
癸四答

其所欲娛樂之具、皆給予之。一一衆生、予滿閻浮提金、銀、琉璃、硨磲、碼碯、珊瑚、琥珀、諸妙珍寶。及象、馬、車乘。七寶所成宮殿樓閣等。是大施主、如是布施、滿八十年已。而作是念。我已施衆生娛樂之具、隨意所欲。然此衆生、皆已衰老。年過八十。髮白、面皺。將死不久。我當以佛法而訓導之。即集此衆生。宣佈法化。示教利喜。一時皆得須陀洹道、斯陀含道、阿那含道、阿羅漢道。盡諸有漏。於深禪定、皆得自在。具八解脫。癸三問於汝意云何。是大施主所得功德、寧爲多否。癸四答彌勒白佛言。

癸五正格量

壬二直明外聽法人功德四

世尊。是人功德甚多。無量無邊。若是施主、但施衆生一切樂具。功德無量。何況令得阿羅漢果。（癸五正格量）佛告彌勒。我今分明語汝。是人以一切樂具、施於四百萬億阿僧祇世界六趣衆生。又令得阿羅漢果。所得功德。不如是第五十人聞法華經一偈、隨喜功德。百分、千分、百千萬億分、不及其一。乃至算數譬喻所不能知。阿逸多。如是第五十人、展轉聞法華經隨喜功德。尚無量無邊阿僧祇。何況最初於會中聞而隨喜者。其福復勝。無量無邊阿僧祇、不可得比。（癸一自往）又阿逸多。若人爲

癸一自往
癸二分座
癸三勸他

是經故、往詣僧坊、若坐、若立、須臾聽受、緣是功德、轉身所生、得好上妙象、馬、車乘、珍寶輦輿、及乘天宮。（癸二）若復有人、於講法處坐、更有人來、勸令坐聽、若（分座）分座令坐、是人功德、轉身得帝釋坐處、若梵王坐處、若轉輪聖王所坐之處。（癸三勸他）阿逸多、若復有人、語餘人言、有經、名法華。可共往聽、即受其教、乃至須臾間聞、是人功德、轉身得與陀羅尼菩薩共生一處、利根智慧、百千萬世、終不瘖瘂、口氣不臭、舌常無病、口亦無病、齒不垢黑、不黃、不疏、亦不缺落、不差、不曲、脣不下垂、亦不褰

癸四具聽修行

辛二偈頌二
壬一頌內心隨喜功德

縮、不粗澀、不瘡胗、亦不缺壞、亦不喎斜、不厚、不大、亦不黧黑、無諸可惡、鼻不匾㔸、亦不曲戾、面色不黑、亦不狹長、亦不窊曲、無有一切不可喜相、脣舌牙齒、悉皆嚴好、鼻修高直、面貌圓滿、眉高而長、額廣平正、人相具足、世世所生、見佛聞法、信受教誨。（癸四具聽修行）阿逸多、汝且觀是、勸於一人令往聽法、功德如此、何況一心聽說、讀誦、而於大衆、爲人分別、如說修行。（壬二頌內心隨喜功德）爾時世尊欲重宣此義、而說偈言、

若人於法會、　得聞是經典、　乃至於一偈、

隨喜爲他說．如是展轉敎、至於第五十．
最後人獲福、今當分別之。如有大施主．
供給無量眾．具滿八十歲、隨意之所欲．
見彼衰老相．髮白而面皺．齒疏形枯竭．
念其死不久．我今應當敎、令得於道果。
即爲方便說、涅槃眞實法．世皆不牢固．
如水沫泡燄．汝等咸應當、疾生厭離心。
諸人聞是法．皆得阿羅漢．具足六神通、
三明八解脫。最後第五十．聞一偈隨喜．

壬二頌外聽法人功德四
癸一超頌勸他
癸二頌自往

是人福勝彼、不可爲譬喻。如是展轉聞．
其福尚無量．何況於法會、初聞、隨喜者。

癸一超頌勸他

若有勸一人、將引聽法華．言此經深妙．
千萬劫難遇．即受教往聽．乃至須臾聞．
斯人之福報．今當分別說。世世無口患．
齒不疏、黃、黑．脣不厚、褰、缺．無有可惡相．
舌不乾、黑、短．鼻高、修、且直．額廣而平、正．
面目悉端嚴．爲人所喜見．口氣無臭穢．
優鉢華之香、常從其口出。

癸二頌自往

若故詣僧坊．

癸三頌分座
癸四頌具聽修行

19 法師功德品
卷五三三二頁
上來
丁二明初品果功德以勸流通二
戊一總列數

欲聽法華經。須臾聞、歡喜。今當說其福。
後生天人中。得妙象、馬、車、珍寶之輦輿。
及乘天宮殿。（癸三頌分座）若於講法處、勸人坐聽經。
是福因緣得、釋、梵、轉輪座。（癸四頌具聽修行）何況一心聽、
解說其義趣。如說而修行。其福不可限。

妙法蓮華經法師功德品第十九

（明圓持功德顯聞持之妙）

（戊一總列數）爾時佛告常精進菩薩摩訶薩。若善男子、善女人、受持是法華經。若讀、若誦、若解說、若書寫。是人當得八百眼功德、千二百耳功德、八百鼻功德、千二百舌功

戊二別解釋六
己一眼根

德、八百身功德、千二百意功德。以是功德、莊嚴六根。皆令清淨。

己一眼根

是善男子、善女人、父母所生清淨肉眼、見於三千大千世界、內外所有山林河海。下至阿鼻地獄。上至有頂。亦見其中一切眾生。及業因緣、果報生處。悉見悉知。爾時世尊欲重宣此義。而說偈言。

若於大眾中。以無所畏心、說是法華經。
汝聽其功德。是人得八百 功德殊勝眼。
以是莊嚴故。其目甚清淨。父母所生眼。
悉見三千界、內外彌樓山、須彌、及鐵圍。

己二耳根

并諸餘山林、大海江河水．下至阿鼻獄．
上至有頂處．其中諸衆生．一切皆悉見。
雖未得天眼．肉眼力如是。

己二耳根

復次常精進．若善男子、善女人、受持此經．若讀、若誦．若解說、若書寫．得千二百耳功德。以是清淨耳．聞三千大千世界下至阿鼻地獄．上至有頂．其中內外種種語言音聲．象聲、馬聲、牛聲、車聲．啼哭聲、愁嘆聲．螺聲、鼓聲、鐘聲、鈴聲．笑聲、語聲．男聲、女聲、童子聲、童女聲．法聲、非法聲．苦聲、樂聲．凡夫聲、聖人聲．喜聲、不喜聲、天聲、龍聲、夜叉聲、乾闥婆聲、阿修羅聲、迦樓羅聲、緊那羅聲、摩睺羅伽聲、火聲、水聲、風聲、地獄聲、畜生聲、餓鬼聲、比丘聲、比丘尼聲、聲聞聲、辟支佛聲、菩薩聲、佛聲。以要言之、三千大千世界中、一切內外所有諸聲、雖未得天耳、以父母所生清淨常耳、皆悉聞知、如是分別種種音聲、而不壞耳根。爾時世尊欲重宣此義、而說偈言、

父母所生耳、　清淨無濁穢、　以此常耳聞
三千世界聲。　象、馬、車、牛聲、　鍾、鈴、螺、鼓聲、

琴、瑟、箜篌聲． 簫、笛之音聲． 清淨好歌聲．
聽之而不著． 無數種人聲． 聞悉能解了。
又聞諸天聲． 微妙之歌音． 及聞男女聲．
童子童女聲。 山川嶮谷中、 迦陵頻伽聲．
命命等諸鳥． 悉聞其音聲。 地獄眾苦痛．
種種楚毒聲． 餓鬼飢渴逼． 求索飲食聲．
諸阿修羅等． 居在大海邊． 自共言語時、
出於大音聲。 如是說法者、 安住於此間．
遙聞是眾聲． 而不壞耳根。 十方世界中、

禽獸鳴相呼．　其說法之人．　於此悉聞之。
其諸梵天上．　光音及偏淨．　乃至有頂天．
言語之音聲．　法師住於此．　悉皆得聞之。
一切比丘衆、　及諸比丘尼．　若讀誦經典．
若爲他人說．　法師住於此．　悉皆得聞之。
復有諸菩薩．　讀誦於經法．　若爲他人說．
撰集、解其義．　如是諸音聲．　悉皆得聞之。
諸佛大聖尊．　教化衆生者．　於諸大會中、
演說微妙法．　持此法華者．　悉皆得聞之。

己三鼻根

三千大千界、內外諸音聲．下至阿鼻獄．
上至有頂天．皆聞其音聲．而不壞耳根．
其耳聰利故．悉能分別知。持是法華者．
雖未得天耳．但用所生耳．功德已如是。

己三鼻根

復次常精進．若善男子、善女人、受持是經．若讀、若誦．若解說．若書寫．成就八百鼻功德。以是清淨鼻根．聞於三千大千世界、上下內外種種諸香．須曼那華香、闍提華香、末利華香、薝蔔華香、波羅羅華香．赤蓮華香、青蓮華香、白蓮華香．華樹香、果樹香．栴檀香、沉水香、多摩羅跋香、多伽羅香．及千萬種和香．若末、若丸、若塗香．持是經者．於此間住．悉能分別。又復別知眾生之香．象香、馬香、牛羊等香．男香、女香、童子香、童女香、及草木叢林香．若近、若遠、所有諸香．悉皆得聞．分別不錯。持是經者．雖住於此．亦聞天上諸天之香．波利質多羅、拘鞞陀羅樹香．及曼陀羅華香、摩訶曼陀羅華香、曼殊沙華香、摩訶曼殊沙華香、栴檀、沉水、種種末香．諸雜華香．如是等天香、和合所出之香．無不聞知。又聞諸天身香．釋提桓因、在勝殿上．五欲娛樂嬉戲時香。若在妙法堂上、爲忉利諸天說法時香。若於諸園游戲時香。及餘天等男女身香。皆悉遙聞。如是展轉、乃至梵世、上至有頂諸天身香。亦皆聞之。幷聞諸天所燒之香。及聲聞香、辟支佛香、菩薩香、諸佛身香。亦皆遙聞。知其所在。雖聞此香。然於鼻根不壞不錯。若欲分別爲他人說。憶念不謬。爾時世尊欲重宣此義。而說偈言。

是人鼻淸淨。　於此世界中。　若香、若臭物。
種種悉聞知。　須曼那、闍提、　多摩羅、栴檀、沉水及桂香．　種種華果香．　及諸衆生香．
男子女人香．　說法者遠住．　聞香知所在。
大勢轉輪王．　小轉輪及子．　羣臣諸宮人．
聞香知所在。　身所著珍寶．　及地中寶藏．
轉輪王寶女．　聞香知所在。　諸人嚴身具．
衣服及瓔珞、　種種所塗香．　聞香知其身。
諸天若行坐、　游戲及神變．　持是法華者．
聞香悉能知。　諸樹華果實．　及酥油香氣．
持經者住此．　悉知其所在。　諸山深險處．

栴檀樹華敷。眾生在中者。聞香悉能知。
鐵圍山、大海、地中、諸眾生。持經者聞香。
悉知其所在。阿修羅男女、及其諸眷屬。
鬥諍、游戲時。聞香皆能知。曠野險隘處。
師子、象、虎、狼、野牛、水牛等。聞香知所在。
若有懷妊者。未辨其男女、無根、及非人。
聞香悉能知。以聞香力故。知其初懷妊。
成就、不成就。安樂產福子。以聞香力故。
知男女所念、染欲、癡恚心。亦知修善者。

地中眾伏藏．金銀諸珍寶、銅器之所盛．
聞香悉能知。種種諸瓔珞．無能識其價．
聞香知貴賤、出處及所在。天上諸華等．
曼陀、曼殊沙、波利質多樹．聞香悉能知。
天上諸宮殿．上中下差別．眾寶華莊嚴．
聞香悉能知。天園林、勝殿、諸觀、妙法堂．
在中而娛樂．聞香悉能知。諸天若聽法．
或受五欲時．來、往、行、坐、臥．聞香悉能知。
天女所著衣、好華香莊嚴．周旋游戲時．

聞香悉能知。　如是展轉上．　乃至於梵世．
入禪出禪者．　聞香悉能知。　光音、徧淨天．
乃至於有頂．　初生及退沒．　聞香悉能知。
諸比丘眾等．　於法常精進．　若坐、若經行．
及讀誦經典．　或在林樹下、　專精而坐禪．
持經者聞香．　悉知其所在。　菩薩志堅固．
坐禪若讀誦．　或爲人說法．　聞香悉能知。
在在方世尊．　一切所恭敬．　愍眾而說法．
聞香悉能知。　眾生在佛前．　聞經皆歡喜．

己四舌根

如法而修行．聞香悉能知。雖未得菩薩
無漏法生鼻．而是持經者．先得此鼻相。

己四舌根
復次常精進．若善男子、善女人、受持是經．若讀、若誦、若解說．若書寫．得千二百舌功德。若好、若醜．若美、不美．及諸苦澀物．在其舌根．皆變成上味．如天甘露．無不美者。若以舌根、於大眾中有所演說．出深妙聲．能入其心．皆令歡喜快樂。又諸天子、天女．釋梵諸天．聞是深妙音聲．有所演說、言論次第．皆悉來聽。及諸龍、龍女．夜叉、夜叉女．乾闥婆、乾闥婆女．阿修羅、阿修羅女。迦樓羅、迦樓羅女。緊那羅、緊那羅女。摩睺羅伽、摩睺羅伽女。為聽法故。皆來親近、恭敬供養。及比丘、比丘尼。優婆塞、優婆夷。國王、王子、羣臣、眷屬。小轉輪王、大轉輪王、七寶千子內外眷屬。乘其宮殿。俱來聽法。以是菩薩善說法故。婆羅門、居士、國內人民、盡其形壽。隨侍供養。又諸聲聞、辟支佛、菩薩、諸佛。常樂見之。是人所在方面。諸佛皆向其處說法。悉能受持一切佛法。又能出於深妙法音。爾時世尊欲重宣此義。而說偈言。

是人舌根淨．終不受惡味．其有所食噉．
悉皆成甘露。以深淨妙聲．於大眾說法．
以諸因緣喻、引導眾生心．聞者皆歡喜．
設諸上供養。諸天、龍、夜叉、及阿修羅等．
皆以恭敬心、而共來聽法。是說法之人．
若欲以妙音、徧滿三千界．隨意即能至。
大小轉輪王、及千子眷屬．合掌恭敬心．
常來聽受法。諸天、龍、夜叉、羅剎、毘舍闍．
亦以歡喜心．常樂來供養。梵天王、魔王．

己五身根

自在、大自在。　如是諸天眾。　常來至其所。
諸佛及弟子、　聞其說法音。　常念而守護。
或時爲現身。

己五身根、

復次常精進。若善男子、善女人、受持是經。若讀、若誦。若解說。若書寫。得八百身功德。得清淨身、如淨琉璃。眾生喜見。其身淨故。三千大千世界眾生。生時、死時。上下、好醜。生善處、惡處。悉於中現。及鐵圍山、大鐵圍山、彌樓山、摩訶彌樓山、等諸山。及其中眾生。悉於中現。下至阿鼻地獄、上至有頂。所有及眾生。悉於中現。

若聲聞、辟支佛、菩薩、諸佛、說法．皆於身中現其色像。

爾時世尊欲重宣此義．而說偈言．

若持法華者．　其身甚清淨．　如彼淨琉璃．
眾生皆喜見．　又如淨明鏡．　悉見諸色像．
菩薩於淨身．　皆見世所有．　唯獨自明了．
餘人所不見。　三千世界中、　一切諸羣萌．
天人、阿修羅、　地獄、鬼、畜生．　如是諸色像．
皆於身中現．　諸天等宮殿．　乃至於有頂．
鐵圍及彌樓、　摩訶彌樓山、　諸大海水等．

己六意根

皆於身中現。　諸佛及聲聞、　佛子、菩薩等。
若獨、若在眾。　說法、悉皆現。　雖未得無漏
法性之妙身。　以清淨常體。　一切於中現。

己六意根、

復次常精進。若善男子、善女人。如來滅後、受持是經。若讀、若誦。若解說。若書寫。得千二百意功德。以是清淨意根。乃至聞一偈一句。通達無量無邊之義。解是義已。能演說一句一偈。至於一月、四月、乃至一歲。諸所說法。隨其義趣。皆與實相不相違背。若說俗間經書、治世語言、資生業等。皆順正法。三千大千世界、六

趣眾生．心之所行．心所動作．心所戲論．皆悉知之．雖未得無漏智慧．而其意根、清淨如此。是人有所思惟、籌量、言說．皆是佛法．無不眞實．亦是先佛、經中所說。

爾時世尊欲重宣此義．而說偈言．

是人意清淨．　明利無濁穢．　以此妙意根．
知上中下法．　乃至聞一偈．　通達無量義．
次第如法說．　月、四月、至歲。　是世界內外、
一切諸眾生．　若天、龍、及人．　夜叉、鬼神等．
其在六趣中、　所念若干種．　持法華之報．

一時皆悉知。十方無數佛．百福莊嚴相．
爲衆生說法．悉聞、能受持。思惟無量義．
說法亦無量．終始不忘錯．以持法華故。
悉知諸法相．隨義識次第．達名字、語言．
如所知演說。此人有所說．皆是先佛法．
以演此法故．於衆無所畏。持法華經者．
意根淨若斯．雖未得無漏．先有如是相．
是人持此經．安住希有地．爲一切衆生、
歡喜而愛敬。能以千萬種善巧之語言．

20 常不輕菩薩品
卷五三三二頁上來
丁三引信毀福罪證勸流通二
戊一長文
戊二偈頌
戊一長文三
己一雙指前品所說罪福
己二雙明往昔信毀果報
己三勸持
己二雙明往昔信毀果報二
庚一明事本
庚二明本事
庚一明事本二
辛一明最初一佛
辛二明次第二萬億佛

分別而說法。持法華經故。

妙法蓮華經常不輕菩薩品第二十

明精持廣利
顯聞持之妙

己一雙指前品所說罪福

爾時佛告得大勢菩薩摩訶薩。汝今當知。若比丘、比丘尼、優婆塞、優婆夷、持法華經者。若有惡口、罵詈誹謗。獲大罪報。如前所說。其所得功德。如向所說。眼耳鼻舌身意清淨。

壬一時節

得大勢。乃往古昔。過無量無邊不可思議阿僧祇劫。

壬二名號

有佛名威音王如來、應供、正徧知、明行足、善逝世間解、無上士、調御丈夫天人師、佛世尊。

壬三劫國

劫名離衰。國名大成。

壬四說法

其威音王佛。於彼世中。爲天人、

辛一明最初一佛六
壬一時節
壬二名號
壬三劫國
壬四說法
壬五佛壽
壬六正像
辛二明次第二萬億佛

阿修羅、說法。爲求聲聞者、說應四諦法。度生老病死。究竟涅槃。爲求辟支佛者、說應十二因緣法。爲諸菩薩、因阿耨多羅三藐三菩提。說應六波羅蜜法。究竟佛慧。得大勢。壬五佛壽是威音王佛、壽四十萬億那由它恆河沙劫。壬六正像正法住世劫數、如一閻浮提微塵。像法住世劫數、如四天下微塵。其佛饒益眾生已。然後滅度。辛二明次第二萬億佛正法像法滅盡之後。於此國土、復有佛出。亦號威音王如來、應供、正徧知、明行足、善逝、世間解、無上士、調御丈夫、天人師、佛、世尊。如是次第有二萬億佛。皆同一號。

庚二明本事三
辛一就本時雙標
兩人名
辛二雙明信毀之
相
辛三雙明信毀果
報
辛二雙明信毀之
相二
壬一明信者之得
壬二明毀者之失

辛一就本時雙標兩人名

最初威音王如來、既已滅度．正法滅後．於像法中．增
上慢比丘有大勢力。爾時有一菩薩比丘、名常不輕．

壬一明信者之得

得大勢以何因緣、名常不輕．是比丘、凡有所見若比
丘、比丘尼、優婆塞、優婆夷．皆悉禮拜讚歎、而作是言．
我深敬汝等．不敢輕慢。所以者何。汝等皆行菩薩道．
當得作佛。而是比丘、不專讀誦經典．但行禮拜．乃至
遠見四眾．亦復故往禮拜讚歎、而作是言．我不敢輕

壬二明毀者之失

於汝等．汝等皆當作佛。四眾之中．有生瞋恚、心不淨
者．惡口罵詈言、是無智比丘、從何所來．自言我不輕

辛三雙明信毀果報二
壬一明信者果報
壬二明毀者果報
壬一明信者果報二
癸一明果報

汝.而予我等授記.當得作佛.我等不用如是虛妄授記。如此經歷多年.常被罵詈.不生瞋恚.常作是言.汝當作佛。說是語時.眾人或以杖木瓦石而打擲之.避走遠住.猶高聲唱言.我不敢輕於汝等.汝等皆當作佛。以其常作是語故.增上慢比丘、比丘尼、優婆塞、優婆夷.號之爲常不輕。癸一明果報是比丘、臨欲終時.於虛空中.具聞威音王佛、先所說法華經二十千萬億偈.悉能受持.即得如上眼根清淨、耳鼻舌身意根清淨。得是六根清淨已。更增壽命二百萬億那由它歲.廣爲人說是法華經。於時增上慢四衆、比丘、比丘尼、優婆塞、優婆夷、輕賤是人、爲作不輕名者、見其得大神通力、樂說辯力、大善寂力、聞其所說、皆信伏隨從。是菩薩復化千萬億衆、令住阿耨多羅三藐三菩提。命終之後、得值二千億佛、皆號日月燈明、於其法中、說是法華經。以是因緣、復值二千億佛、同號雲自在燈王、於此諸佛法中、受持讀誦、爲諸四衆說此經典、故得是常眼清淨、耳鼻舌身意諸根清淨、於四衆中說法、心無所畏。得大勢、是常不輕菩薩摩訶薩、供養如是若干

癸二結會古今

壬二明毀者果報

二

癸一明果報

諸佛。恭敬、尊重、讚歎、種諸善根。於後復値千萬億佛。亦於諸佛法中、說是經典、功德成就。當得作佛。（癸二結會古今）得大勢。於意云何。爾時常不輕菩薩、豈異人乎。則我身是。若我於宿世、不受持讀誦此經、爲他人說者。不能疾得阿耨多羅三藐三菩提。我於先佛所、受持讀誦此經、爲人說故。疾得阿耨多羅三藐三菩提。（癸二明果報）得大勢。彼時四衆、比丘、比丘尼、優婆塞、優婆夷、以瞋恚意、輕賤我故。二百億劫、常不値佛。不聞法。不見僧。千劫於阿鼻地獄受大苦惱。畢是罪已。復遇常不輕菩薩。敎化

癸二結會古今

己三勸持

戊二偈頌二
己一頌信毀果報
己二頌勸持
己一頌信毀果報二
庚一頌事本
庚二頌本事三

阿耨多羅三藐三菩提。癸二結會古今 得大勢於汝意云何。爾時四眾常輕是菩薩者、豈異人乎。今此會中、跋陀婆羅等五百菩薩。師子月等五百比丘。尼思佛等、五百優婆塞。皆於阿耨多羅三藐三菩提不退轉者是。己三勸持 得大勢。當知是法華經。大饒益諸菩薩摩訶薩。能令至於阿耨多羅三藐三菩提。是故諸菩薩摩訶薩、於如來滅後。常應受持、讀誦、解說、書寫、是經。庚一頌事本 爾時世尊欲重宣此義。而說偈言。

過去有佛。　號威音王。　神智無量。　將導一切。

辛一頌雙標兩名
辛二頌雙明信毀
辛三頌雙明果報二
壬一頌信者果報

天、人、龍神、所共供養。
辛一頌雙標兩名
是佛滅後．法欲盡時．
有一菩薩、名常不輕。時諸四眾、計著於法。
辛二頌雙明信毀
不輕菩薩、往到其所、而語之言．我不輕汝．
汝等行道．皆當作佛。諸人聞已．輕毀罵詈．
不輕菩薩、能忍受之。
壬一頌信者果報
其罪畢已．臨命終時、
得聞此經．六根清淨．神通力故．增益壽命．
復爲諸人、廣說是經。諸著法眾．皆蒙菩薩
教化成就、令住佛道。不輕命終．值無數佛．
說是經故．得無量福．漸具功德．疾成佛道。

壬二頌毀者果報

己二頌勸持

彼時不輕。則我身是。壬二頌毀者果報 時四部眾、著法之者。
聞不輕言、汝當作佛。以是因緣、値無數佛。
此會菩薩、五百之眾。幷及四部、清信士女。
今於我前、聽法者是。我於前世、勸是諸人、
聽受斯經、第一之法。開示教人、令住涅槃。
世世受持、如是經典。己二頌勸持 億億萬劫、至不可議。
時乃得聞、是法華經。億億萬劫、至不可議。
諸佛世尊、時說是經。是故行者、於佛滅後。
聞如是經、勿生疑惑。應當一心、廣說此經。

甲三流通迹本兩門三
乙一神力囑累兩品明付囑流通
乙二藥王下五品約化他勸流通
乙三普賢勸發品約自行勸流通
乙一明付囑流通二
丙一神力品明菩薩受命宏經
丙二囑累品明如來摩頂付囑
丙一明菩薩受命宏經二

世世值佛。疾成佛道。

妙法蓮華經如來神力品第二十一

嘉讚經德發起
羣心發起流通

戊一菩薩受命

爾時千世界微塵等菩薩摩訶薩、從地涌出者。皆於佛前、一心合掌。瞻仰尊顏。而白佛言。世尊。我等於佛滅後。世尊分身所在國土、滅度之處。當廣說此經。所以者何。我等亦自欲得是眞淨大法。受持、讀誦、解說、書寫、而供養之。

己一約所對總標

爾時世尊、於文殊師利等、無量百千萬億舊住娑婆世界菩薩摩訶薩、及諸比丘、比丘尼、優婆塞、優婆夷、天龍、夜叉、乾闥婆、阿修羅、迦樓羅、緊

丁一長文
丁二偈頌
丁一長文三
戊一菩薩受命
戊二佛現神力
戊三結要勸持
戊二佛現神力二
己一約所對總標
十
己二約所表正現
庚一出舌相
庚二毛孔放光
庚三謦咳
庚四彈指
庚五地動
庚六普見大會

那羅、摩睺羅伽、人非人等。一切眾前。現大神力。庚一出舌相　庚二毛孔放光出廣長舌上至梵世。一切毛孔、放於無量無數色光。皆悉偏照十方世界。眾寶樹下、師子座上諸佛。亦復如是。出廣長舌、放無量光。釋迦牟尼佛、及寶樹下諸佛、現神力時、滿百千歲。然後還攝舌相。庚三謦咳一時謦欬。庚四彈指俱共彈指。是二音聲。偏至十方諸佛世界。庚五地動地皆六種震動。庚六普見大會其中眾生。天龍、夜叉、乾闥婆、阿修羅、迦樓羅、緊那羅、摩睺羅伽、人非人等。以佛神力故。皆見此娑婆世界、無量無邊百千萬億眾寶樹下、師子座上諸佛。及見釋

庚七空中唱聲

庚八遙歸命

庚九遙供養

迦牟尼佛、共多寶如來、在寶塔中、坐師子座。又見無量無邊百千萬億菩薩摩訶薩、及諸四眾。恭敬圍繞釋迦牟尼佛。既見是已。皆大歡喜得未曾有。庚七空中唱聲 即時諸天、於虛空中、高聲唱言。過此無量無邊百千萬億阿僧祇世界。有國、名娑婆。是中有佛、名釋迦牟尼。今為諸菩薩摩訶薩說大乘經。名妙法蓮華、教菩薩法、佛所護念。汝等當深心隨喜。亦當禮拜供養釋迦牟尼佛。庚八遙歸命 彼諸眾生、聞虛空中聲已。合掌向娑婆世界、作如是言。南無釋迦牟尼佛。南無釋迦牟尼佛。庚九遙供養 以種種華、

庚十十方通達如一佛土
戊三結要勸持四
己一稱歎付囑
己二結要付囑
己三勸奬付囑

香、瓔珞、旛蓋、及諸嚴身之具、珍寶妙物、皆共遙散娑婆世界。所散諸物、從十方來、譬如雲集、變成寶帳、徧覆此間諸佛之上。（庚十十方通達如一佛土）於時十方世界通達無礙、如一佛土。（己一稱歎付囑）爾時佛告上行等菩薩大衆、諸佛神力、如是無量無邊、不可思議、若我以是神力、於無量無邊百千萬億阿僧祇劫、爲囑累故、說此經功德、猶不能盡。（己二結要付囑）以要言之、如來一切所有之法、如來一切自在神力、如來一切祕要之藏、如來一切甚深之事、皆於此經、宣示顯說。（己三勸奬付囑）是故汝等於如來滅後、應一心受持、讀誦、解說、

己四釋付囑

丁二偈頌二
戊一頌神力

書寫。如說修行。所在國土。若有受持、讀誦、解說、書寫、如說修行。若經卷所住之處。若於園中。若於林中。若於樹下。若於僧坊。若白衣舍。若在殿堂。若山谷曠野。是中皆應起塔供養。所以者何。當知是處、即是道場。諸佛於此、得阿耨多羅三藐三菩提。諸佛於此、轉於法輪。諸佛於此、而般涅槃。爾時世尊欲重宣此義。而說偈言。

諸佛救世者。住於大神通。爲悅衆生故。
現無量神力。舌相至梵天。身放無數光。

戊二頌結要勸持　三
己一頌稱歎
己二頌結要即兼得釋付囑意
己三頌勸獎
四〃
己二頌結要兼釋
庚一頌一切法
庚二頌自在神力

爲求佛道者、現此希有事。諸佛謦欬聲、
及彈指之聲、周聞十方國。地皆六種動。
以佛滅度後、能持是經故。諸佛皆歡喜。
現無量神力。己一頌稱歎囑累是經故。讚美受持者。
於無量劫中、猶故不能盡。是人之功德。
庚一頌一切法無邊無有窮。如十方虛空。不可得邊際。
能持是經者。則爲已見我。亦見多寶佛、
庚二頌自在神力及諸分身者。又見我今日、教化諸菩薩。
能持是經者。令我及分身、滅度多寶佛。

庚三頌秘要之藏

庚四頌甚深之事

己三頌勸奬

一切皆歡喜。十方現在佛、并過去未來。

亦見、亦供養。亦令得歡喜。（庚三頌秘要之藏）諸佛坐道場、

所得祕要法。能持是經者。不久亦當得。

（庚四頌甚深之事）能持是經者。於諸法之義、名字、及言辭。

樂說無窮盡。如風於空中。一切無障礙。

於如來滅後。知佛所說經。因緣及次第。

隨義如實說。如日月光明。能除諸幽冥。

斯人行世間。（己三頌勸奬）能滅衆生闇。教無量菩薩、

畢竟住一乘。是故有智者、聞此功德利。

22 囑累品
三八五頁上來
丙二明如來摩頂付囑二
丁一付囑
丁二歡喜
丁一付囑三
戊一如來付囑
戊二菩薩領受
戊三事畢唱散
戊一如來付囑三
己一正付

於我滅度後。應受持斯經。是人於佛道。
決定無有疑。

妙法蓮華經囑累品第二十二

傳續妙法利達無窮付授流通

己一正付

爾時釋迦牟尼佛從法座起。現大神力。以右手摩無量菩薩摩訶薩頂。而作是言。我於無量百千萬億阿僧祇劫、修習是難得阿耨多羅三藐三菩提法。今以付囑汝等。汝等應當一心流布此法。廣令增益。如是三摩諸菩薩摩訶薩頂、而作是言。我於無量百千萬億阿僧祇劫、修習是難得阿耨多羅三藐三菩提法。

己二釋付

己三誡付

戊二菩薩領受

今以付囑汝等．汝等當受持、讀誦、廣宣此法．令一切眾生、普得聞知。己二釋付所以者何。如來有大慈悲．無諸慳吝．亦無所畏．能予眾生、佛之智慧、如來智慧、自然智慧．如來是一切眾生之大施主。汝等亦應隨學如來之法．勿生慳吝．己三誡付於未來世．若有善男子、善女人、信如來智慧者．當爲演說此法華經．使得聞知．爲令其人得佛慧故。若有眾生不信受者．當於如來餘深法中、示教利喜．汝等若能如是．則爲已報諸佛之恩。戊二菩薩領受時諸菩薩摩訶薩、聞佛作是說已．皆大歡喜、徧滿其身．益加

戊三、事畢唱散

丁二歡喜

恭敬．屈躬、低頭、合掌向佛．俱發聲言．如世尊敕．當俱奉行．唯、然．世尊．願不有慮。諸菩薩摩訶薩眾．如是三反、俱發聲言．如世尊敕．當俱奉行．唯、然．世尊．願不有慮。戊三事畢唱散爾時釋迦牟尼佛令十方來諸分身佛、各還本土．而作是言．諸佛各隨所安．多寶佛塔、還可如故。丁二歡喜說是語時．十方無量分身諸佛、坐寶樹下師子座上者．及多寶佛．并上行等無邊阿僧祇菩薩大眾．舍利弗等聲聞四眾．及一切世間、天、人、阿修羅等．聞佛所說．皆大歡喜。

藥王菩薩本事品

三八五頁上來

乙二藥王下五品約化他勸流通四

丙一藥王品勗宏法之師

丙二妙音觀音二品勗受法弟子

丙三陀羅尼品是明呪護

丙四妙莊嚴品是明人護

丙一勗宏法之師四

丁一問

丁二答

丁三利益

丁四多寶稱善

丁二答二

戊一但答苦行遊化則指普現色身三昧或

妙法蓮華經藥王菩薩本事品第二十三

以苦行成圓通之德苦行流通

丁一問

爾時宿王華菩薩、白佛言世尊。藥王菩薩、云何游於娑婆世界。世尊。是藥王菩薩、有若干百千萬億那由它難行苦行。善哉、世尊。願少解說。諸天、龍神、夜叉、乾闥婆、阿修羅、迦樓羅、緊那羅、摩睺羅伽、人非人、等。又他國土、諸來菩薩。及此聲聞眾。聞皆歡喜。

己一明事本

爾時佛告宿王華菩薩。乃往過去無量恆河沙劫。有佛、號日月淨明德如來、應供、正偏知、明行足、善逝世間解、無上士、調御丈夫天人師、佛、世尊。其佛有八十億大菩薩

指下二品也
戊二歎經
戊一但答苦行二
己一明事本

己二明本事三
庚一佛說法
庚二修供養
庚三結會古今
庚二修供養二
辛一現生供養
辛二次生供養
辛一現生供養二

摩訶薩。七十二恆河沙大聲聞衆。佛壽四萬二千劫。菩薩壽命亦等。彼國無有女人、地獄、餓鬼、畜生、阿修羅、等。及以諸難。地平如掌。琉璃所成。寶樹莊嚴。寶帳覆上。垂寶華旛。寶瓶香爐、周徧國界。七寶爲臺。一樹一臺。其樹去臺、盡一箭道。此諸寶樹。皆有菩薩、聲聞、而坐其下。諸寶臺上。各有百億諸天、作天技樂。歌歎於佛。以爲供養。（庚一佛說法）爾時彼佛爲一切衆生喜見菩薩、及衆菩薩、諸聲聞衆、說法華經。（壬一修行得法）是一切衆生喜見菩薩。樂習苦行。於日月淨明德佛法中、精進經行。一心求

壬一修行得法
壬二作念報恩二
癸一三昧力供養

癸二燒身供養三
子一燒身

佛、滿萬二千歲已。得現一切色身三昧。（癸一三昧力供養）得此三昧已。心大歡喜。即作念言。我得現一切色身三昧。皆是得聞法華經力。我今當供養日月淨明德佛、及法華經。即時入是三昧。於虛空中、雨曼陀羅華、摩訶曼陀羅華、細末堅黑栴檀。滿虛空中、如雲而下。又雨海此岸栴檀之香。此香六銖、價值娑婆世界。以供養佛。（子一燒身）作是供養已。從三昧起。而自念言。我雖以神力供養於佛。不如以身供養。即服諸香栴檀、薰陸、兜樓婆、畢力迦、沈水、膠香。又飲瞻蔔諸華香油。滿千二百歲已。香油

子二佛讚

子三時節

辛二次生供養五
壬一生王家

塗身。於日月淨明德佛前、以天寶衣而自纏身。灌諸香油。以神通力願、而自然身。光明徧照八十億恆河沙世界。（子二佛讚）其中諸佛、同時讚言。善哉善哉。善男子。是眞精進。是名眞法供養如來。若以華、香、瓔珞、燒香、末香、塗香、天繒、旛蓋、及海此岸栴檀之香、如是等種種諸物供養。所不能及。假使國城、妻子、布施。亦所不及。善男子。是名第一之施。於諸施中、最尊最上。以法供養諸如來故。作是語已。而各默然。（子三時節）其身火然、千二百歲。過是已後。其身乃盡。（壬一生王家）一切眾生喜見菩薩、作如是法

壬二說本事

壬三往佛所

供養已。命終之後。復生日月淨明德佛國中。於淨德王家、結跏趺坐。忽然化生。（壬二說本事）即爲其父而說偈言。

大王今當知。我經行彼處。即時得一切。
現諸身三昧。勤行大精進。捨所愛之身。
供養於世尊、爲求無上慧。

說是偈已。而白父言。日月淨明德佛、今故現在。我先供養佛已。得解一切衆生語言陀羅尼。復聞是法華經八百千萬億那由它、甄迦羅、頻婆羅、阿閦婆、等偈。大王。我今當還供養此佛。（壬三往佛所）白已即坐七寶之臺。上升

壬四如來付囑

虛空．高七多羅樹．往到佛所．頭面禮足．合十指爪．以偈讚佛．

容顏甚奇妙．　光明照十方．　我適曾供養．
今復還親覲。

爾時一切眾生喜見菩薩說是偈已．而白佛言．世尊．世尊猶故在世。

壬四如來付囑

爾時日月淨明德佛、告一切眾生喜見菩薩．善男子．我涅槃時到．滅盡時至．汝可安施牀座．我於今夜、當般涅槃。又敕一切眾生喜見菩薩．善男子．我以佛法、囑累於汝、及諸菩薩、大弟子．幷阿耨

壬五奉命任持四
癸一起塔
癸二燒臂

多羅三藐三菩提法、亦以三千大千七寶世界、諸寶樹、寶臺、及給侍諸天、悉付於汝、我滅度後、所有舍利、亦付囑汝、當令流布、廣設供養、應起若干千塔。如是日月淨明德佛、勅一切眾生喜見菩薩已、於夜後分、入於涅槃。（癸一起塔）爾時一切眾生喜見菩薩見佛滅度、悲感、懊惱、戀慕於佛、即以海此岸栴檀爲積、供養佛身、而以燒之。火滅已後、收取舍利、作八萬四千寶瓶、以起八萬四千塔、高三世界、表剎莊嚴、垂諸旛蓋、懸眾寶鈴。（癸二燒臂）爾時一切眾生喜見菩薩復自念言、我雖作是供養。心猶未足。我今當更供養舍利。便語諸菩薩大弟子、及天龍、夜叉等、一切大眾。汝等當一心念。我今供養日月淨明德佛舍利。作是語已。即於八萬四千塔前。然百福莊嚴臂七萬二千歲、而以供養。

癸三利益

令無數求聲聞眾、無量阿僧祇人、發阿耨多羅三藐三菩提心。皆使得住現一切色身三昧。

癸四現報

爾時諸菩薩、天、人、阿修羅、等。見其無臂。憂惱悲哀、而作是言。此一切眾生喜見菩薩。是我等師。教化我者。而今燒臂。身不具足。於時一切眾生喜見菩薩、於大眾中、立此誓言。我捨兩

庚三結會古今二
辛一結會

辛二勸修

戊二歎經三
己一歎能持人

臂。必當得佛金色之身。若實不虛。令我兩臂還復如故。作是誓已。自然還復。由斯菩薩福德智慧淳厚所致。當爾之時。三千大千世界、六種震動。天雨寶華。一切人天、得未曾有。

辛一結會

佛告宿王華菩薩。於汝意云何。一切眾生喜見菩薩。豈異人乎。今藥王菩薩是也。其所捨身布施。如是無量百千萬億那由它數。

辛二勸修

宿王華。若有發心欲得阿耨多羅三藐三菩提者。能然手指、乃至足一指、供養佛塔。勝以國城妻子、及三千大千國土山林河池、諸珍寶物、而供養者。

己一歎能持人

若復有人。以七寶

己二歎所持法
己三明持經福深

己二歎所持法二
庚一歎法體

滿三千大千世界。供養於佛、及大菩薩、辟支佛、阿羅漢。是人所得功德。不如受持此法華經、乃至一四句偈。其福最多。宿王華。

庚一歎法體

譬如一切川流江河。諸水之中。海爲第一。此法華經、亦復如是。於諸如來所說經中。最爲深大。又如土山、黑山、小鐵圍山、大鐵圍山、及十寶山。衆山之中。須彌山爲第一。此法華經、亦復如是。於諸經中、最爲其上。又如衆星之中。月天子最爲第一。此法華經、亦復如是。於千萬億種諸經法中、最爲照明。又如日天子能除諸闇。此經亦復如是。能破一切不善之闇。又如諸小王中。轉輪聖王最爲第一。此經亦復如是。於諸經中、最爲其尊。又如帝釋、於三十三天中王。此經亦復如是。諸經中王。又如大梵天王、一切衆生之父。此經亦復如是。一切賢聖、學、無學、及發菩薩心者之父。又如一切凡夫人中。須陀洹、斯陀含、阿那含、阿羅漢、辟支佛、爲第一。此經亦復如是。一切如來所說、若菩薩所說、若聲聞所說、諸經法中。最爲第一。有能受持是經典者。亦復如是。於一切衆生中、亦爲第一。一切聲聞辟支佛中。菩薩爲第一。此經

庚二歎法用

己三明持經福深二

庚一明持全經福

亦復如是．於一切諸經法中、最爲第一。如佛爲諸法王．此經亦復如是．諸經中王。宿王華．（庚二歎法用）此經能救一切眾生者．此經能令一切眾生離諸苦惱．此經能大饒益一切眾生．充滿其願。如清涼池、能滿一切諸渴乏者．如寒者得火．如裸者得衣．如商人得主．如子得母．如渡得船．如病得醫．如闇得燈．如貧得寶．如民得王．如賈客得海．如炬除闇．此法華經亦復如是．能令眾生離一切苦、一切病痛．能解一切生死之縛。（庚一明持全經福）若人得聞此法華經．若自書．若使人書．所得功德．以佛智慧、

庚二明持此品福
二
辛一格量

籌量多少．不得其邊。若書是經卷．華、香、瓔珞、燒香、末香、塗香．旛蓋、衣服．種種之燈．酥燈、油燈、諸香油燈、薝蔔油燈、須曼那油燈、波羅羅油燈、婆利師迦油燈、那婆摩利油燈、供養．所得功德．亦復無量。（辛一格量）宿王華．若有人聞是藥王菩薩本事品者．亦得無量無邊功德。若有女人、聞是藥王菩薩本事品．能受持者．盡是女身．後不復受。若如來滅後、後五百歲中．若有女人、聞是經典．如說修行．於此命終．即往安樂世界阿彌陀佛、大菩薩眾．圍繞住處．生蓮華中寶座之上．不復爲貪

欲所惱．亦復不爲瞋恚愚癡所惱．亦復不爲憍慢嫉
妒諸垢所惱．得菩薩神通、無生法忍。得是忍已．眼根
清淨．以是清淨眼根．見七百萬二千億那由它恆河
沙等諸佛如來。是時諸佛遙共讚言．善哉、善哉．善男
子．汝能於釋迦牟尼佛法中、受持讀誦思惟是經．爲
他人說．所得福德、無量無邊．火不能燒．水不能漂．汝
之功德．千佛共說、不能令盡。汝今已能破諸魔賊．壞
生死軍．諸餘怨敵、皆悉摧滅。善男子．百千諸佛．以神
通力、共守護汝．於一切世間、天人之中．無如汝者．惟

除如來、其諸聲聞、辟支佛、乃至菩薩、智慧禪定、無有與汝等者。宿王華、此菩薩成就如是功德智慧之力。若有人聞是藥王菩薩本事品、能隨喜讚善者、是人現世、口中常出青蓮華香、身毛孔中常出牛頭栴檀之香、所得功德、如上所說。

辛二囑累

是故宿王華、以此藥王菩薩本事品、囑累於汝。我滅度後、後五百歲中、廣宣流布於閻浮提、無令斷絕。惡魔魔民、諸天龍、夜叉、鳩槃荼等、得其便也。宿王華、汝當以神通之力、守護是經。所以者何。此經則爲閻浮提人、病之良藥、若人有病、

丁三利益

丁四多寶稱善

得聞是經、病即消滅、不老不死。宿王華、汝若見有受持是經者、應以青蓮華、盛滿末香、供散其上、散已、作是念言、此人不久、必當取草坐於道場、破諸魔軍、當吹法螺、擊大法鼓、度脫一切眾生、老病死海。是故求佛道者、見有受持是經典人、應當如是生恭敬心。（丁三利益）說是藥王菩薩本事品時、八萬四千菩薩、得解一切眾生語言陀羅尼。（丁四多寶稱善）多寶如來、於寶塔中、讚宿王華菩薩言、善哉善哉、宿王華、汝成就不可思議功德、乃能問釋迦牟尼佛如此之事、利益無量一切眾生。

妙法蓮華經冠科卷第六

彌勒啟問。較量經因。六根清淨見天眞。不輕禮常存。爲法然身。供養淨明尊。

南無法華會上佛菩薩 三稱

音釋

隨喜品 須陀洹 此云入流預入聖人之流也 斯陀含 此云一來更來欲界一度受生 阿那含 此云不來不來欲界受生也 胗 章忍切口瘡也 咼 苦懐切口戾也 匾㔸 下他兮切薄也 窊 烏瓜切不正也

法師功德品 彌樓 此云光即七金山之一 迦陵頻伽 此云好音鳥 命命 即共命鳥也報同識異 索闍提 此云金錢 末利 亦云摩利此云柰又云鬘 波羅羅 此云熏花 多摩羅跋 此云賢無垢 多伽羅 此云木香 拘鞞陀羅 此云大游戲地樹 波利質多羅 即帝釋殿前圓生樹

如來神力品 謦欬

（上去頂切下音慨郎咳聲也）

藥王品

銖（音殊二十四銖為一兩）薰陸（乳香）兜樓婆（香草）畢力迦（丁香）膠香（松香）甄迦羅（即俱舍論五十大數中第十六數也）頻婆羅（即俱舍第十八數也）阿閦婆（即俱舍第二十數也）積（子智切）裸（音羅）婆利師迦（此云夏生花）那婆（此云雜花）摩利（即前末利）

持驗記

◉宋慶曆間。歐陽文忠公修知潁州。有官妓盧媚。姿貌端秀。口中嘗作蓮華香。散越滿座。有蜀僧頗知人生前事。云此女前身嘗為尼。誦法華經三十年。一念之誤。遂至於此。公問妓曰。曾讀法華經否。曰某失身於此。所不暇也。公命取經示之。一覽輒誦。如素習者。易以他經。則不能也。公於是始信修種之言不妄。

◉明天台山佛隴眞稔法師。宣講法華經四十餘年。所得香金。重建眞覺寺佛殿僧房。普願師友弟子。同生兜率天宮。一日晃見天人。執旛語曰。法師所願果耶。遂沐浴更衣。端坐而逝。

◉明武林西溪釋傳記。鄞水人。世稱法華和尚。為妙峯高弟。性好獨居晦迹。西溪隱身龍樹。三十餘載。日誦法華為業課。及九千七百餘部。萬曆丙戌。虞司勳淳熙舉法華三昧懺。師奮志忘疲。力修長期者三。九歷寒暑。每獲瑞應。默而不言。後息禮誦。於西溪道上。肩水負薪。行諸佛事。或曰。和尚猶作此有為功德。師厲聲曰。無為豈在有為外乎。癸丑七月。辭諸弟子。念佛及三千聲。唱妙法華經題者數四。面西合掌而逝。次早頂門猶煖。異香久之方歇。

24妙音菩薩品
卷六三九五頁
上來
丙二勗受法弟子
二
丁一妙音品
丁二普門品
丁一妙音品六
戊一放光東召
戊二奉命西來
戊三十方宏經
戊四二土得益
戊五還歸本國
戊六聞品進道

妙法蓮華經冠科卷第七

姚秦三藏法師鳩摩羅什奉詔譯

明古吳蕅益智旭科

妙法蓮華經妙音菩薩品第二十四

以妙行成實相之德妙行流通

戊一放光東召

爾時釋迦牟尼佛放大人相、肉髻光明。及放眉間白毫相光。徧照東方百八萬億那由它恒河沙等諸佛世界。過是數已。有世界、名淨光莊嚴。其國有佛。號淨華宿王智如來、應供、正徧知、明行足、善逝世間解、無上士、調御丈夫、天人師、佛、世尊。為無量無邊菩薩大

戊二奉命西來二
己一發來之緣
己二正明發來
己一發來之緣五
庚一經家敘德
庚二被照辭佛

衆恭敬圍繞、而爲說法。釋迦牟尼佛白毫光明徧照其國。庚一經家敘爾時一切淨光莊嚴國中有一菩薩、名曰妙音。久已植衆德本。供養親近無量百千萬億諸佛。而悉成就甚深智慧。得妙幢相三昧、法華三昧、淨德三昧、宿王戲三昧、無緣三昧、智印三昧、解一切衆生語言三昧、集一切功德三昧、淸淨三昧、神通游戲三昧、慧炬三昧、莊嚴王三昧、淨光明三昧、淨藏三昧、不共三昧、日旋三昧、得如是等百千萬億恆河沙等諸大三昧。庚二被照辭佛釋迦牟尼佛光照其身。即白淨華宿王智佛言。世

庚四菩薩受旨

庚三彼佛寄誡

尊。我當往詣娑婆世界。禮拜、親近、供養、釋迦牟尼佛。
及見文殊師利法王子菩薩、藥王菩薩、勇施菩薩、宿
王華菩薩、上行意菩薩、莊嚴王菩薩、藥上菩薩。（庚三彼佛寄誡）爾時
淨華宿王智佛告妙音菩薩。汝莫輕彼國。生下劣想。
善男子。彼娑婆世界。高下不平。土石諸山、穢惡充滿。
佛身卑小。諸菩薩衆、其形亦小。而汝身四萬二千由
旬。我身六百八十萬由旬。汝身第一端正。百千萬福、
光明殊妙。是故汝往、莫輕彼國、若佛菩薩、及國土。生
下劣想。（庚四菩薩受旨）妙音菩薩白其佛言世尊。我今詣娑婆世界。

庚五先現來相六

辛一遣蓮華

辛二文殊問

辛三釋迦答

皆是如來之力。如來神通游戲。如來功德智慧莊嚴。

辛一遣蓮華

於是妙音菩薩不起於座。身不動搖。而入三昧。以三昧力。於耆闍崛山、去法座不遠。化作八萬四千衆寶蓮華。閻浮檀金爲莖。白銀爲葉。金剛爲鬚。甄叔迦寶以爲其臺。

辛二文殊問

爾時文殊師利法王子、見是蓮華。而白佛言。世尊。是何因緣。先現此瑞。有若干千萬蓮華。閻浮檀金爲莖。白銀爲葉。金剛爲鬚。甄叔迦寶以爲其臺。

辛三釋迦答

爾時釋迦牟尼佛告文殊師利。是妙音菩薩摩訶薩。欲從淨華宿王智佛國。與八萬四千菩薩、圍繞而來。

辛四文殊請見
辛五釋迦推功多寶
辛六多寶命來
己二正明發來七
庚一與眷屬經歷

至此娑婆世界、供養、親近、禮拜、於我、亦欲供養、聽法華經。（辛四文殊請見）文殊師利白佛言、世尊、是菩薩種何善本、修何功德、而能有是大神通力。行何三昧、願爲我等說是三昧名字、我等亦欲勤修行之、行此三昧、乃能見是菩薩色相大小、威儀進止。惟願世尊以神通力、彼菩薩來、令我得見。（辛五釋迦推功多寶）爾時釋迦牟尼佛告文殊師利、此久滅度多寶如來、當爲汝等而現其相。（辛六多寶命來）時多寶佛告彼菩薩、善男子來、文殊師利法王子欲見汝身。（庚一與眷屬經歷）於時妙音菩薩於彼國沒、與八萬四千菩薩、俱共發來、所經

庚二敍相登臺

庚三問訊傳旨

諸國。六種震動。皆悉雨於七寶蓮華。百千天樂。不鼓自鳴。（庚二敍相登臺、）是菩薩目如廣大青蓮華葉。正使和合百千萬月。其面貌端正、復過於此。身眞金色。無量百千功德莊嚴。威德熾盛。光明照曜。諸相具足。如那羅延堅固之身。入七寶臺。上升虛空。去地七多羅樹。諸菩薩衆恭敬圍繞、而來詣此娑婆世界耆闍崛山。（庚三問訊、傳旨）到已下七寶臺。以價直百千瓔珞、持至釋迦牟尼佛所。頭面禮足。奉上瓔珞。而白佛言。世尊。淨華宿王智佛問訊世尊。少病、少惱。起居輕利。安樂行否。四大調和否。世事

庚四請見多寶
庚五釋迦爲通
庚六塔中稱善
庚七問答往因二
辛一問

可忍否、衆生易度否、無多貪欲、瞋恚、愚癡、嫉妒、慳、慢、否、無不孝父母、不敬沙門、邪見、不善心、不攝五情否、世尊、衆生能降伏諸魔怨否、久滅度多寶如來在七寶塔中、來聽法否、又問訊多寶如來、安隱、少惱、堪忍久住否、世尊、我今欲見多寶佛身、惟願世尊示我、令見。庚四請見多寶 爾時釋迦牟尼佛語多寶佛、是妙音菩薩欲得相見。庚五釋迦爲通 時多寶佛告妙音言、善哉、善哉、汝能爲供養釋迦牟尼佛、及聽法華經、幷見文殊師利等、故來至此。庚六塔中稱善 辛一問 爾時華德菩薩白佛言、世尊、是妙音菩薩、種何善根、修

辛二答

戊三十方宏經二
己一正明現身說法

何功德。有是神力。辛二答佛告華德菩薩。過去有佛。名雲雷音王多陀阿伽度、阿羅訶、三藐三佛陀。國名現一切世間。劫名喜見。妙音菩薩於萬二千歲。以十萬種技樂、供養雲雷音王佛。幷奉上八萬四千七寶鉢。以是因緣果報。今生淨華宿王智佛國。有是神力。華德。於汝意云何。爾時雲雷音王佛所、妙音菩薩。技樂供養、奉上寶器者。豈異人乎。今此妙音菩薩摩訶薩是。華德。是妙音菩薩。已曾供養親近無量諸佛。久植德本。又値恆河沙等百千萬億那由它佛。己一正明・現身說法華德。汝但見妙

音菩薩、其身在此。而是菩薩、現種種身。處處爲諸衆
生說是經典。或現梵王身。或現帝釋身。或現自在天
身。或現大自在天身。或現天大將軍身。或現毘沙門
天王身。或現轉輪聖王身。或現諸小王身。或現長者
身。或現居士身。或現宰官身。或現婆羅門身。或現比
丘、比丘尼、優婆塞、優婆夷身。或現長者居士婦女身。
或現宰官婦女身。或現婆羅門婦女身。或現童男童
女身。或現天龍、夜叉、乾闥婆、阿修羅、迦樓羅、緊那羅、
摩睺羅伽、人非人等身。而說是經。諸有地獄、餓鬼、畜

生、及眾難處。皆能救濟。乃至於王後宮。變爲女身、而說是經。華德。是妙音菩薩。能救護娑婆世界諸眾生者。是妙音菩薩如是種種變化現身。在此娑婆國土。爲諸眾生說是經典。於神通、變化、智慧、無所損減。是菩薩。以若干智慧、明照娑婆世界。令一切眾生、各得所知。於十方恆河沙世界中。亦復如是。若應以聲聞形得度者。現聲聞形而爲說法。應以辟支佛形得度者。現辟支佛形而爲說法。應以菩薩形得度者。現菩薩形而爲說法。應以佛形得度者。即現佛形而爲說

己二問答所住三昧二
庚一問
庚二答
戊四二土得益
戊五還歸本國

法。如是種種、隨所應度而爲現形。乃至應以滅度而得度者。示現滅度。華德。妙音菩薩摩訶薩、成就大神通智慧之力。其事如是。（庚一問）爾時華德菩薩白佛言。世尊。是妙音菩薩、深種善根。世尊。是菩薩、住何三昧。而能如是在所變現度脫衆生。（庚二答）佛告華德菩薩。善男子。其三昧、名現一切色身。妙音菩薩住是三昧中。能如是饒益無量衆生。（戊四二土得益）說是妙音菩薩品時。與妙音菩薩俱來者八萬四千人。皆得現一切色身三昧。此娑婆世界無量菩薩。亦得是三昧、及陀羅尼。（戊五還歸本國）爾時妙音菩薩

戊六聞品進道

摩訶薩供養釋迦牟尼佛、及多寶佛塔已。還歸本土。所經諸國。六種震動。雨寶蓮華。作百千萬億種種技樂。既到本國。與八萬四千菩薩、圍繞至淨華宿王智佛所。白佛言。世尊。我到娑婆世界、饒益眾生。見釋迦牟尼佛、及見多寶佛塔。禮拜、供養。又見文殊師利法王子菩薩。及見藥王菩薩、得勤精進力菩薩、勇施菩薩等。亦令是八萬四千菩薩、得現一切色身三昧。

戊六 聞品進道

說是妙音菩薩來往品時。四萬二千天子、得無生法忍。華德菩薩、得法華三昧。

四一三頁上來
丁二普門品二
戊一問答
戊二聞品功德
戊一問答二
己一長文
己二偈頌
己一長文有兩番
問答
庚一初番
庚二次番
庚一初番二
辛一問
辛二答三
壬一總答
壬二別答
壬三勸持名答
壬二別答三
癸一約口業機明
應
癸二約意業機明
應

妙法蓮華經觀世音菩薩普門品第二十五（以圓行成最上之德圓行流通）

（辛一問）爾時無盡意菩薩、即從座起。偏袒右肩、合掌向佛、而作是言。世尊。觀世音菩薩、以何因緣、名觀世音。（壬一總答）佛告無盡意菩薩。善男子。若有無量百千萬億衆生、受諸苦惱。聞是觀世音菩薩。（丑一火難）一心稱名。觀世音菩薩即時觀其音聲。皆得解脫。若有持是觀世音菩薩名者。設入大火。火不能燒。由是菩薩威神力故。（丑二水難）若爲大水所漂。稱其名號。即得淺處。（丑三羅刹難）若有百千萬億衆生。爲求金、銀、琉璃、硨磲、碼碯、珊瑚、琥珀、眞珠、等寶。入於大海。假

癸三約身業機明應
癸一約口業機明應二
子一明七難
子二結歎
子一明七難七
丑一火難
丑二水難
丑三羅剎難
丑四刀杖難
丑五鬼難
丑六枷鎖難
丑七怨賊難

使黑風吹其船舫、飄墮羅剎鬼國。其中若有乃至一人、稱觀世音菩薩名者。是諸人等、皆得解脫羅剎之難。以是因緣、名觀世音。（丑四刀杖難）若復有人、臨當被害。稱觀世音菩薩名者。彼所執刀杖、尋段段壞。而得解脫。（丑五鬼難）若三千大千國土、滿中夜叉、羅剎。欲來惱人。聞其稱觀世音菩薩名者。是諸惡鬼、尚不能以惡眼視之。況復加害。（丑六枷鎖難）設復有人、若有罪、若無罪。杻械、枷鎖、檢繫其身。稱觀世音菩薩名者。皆悉斷壞。即得解脫。（丑七怨賊難）若三千大千國土、滿中怨賊。有一商主、將諸商人、齎持重寶、經過

子二結歎
癸二約意業機明　應二
子一明三毒
子二結歎

險路。其中一人、作是唱言。諸善男子、勿得恐怖。汝等應當一心稱觀世音菩薩名號。是菩薩能以無畏施於衆生。汝等若稱名者。於此怨賊、當得解脫。衆商人聞。俱發聲言、南無觀世音菩薩。稱其名故。即得解脫。（子二結歎）無盡意。觀世音菩薩摩訶薩威神之力、巍巍如是。（子一明三毒）若有衆生、多於淫欲。常念恭敬觀世音菩薩。便得離欲。若多瞋恚。常念恭敬觀世音菩薩。便得離瞋。若多愚癡。常念恭敬觀世音菩薩。便得離癡。（子二結歎）無盡意。觀世音菩薩、有如是等大威神力。多所饒益。是故衆生、常應

癸三約身業機明應二
子一明二求
子二結歎
壬三勸持名答三
癸一勸持
癸二格量

心念。（子一明二求）若有女人、設欲求男、禮拜供養觀世音菩薩、便生福德智慧之男、設欲求女、便生端正有相之女、宿植德本、衆人愛敬。（子二結歎）無盡意、觀世音菩薩有如是力、若有衆生、恭敬禮拜觀世音菩薩、福不唐捐、（癸一勸持）是故衆生皆應受持觀世音菩薩名號。（癸二格量）無盡意、若有人、受持六十二億恒河沙菩薩名字、復盡形供養飲食衣服臥具醫藥、於汝意云何、是善男子、善女人、功德多否。無盡意言、甚多世尊。佛言、若復有人、受持觀世音菩薩名號、乃至一時禮拜、供養、是二人福正等無異、於百

癸三結歎
庚二次番二
辛一問
辛二答三
壬一別答

千萬億劫、不可窮盡。無盡意。（癸三結歎）受持觀世音菩薩名號。得如是無量無邊福德之利。（辛一問）無盡意菩薩白佛言。世尊。觀世音菩薩、云何游此娑婆世界。云何而爲衆生說法。方便之力。其事云何。（壬一別答）佛告無盡意菩薩。善男子。若有國土衆生、應以佛身得度者。觀世音菩薩即現佛身而爲說法。應以辟支佛身得度者。即現辟支佛身而爲說法。應以聲聞身得度者。即現聲聞身而爲說法。應以梵王身得度者。即現梵王身而爲說法。應以帝釋身得度者。即現帝釋身而爲說法。應以自在天身得度者。即現自在天身而爲說法。應以大自在天身得度者。即現大自在天身而爲說法。應以天大將軍身得度者。即現天大將軍身而爲說法。應以毘沙門身得度者。即現毘沙門身而爲說法。應以小王身得度者。即現小王身而爲說法。應以長者身得度者。即現長者身而爲說法。應以居士身得度者。即現居士身而爲說法。應以宰官身得度者。即現宰官身而爲說法。應以婆羅門身得度者。即現婆羅門身而爲說法。應以比丘、比丘尼、優婆塞、優婆夷身得度者。

即現比丘、比丘尼、優婆塞、優婆夷身而爲說法。應以長者、居士、宰官、婆羅門、婦女身得度者。即現婦女身而爲說法。應以童男、童女身得度者。即現童男、童女身而爲說法。應以天、龍、夜叉、乾闥婆、阿修羅、迦樓羅、緊那羅、摩睺羅伽、人非人等身、得度者。即皆現之而爲說法。應以執金剛神得度者。即現執金剛神而爲說法。

壬二總答

無盡意。是觀世音菩薩成就如是功德。以種種形、游諸國土。度脫衆生。

壬三勸供養二

癸一勸

是故汝等應當一心供養觀世音菩薩。是觀世音菩薩摩訶薩。於怖畏急難之中、

癸二受旨六
子一奉命
子二不受
子三重奉
子四佛勸
子五受已轉奉

能施無畏。是故此娑婆世界、皆號之爲施無畏者。（子一奉命）無盡意菩薩白佛言。世尊。我今當供養觀世音菩薩。即解頸衆寶珠瓔珞、價値百千兩金。而以予之。作是言。仁者。受此法施珍寶瓔珞。（子二不受）時觀世音菩薩不肯受之。（子三重奉）無盡意復白觀世音菩薩言。仁者。愍我等故。受此瓔珞。（子四佛勸）爾時佛告觀世音菩薩。當愍此無盡意菩薩、及四衆、天、龍、夜叉、乾闥婆、阿修羅、迦樓羅、緊那羅、摩睺羅伽、人非人等故。受是瓔珞。（子五受已轉奉）即時觀世音菩薩愍諸四衆、及於天、龍、人非人等。受其瓔珞。分作二分。一分奉

子六結歎
己二偈頌三
庚一雙頌兩問
庚二雙頌兩答
庚三雙頌兩勸
庚二雙頌兩答二
辛一加頌總歎行願
辛二別頌兩答二
壬一頌前答
壬二頌後答
壬一頌前答二
癸一頌總答

釋迦牟尼佛。一分奉多寶佛塔。子六歎結無盡意。觀世音菩薩有如是自在神力。游於娑婆世界。庚一雙頌兩問爾時無盡意菩薩以偈問曰。

世尊妙相具。我今重問彼
佛子、何因緣。名爲觀世音。
辛一加頌總歎行願具足妙相尊。偈答無盡意。
汝聽觀音行。善應諸方所。
宏誓深如海。歷劫不思議。
侍多千億佛。發大清淨願。
癸一頌總答我爲汝畧說。丑一頌第一火難聞名及見身。
心念不空過。能滅諸有苦。
假使興害意。推落大火坑。

癸二頌別答二
子一頌七難
子二頌三毒二求
子一頌七難十二
丑一頌第一火難
丑二頌第二水難
丑三加頌墮須彌難
丑四加頌墮金剛山難
丑五超頌第七寃賊難
丑六追頌第四刀杖難
丑七追頌第六枷鎖難
丑八加頌呪詛毒藥難

念彼觀音力。火坑變成池。（丑二頌第二水難）或漂流巨海。
龍魚諸鬼難。念彼觀音力。波浪不能沒。
（丑三加頌墮須彌難）或在須彌峯、爲人所推墮。念彼觀音力。
如日虛空住。（丑四加頌墮金剛山難）或被惡人逐。墮落金剛山。
念彼觀音力。不能損一毛。（丑五超頌第七寃賊難）或值怨賊繞。
各執刀加害。念彼觀音力。咸即起慈心。
（丑六追頌第四刀杖難）或遭王難苦。臨刑欲壽終。念彼觀音力。
刀尋段段壞。（丑七追頌第六枷鎖難）或囚禁枷鎖。手足被杻械。
念彼觀音力。釋然得解脫。（丑八加頌呪詛毒藥難）呪詛諸毒藥、

丑九追頌第五鬼難
丑十加頌惡獸難
丑十一加頌蛇蠍難
丑十二加頌雷雨難
子二頌三毒二求
壬二頌後答二
癸一正頌示現
癸二加頌顯機顯應
癸一正頌示現三

所欲害身者。念彼觀音力。還著於本人。
丑九追頌第五鬼難
或遇惡羅剎、毒龍諸鬼等。念彼觀音力。
時悉不敢害。
丑十加頌惡獸難
若惡獸圍繞。利牙爪可怖。
念彼觀音力。疾走無邊方。
丑十一加頌蛇蠍難
蚖蛇及蝮蠍。
氣毒煙火然。念彼觀音力。尋聲自回去。
丑十二加頌雷雨難
雲雷鼓掣電。降雹、澍大雨。念彼觀音力。
應時得消散。
子二頌三毒二求
眾生被困厄。無量苦逼身。
觀音妙智力。能救世間苦。
子一明身業普應
具足神通力。
廣修智方便。十方諸國土。無剎不現身。

子一明身業普應
子二明意業普觀
子三明口業普說
癸二加頌顯機顯應
庚三雙頌兩勸二
辛一頌前番勸持名
辛二頌後番勸供養
辛一頌前番勸持名二

種種諸惡趣。地獄、鬼、畜生。生老病死苦。
以漸悉令滅。（子二明意、業普觀）眞觀、清淨觀。廣大智慧觀。
悲觀及慈觀。常願常瞻仰。無垢清淨光、
慧日、破諸闇。能伏災風火。普明照世間。
（子三明口、業普說）悲體戒雷震。慈意、妙大雲。澍甘露、法雨。
滅除煩惱燄。（癸二加頌顯機顯應）諍訟經官處。怖畏軍陣中。
念彼觀音力。衆怨悉退散。（壬一明境、智深妙以勸常念、）妙音觀世音。
梵音、海潮音、勝彼世間音。是故須常念。
（壬二明感應難測以勸勿疑）念念勿生疑。觀世音淨聖。於苦惱死厄、

壬一明境智深妙以勸常念
壬二明感應難測以勸勿疑
辛二頌後番勸供養
戊二聞品功德二
己一持地歎證
己二經家述益

26陀羅尼品
卷六三九五頁下來
丙三明呪護四
丁一問持經功德

能爲作依怙。

辛二頌後番勸供養

具一切功德。慈眼視衆生。福聚海無量。是故應頂禮。

己一持地歎證

爾時持地菩薩即從座起。前白佛言。世尊若有衆生、聞是觀世音菩薩品、自在之業。普門示現神通力者。當知是人功德不少。

己二經家述益

佛說是普門品時衆中八萬四千衆生。皆發無等等阿耨多羅三藐三菩提心。

妙法蓮華經陀羅尼品第二十六

以神力外護助成弘護流通

丁一問持經功德

爾時藥王菩薩、即從座起。偏袒右肩。合掌向佛、而白佛言。世尊。若善男子、善女人、有能受持法華經者。若

丁二答甚多
丁三請以呪護
丁四聞品得益

丁三請以呪護五
戊一藥王
戊二勇施
戊三毘沙門
戊四持國
戊五羅剎女
戊一藥王四
己一請
己二說

讀誦通利。若書寫經卷。得幾所福。（丁二答甚多）佛告藥王。若有善男子、善女人、供養八百萬億那由它恒河沙等諸佛。於汝意云何。其所得福、甯爲多否。甚多。世尊。佛言。若善男子、善女人、能於是經。乃至受持一四句偈。讀誦、解義。如說修行。功德甚多。（己一請）爾時藥王菩薩白佛言。世尊。我今當與說法者陀羅尼呪、以守護之。（己二說）即說呪曰。安爾。曼爾。摩禰。摩摩禰。旨隸。遮黎第。賒咩。賒履多瑋。羶帝。目帝。目多履。娑履。阿瑋娑履。桑履。娑履。叉裔。阿叉裔。阿耆膩。羶帝。賒履。陀羅尼。阿盧伽婆娑簸蔗毘

己三歎

己四印

戊二勇施三
己一請

叉膩。禰毘剃。阿便哆邏禰履剃。阿亶哆波隸輸地。歐究隸。牟究隸。阿羅隸。波羅隸。首迦差。阿三磨三履。佛陀毘吉利袠（秩）帝。達磨波利差帝。僧伽涅瞿沙禰。婆舍婆舍輸地。曼哆邏。曼哆邏叉夜多。郵樓哆。郵樓哆憍舍畧。惡叉邏。惡叉冶多冶。阿婆盧。阿摩若那多夜。四十三句

己三歎

世尊．是陀羅尼神呪．六十二億恆河沙等諸佛所說．若有侵毀此法師者．則爲侵毀是諸佛已．

己四印

時釋迦牟尼佛讚藥王菩薩言．善哉、善哉．藥王．汝愍念擁護此法師故．說是陀羅尼．於諸眾生、多所饒益。

己一請

爾時勇施

己二說

己三歎

戊三毘沙門三
己一請

菩薩白佛言。世尊。我亦爲擁護讀誦受持法華經者。說陀羅尼。若此法師得是陀羅尼。若夜叉、若羅剎、若富單那、若吉蔗、若鳩槃荼、若餓鬼、等。伺求其短。無能得便。己二說即於佛前而說呪曰。

痤隸。摩訶痤隸。郁枳。目枳。阿隸。阿羅婆第。涅隸第。涅隸多婆第。伊緻柅。韋緻柅。旨緻柅。涅隸墀柅。涅犁墀婆底。十三句

己三歎世尊。是陀羅尼神呪。恆河沙等諸佛所說。亦皆隨喜。

己一請若有侵毀此法師者。則爲侵毀是諸佛已。爾時毗沙

己二說
己三歎
戊四持國三
己一請
己二說

門天王護世者、白佛言。世尊。我亦爲愍念眾生、擁護此法師故。說是陀羅尼。即說呪曰。己二說

阿梨。那梨。㝹那梨。阿那盧。那履。拘那履。六句

己三歎 世尊。以是神呪、擁護法師。我亦自當擁護持是經者。令百由旬內、無諸衰患。己一請 爾時持國天王、在此會中與千萬億那由它乾闥婆眾。恭敬圍繞。前詣佛所。合掌白佛言。世尊。我亦以陀羅尼神呪、擁護持法華經者。即說呪曰。己二說

阿伽禰。伽禰。瞿利。乾陀利。旃陀利。摩蹬耆。常求利。浮

己三歎

戊五羅剎女五

己一列名同請

己二說

樓莎柅。過頞底。九句

世尊。己三歎是陀羅尼神呪。四十二億諸佛所說。若有侵毀此法師者。則爲侵毀是諸佛已。己一列名同請爾時有羅剎女等。一名藍婆。二名毘藍婆。三名曲齒。四名華齒。五名黑齒。六名多髮。七名無厭足。八名持瓔珞。九名皐帝。十名奪一切衆生精氣。是十羅剎女。與鬼子母、幷其子、及眷屬。俱詣佛所。同聲白佛言。世尊。我等亦欲擁護讀誦受持法華經者。除其衰患。若有伺求法師短者。令不得便。己二說即於佛前、而說呪曰。

己三歎

伊提履。伊提泯。伊提履。阿提履。伊提履。泥履。泥履。泥履。泥履。泥履。樓醯。樓醯。樓醯。樓醯。多醯。多醯。多醯。兜醯。兖醯。十九句

己三歎

甯上我頭上。莫惱於法師。若夜叉、若羅刹、若餓鬼、若富單那、若吉蔗、若毘陀羅、若犍馱、若烏摩勒伽、若阿跋摩羅、若夜叉吉蔗、若人吉蔗、若熱病、若一日、若二日、若三日、若四日、乃至七日、若常熱病。若男形、若女形、若童男形、若童女形。乃至夢中。亦復莫惱。即於佛前、而說偈言。

若不順我呪．惱亂說法者．頭破作七分．
如阿梨樹枝。如殺父母罪．亦如壓油殃．
斗秤欺誑人．調達破僧罪。犯此法師者．
當獲如是殃。

己四誓

諸羅刹女說此偈已．白佛言世尊．我等亦當身自擁護受持、讀誦、修行、是經者．令得安隱．離諸衰患．消衆毒藥。

己五印

佛告諸羅刹女．善哉、善哉．汝等但能擁護受持法華名者．福不可量．何況擁護具足受持．供養經卷．華、香、瓔珞．末香、塗香、燒香．旛蓋、技樂．然種種燈．酥燈、

丁四聞品得益

27妙莊嚴王本事品
卷六三九五頁
下來
丙四明人護六
丁一明事本
丁二雙標所化能化
丁三明能化方便
丁四明所化得益
丁五結會古今
丁六聞品悟道
丁二雙標所化能化

油燈、諸香油燈、酥摩那華油燈、薝蔔華油燈、婆師迦華油燈、優鉢羅華油燈、如是等百千種供養者。皐帝。汝等及眷屬、應當擁護如是法師。

丁四聞品得益

說是陀羅尼品時。六萬八千人、得無生法忍。

妙法蓮華經妙莊嚴王本事品第二十七

以正力內助轉邪轉邪流通

丁一明事本

爾時佛告諸大眾。乃往古世、過無量無邊不可思議阿僧祇劫。有佛、名雲雷音宿王華智、多陀阿伽度、阿羅訶、三藐三佛陀。國名光明莊嚴。劫名喜見。

丁二雙標所化能化

彼佛法中。有王、名妙莊嚴。其王夫人、名曰淨德。有二子。一名

丁三明能化方便三
戊一時至
戊二論議

淨藏。二名淨眼。是二子、有大神力。福德智慧。久修菩薩所行之道。所謂檀波羅蜜、尸羅波羅蜜、羼提波羅蜜、毘離耶波羅蜜、禪波羅蜜、般若波羅蜜、方便波羅蜜。慈悲喜捨。乃至三十七品助道法、皆悉明了通達。又得菩薩淨三昧、日星宿三昧、淨光三昧、淨色三昧、淨照明三昧、長莊嚴三昧、大威德藏三昧。於此三昧、亦悉通達。（戊一時至）爾時彼佛欲引導妙莊嚴王、及愍念眾生故。說是法華經。（戊二論議）時淨藏淨眼二子、到其母所。合十指爪掌、白言。願母往詣雲雷音宿王華智佛所。我等亦

戊三現化

當侍從、親近供養禮拜。所以者何。此佛於一切天人眾中、說法華經。宜應聽受。母告子言。汝父信受外道。深著婆羅門法。汝等應往白父。與共俱去。淨藏、淨眼、合十指爪掌白母。我等是法王子。而生此邪見家。母告子言。汝等當憂念汝父。為現神變。若得見者。心必清淨。或聽我等往至佛所。

戊三現化

於是二子念其父故。踊在虛空。高七多羅樹。現種種神變。於虛空中、行住坐臥。身上出水、身下出火。身下出水、身上出火。或現大身滿虛空中。而復現小。小復現大。於空中滅。忽然在地。

丁四明所化得益
十
戊一信子伏師
戊二白母求出家

入地如水、履水如地、現如是等種種神變、令其父王
心淨信解。（戊一信子伏師）時父見子神力如是、心大歡喜得未曾有、
合掌向子言、汝等師爲是誰、誰之弟子。二子白言、大
王、彼雲雷音宿王華智佛、今在七寶菩提樹下、法座
上坐、於一切世間天人衆中、廣說法華經、是我等師、
我是弟子。父語子言、我今亦欲見汝等師、可共俱往。
（戊二白母求出家）於是二子從空中下、到其母所、合掌白母、父王今已
信解、堪任發阿耨多羅三藐三菩提心。我等爲父、已
作佛事、願母見聽、於彼佛所、出家修道。爾時二子欲

戊三重催見佛

重宣其意。以偈白母。

願母放我等、出家作沙門。諸佛甚難値。
我等隨佛學。如優曇鉢華。値佛復難是。
脫諸難亦難。願聽我出家。

母即告言。聽汝出家。所以者何。佛難値故。

戊三重催見佛

於是二子白父母言。善哉、父母。願時往詣雲雷音宿王華智佛所、親近供養。所以者何。佛難得値。如優曇鉢羅華。又如一眼之龜、値浮木孔。而我等宿福深厚。生値佛法。是故父母當聽我等。令得出家。所以者何。諸佛難値。

戊四　敘歎功德

戊五　俱詣佛所聞法供養見瑞歡喜

時亦難遇。（戊四敘歎功德）彼時妙莊嚴王後宮八萬四千人.皆悉堪任受持是法華經。淨眼菩薩、於法華三昧、久已通達.淨藏菩薩、已於無量百千萬億劫、通達離諸惡趣三昧.欲令一切眾生離諸惡趣故。其王夫人、得諸佛集三昧.能知諸佛祕密之藏。二子如是以方便力、善化其父.令心信解.好樂佛法。（戊五俱詣佛所聞法供養見瑞歡喜）於是妙莊嚴王、與羣臣眷屬俱.淨德夫人、與後宮采女眷屬俱.其王二子、與四萬二千人俱.一時共詣佛所.到已頭面禮足.繞佛三帀.卻住一面。爾時彼佛為王說法.示教利喜。王大歡

戊六佛授王記　戊七出家修行

悅。爾時妙莊嚴王、及其夫人、解頸眞珠瓔珞、價値百千．以散佛上．於虛空中、化成四柱寶臺．臺中有大寶牀．敷百千萬天衣．其上有佛、結跏趺坐．放大光明。爾時妙莊嚴王作是念．佛身希有、端嚴殊特．成就第一微妙之色。

戊六佛授王記

時雲雷音宿王華智佛告四眾言．汝等見是妙莊嚴王、於我前合掌立否。此王、於我法中、作比丘、精勤修習．助佛道法．當得作佛．號娑羅樹王．國名大光．劫名大高王。其娑羅樹王佛．有無量菩薩眾、及無量聲聞．其國平正．功德如是。

戊七出家修行

其王即時以國付弟．

戊八稱歎二子

戊九佛述行高

與夫人、二子、幷諸眷屬、於佛法中、出家修道。王出家已、於八萬四千歲、常勤精進、修行妙法華經、過是已後、得一切淨功德莊嚴三昧。（戊八稱歎二子）即升虛空高七多羅樹、而白佛言、世尊、此我二子、已作佛事、以神通變化、轉我邪心、令得安住於佛法中、得見世尊。此二子者、是我善知識、爲欲發起宿世善根、饒益我故、來生我家。

（戊九佛述行高）爾時雲雷音宿王華智佛告妙莊嚴王言、如是如是、如汝所言、若善男子、善女人、種善根故、世世得善知識、其善知識、能作佛事、示教利喜、令入阿耨多羅三

戊十讚佛自誓

藐三菩提。大王。當知善知識者、是大因緣。所以化導令得見佛。發阿耨多羅三藐三菩提心。大王。汝見此二子否。此二子、已曾供養六十五百千萬億那由它恆河沙諸佛。親近恭敬。於諸佛所、受持法華經。愍念邪見眾生。令住正見。

戊十讚佛自誓

妙莊嚴王即從虛空中下。而白佛言。世尊。如來甚希有。以功德智慧故。頂上肉髻、光明顯照。其眼長廣、而紺青色。眉間毫相、白如珂月。齒白齊密、常有光明。脣色赤好、如頻婆果。爾時妙莊嚴王、讚歎佛如是等無量百千萬億功德已。於如來前。

丁五結會古今

一心合掌、復白佛言、世尊、未曾有也、如來之法、具足成就不可思議微妙功德、教戒所行、安隱快善、我從今日、不復自隨心行、不生邪見憍慢瞋恚諸惡之心。說是語已、禮佛而出。

丁五結會古今

佛告大眾、於意云何、妙莊嚴王、豈異人乎、今華德菩薩是。其淨德夫人、今佛前光照莊嚴相菩薩是。哀愍妙莊嚴王及諸眷屬故、於彼中生。其二子者、今藥王菩薩、藥上菩薩是。是藥王藥上菩薩、成就如此諸大功德、已於無量百千萬億諸佛所、植眾德本、成就不可思議諸善功德。若有人、識是

丁六聞品悟道

28普賢菩薩勸發品
卷六三八五頁
上來

乙三約自行勸流通四
丙一發來
丙二勸發
丙三述發
丙四發益
丙一發來三
丁一上供
丁二下化
丁三修敬

二菩薩名字者、一切世間諸天人民、亦應禮拜。（丁六聞品）佛說是（悟道）妙莊嚴王本事品時、八萬四千人、遠塵離垢、於諸法中、得法眼淨。

妙法蓮華經普賢菩薩勸發品第二十八

（以常行成不得之德常行流通）

（丁一上供）爾時普賢菩薩、以自在神通力、威德名聞、與大菩薩無量無邊不可稱數、從東方來、所經諸國、普皆震動、雨寶蓮華、作無量百千萬億種種技樂。（丁二下化）又與無數諸天、龍、夜叉、乾闥婆、阿修羅、迦樓羅、緊那羅、摩睺羅伽、人非人等、大眾圍繞、各現威德神通之力。（丁三修敬）到娑婆世

丙二勸發二
丁一請問勸發
丁二誓願勸發
丁一請問勸發二
戊一問

戊二答

丁二誓願勸發二
戊一誓願護人

界、耆闍崛山中．頭面禮釋迦牟尼佛．右繞七帀．白佛言世尊．我於寶威德上王佛國．遙聞此娑婆世界、說法華經．與無量無邊百千萬億諸菩薩眾、共來聽受．惟願世尊當爲說之．若善男子、善女人．於如來滅後．云何能得是法華經。戊二答佛告普賢菩薩．若善男子、善女人、成就四法．於如來滅後．當得是法華經．一者、爲諸佛護念．二者、植眾德本．三者、入正定聚．四者、發救一切眾生之心．善男子、善女人、如是成就四法．於如來滅後．必得是經。己一讓其外難爾時普賢菩薩白佛言世尊．於後五

戊一問

戊二誓願護法
戊一誓願護人六
己一攘其外難
己二教以內法
己三覆以神力
己四示勝因
己五示近果
己六總結勸

己二教以內法三
庚一行立讀誦
庚二若坐思惟

百歲、濁惡世中．其有受持是經典者．我當守護．除其衰患．令得安隱．使無伺求、得其便者．若魔、若魔子、若魔女、若魔民、若為魔所著者、若夜叉、若羅剎、若鳩槃荼、若毘舍闍、若吉蔗、若富單那、若韋陀羅、等、諸惱人者．皆不得便。

庚一行立讀誦

是人若行、若立、讀誦此經．我爾時乘六牙白象王．與大菩薩眾、俱詣其所．而自現身．供養守護．安慰其心．亦為供養法華經故。

庚二若坐思惟

是人若坐、思惟此經．爾時我復乘白象王、現其人前．其人若於法華經、有所忘失一句一偈．我當教之．與共讀誦．還令通利。

庚三三七精進

爾時受持讀誦法華經者、得見我身。甚大歡喜。轉復精進。以見我故。即得三昧、及陀羅尼。名爲旋陀羅尼、百千萬億旋陀羅尼、法音方便陀羅尼。得如是等陀羅尼。

庚三三七・精進

世尊若後世後五百歲、濁惡世中。比丘、比丘尼、優婆塞、優婆夷。求索者。受持者。讀誦者。書寫者。欲修習是法華經。於三七日中、應一心精進。滿三七日已。我當乘六牙白象。與無量菩薩而自圍繞。以一切衆生所喜見身、現其人前、而爲說法。示教利喜。亦復予其陀羅尼呪。得是陀羅尼故。無有非人、能破壞者。亦不爲女人之所惑亂。我身亦自常護是人。惟願世尊聽我說此陀羅尼呪。即於佛前而說呪曰。

阿檀地。檀陀婆地。檀陀婆帝。檀陀鳩舍隸。檀陀修陀隸。修陀隸。修陀羅婆底。佛陀波羶禰。薩婆陀羅尼阿婆多尼。薩婆婆沙阿婆多尼。修阿婆多尼。僧伽婆履叉尼。僧伽涅伽陀尼。阿僧祇。僧伽婆伽地。帝隸阿惰僧伽兜畧阿羅帝波羅帝。薩婆僧伽地三摩地伽蘭地。薩婆達磨修波利剎帝。薩婆薩埵樓䭾憍舍畧阿㝹伽地。辛阿毘吉利地帝。二十句

己三覆以神力

己四示勝因

己五示近果

（己三覆以神力）世尊若有菩薩得聞是陀羅尼者。當知普賢神通之力。若法華經、行閻浮提。有受持者。應作此念。皆是普賢威神之力。（己四示勝因）若有受持、讀誦。正憶念。解其義趣。如說修行。當知是人、行普賢行。於無量無邊諸佛所、深種善根。爲諸如來、手摩其頭。（己五示近果）若但書寫。是人命終。當生忉利天上。是時八萬四千天女、作眾技樂而來迎之。其人即著七寶冠。於采女中、娛樂快樂。何況受持、讀誦。正憶念。解其義趣。如說修行。若有人受持、讀誦、解其義趣。是人命終。爲千佛授手。令不恐怖、不墮惡趣。

己六總結勸
戊二誓願護法
丙三述發二
丁一先述護法

即往兜率天上、彌勒菩薩所。彌勒菩薩、有三十二相大菩薩眾所共圍繞。有百千萬億天女眷屬。而於中生。有如是等功德利益。己六總結勸是故智者。應當一心自書。若使人書。受持、讀誦。正憶念。如說修行。戊二誓願護法世尊。我今以神通力故、守護是經。於如來滅後、閻浮提內。廣令流布。使不斷絕。丁一先述護法爾時釋迦牟尼佛讚言。善哉、善哉。普賢。汝能護助是經。令多所眾生、安樂利益。汝已成就不可思議功德、深大慈悲。從久遠來。發阿耨多羅三藐三菩提意。而能作是神通之願。守護是經。我當以神通

丁二述護人五
戊一述第二教以內法
戊二述第四示勝因

力。守護能受持普賢菩薩名者。（戊一述第二教以內法）普賢若有受持、讀誦、正憶念、修習書寫是法華經者。當知是人、則見釋迦牟尼佛。如從佛口、聞此經典。當知是人、供養釋迦牟尼佛。當知是人、佛讚善哉。當知是人、爲釋迦牟尼佛手摩其頭。當知是人、爲釋迦牟尼佛衣之所覆。如是（戊二述第四示勝因）之人。不復貪著世樂。不好外道經書手筆。亦復不喜親近其人、及諸惡者。若屠兒、若畜豬羊雞狗、若獵師、若衒賣女色。是人心意質直。有正憶念。有福德力。是人不爲三毒所惱。亦復不爲嫉妒、我慢、邪慢、增上慢、

戊三述第五示近果

戊四述第一攘外難

所惱。是人少欲知足。能修普賢之行。戊三述第五示近果普賢若如來滅後、後五百歲。若有人、見受持讀誦法華經者。應作是念。此人、不久當詣道場。破諸魔眾。得阿耨多羅三藐三菩提。轉法輪。擊法鼓。吹法螺。雨法雨。當坐天人大眾中、師子法座上。普賢若於後世、受持讀誦是經典者。是人不復貪著衣服、臥具、飲食、資生之物。所願不虛。亦於現世得其福報。戊四述第一攘外難若有人輕毀之言、汝狂人耳。空作是行。終無所獲。如是罪報。當世世無眼。若有供養讚歎之者。當於今世得現果報。若復見受持是經

戊五述總結勸

丙四發益二

丁一聞品益

丁二聞經益

者．出其過惡．若實若不實．此人現世得白癩病．若有輕笑之者．當世世牙齒疏缺．醜脣平鼻．手腳繚戾．眼目角睞．身體臭穢．惡瘡膿血．水腹短氣．諸惡重病．戊五是故普賢．若見受持是經典者．當起遠迎．當如敬佛。丁一說是普賢勸發品時、恆河沙等無量無邊菩薩、得百千萬億旋陀羅尼．三千大千世界微塵等諸菩薩．具普賢道。丁二佛說是經時．普賢等諸菩薩．舍利弗等諸聲聞．及諸天、龍、人非人等、一切大會．皆大歡喜．受持佛語．作禮而去。

妙法蓮華經冠科卷第七

妙音觀音救苦尋聲。淨藏、淨眼、轉邪心。普賢行願深。

四法常欽。萬古永爲箴。

南無法華會上佛菩薩（三稱）

音釋　妙音品　甄叔迦（此云鸚鵡寶赤如其嘴故）那羅延（天力士名端正殊好志尤勇猛）觀音品　舫（兩舟並也）杻械（上音丑下胡介切在手曰杻在足曰械）掣（冒列切）陀羅尼（要解曰此云總持即諸佛密語有一字多字無字之異能以一字總無量法持無量義摧邪立正殄惡生善皆能總而持之之謂也）呪（祝也其體名陀羅尼其用名呪）禰（奴禮切）咩（莫者切）瑋（音偉）裔（音依）簸（音播）邏（音羅）富單那（此云臭餓鬼主熱病者）吉蔗（此云所作起尸鬼也）枳（音只）柅（音尼）墀（音遲）羅剎（是食人鬼亦是噉精氣鬼人心中有七滴甜水和養精神鬼噉一滴令人頭痛三滴悶絕七滴盡死一心持呪即得脫難）藍婆（正法華云一名結縛二名離結縛）醯（音西）毘陀羅（赤色鬼）

犍陀黃色鬼　烏摩勒伽烏色鬼　阿跋摩羅青色鬼　阿梨樹或云此方無故不翻其枝墮地自成七片

酥摩那華卽前須曼那花　婆師迦卽前婆利師迦　妙莊嚴品　紺音甘　珂音軻　頻婆果此云想思果色丹而潤

普賢品　韋陀羅此云厭濤鬼　忉利此云三十三天此天四方各八中央帝釋共三十三　兜率此云知足　繚音了曲狀　睞郎代切傍視也

持驗記

⊙明江陰釋僧復。道德高重。萬曆末。常寫法華經。積歲乃成。寫完。擲筆池中。時方臘月凝寒。忽有蓮華一朶自冰中吐出。亭亭直上。師遂自號冰蓮道人。夏孝廉樹芳師事之。親炙其異。

⊙明嘉靖間。報恩寺住持僧永寧。號西林。蓄一馬。每自寺騎赴禮部。上馬時。默誦法華經。至禮部門下馬。恰終一卷。率以爲常。本寺對門有孕婦。夜夢此馬入室。遂生一男。天明向寺訪之。馬死正其時也。其家後即以子爲西林徒。極愚蠢。授之書。一字不易識。唯口傳法華一卷。便能熟誦。信爲馬聞經得度矣。

⊙明釋性天。號明然。吳淞人。出家普陀。泰昌庚申。雲間周東淵往南海禮大士。請師誦法華薦母。師爲誦於韋天前回向。周有牛甚力。自是忽斃。未幾。附婦體呼其子曰。向以口業重。故爲牛。今得法華經功德。已脫牛苦。再求勗師禮懺。便可託生。師因爲禮懺。施餤口食。是夜周恍惚見母謝曰。賴禮懺力。已託生東鄰矣。翌晨。向師述夢。適東鄰鄭氏。誕一子。相顧驚愕。問何時。曰。爾家道場纔完耳。師曾刺血書法華經。書畢。六萬餘言。瀾翻如夙習。所居靜室。泥壁皆具蓮華葉梗。諸相禮普陀者。莫不隨喜合掌讚歎。

⊙明北京刑部街之鷲峯寺。供養古栴檀佛像之所也。神廟末年。住持僧濟舟。生平質實。奉佛欽肅。但於酒戒未嚴。一日有人著兩截衣者來告曰。我地府無常也。某老嫗以生前無一善。滯地獄不得脫。每月朔望。曾到寺禮佛。攜果物供養老師。以此因緣。望爲渠諷法華經一部。卽得託生。舟疑而未信。曰。汝既是鬼。難得到佛地。盍瞻禮焉。鬼云有都城隍在內。不敢入。舟因思是日五更有人欲作善事。立城隍位於殿側。其言殆不誣也。遂於七月十五日。在佛前跪諷法華經。至第五卷。天暑渴甚。覓茶不得。見桌上一酒壺。搖之尚有存者。遂吸冷酒一口。仍跪佛前完經。次日。無常復來云。老嫗承師誦經。完四卷。滿陰司皆射金光。正將離獄託生。忽一陣酒氣衝入冥府。自五卷至七卷皆然。故仍不得力。舟聞之。毛骨竦立。發至誠願。爲之補誦。由此嚴持酒戒。永不敢犯。

⊙唐李紳大光神異碑銘曰。上人姓唐氏。生於邑之安吉。母楊氏。奇孕而夢協靈祥。在娠而不茹葷血。既生能言。不爲戲弄。未齓之歲。思求佛乘。發念法華。三月通貫。及登戒之歲。西游長安。詣闕請見。肅宗皇帝召對禁中。上拱而歎曰。昔夢吳僧口念大乘。五光隨發。音容宛若。協我嘉徵。因賜名曰大光。以瑞唐姓。肅宗元年。賜上人墨詔。許以天下名寺持意往者住持。令內臣趙思送於千福寺。持經道場。經四七日。而吳音清亮。常達聖聽。上異其事。令高力士以宣諭焉。後居藍田精舍。先期而寺僧夢天童來降。稱曰大光經聲達於峯頂。師既晏坐。自見神手從天而降。拊光之心。師乃憶先達抱玉大師常志師言。令高法音。當有神輔。夕夢神僧乳見於心。命光口飲。自是功力顯暢。神形不勞。尋山探幽。偶墜窮谷。龍蛇莫測。淪溺其間。心靈了然。無所惑亂。因以本經多寶塔爲誠願。持十萬遍。恍然出泉。若有神捧。後詔住資聖寺。大師以慈親在吳、未答慈力、表乞歸養、恩未許還。猶繫煩惱之念、遂生無妄之疾。策蹇強力、將投於泉、驢伏不前、羣鳥拂頂、心既時覺、疾乃遂瘳。昔如來雙鵲窠頂、而定慧堅明。大師羣鳥摩首、而煩疑解脫。乃以寶軸加飾、首戴法華、於千福寺行道、日夜候命、有詔許還、遂上[illegible]。崇修寶塔、日持法華偈、以成往願焉。永泰元年、浙西廉察使韋元輔、表大師爲六郡別駕、道塲將念之首。大曆癸丑歲、文忠公顏眞卿領郡、余先人主邑烏程。余生未期歲、乳病暴作、不啼不覺者七辰。師至、命乳母洗滌焚香、乃朗念法華、至功德品、遂起席而坐、拱而開目。師飲以杯水、遂命乳哺、疾乃隨愈。大師視而笑曰、汝何願返之速乎。因以法師易余幼名。

◉晉釋曇邃、未詳何許人。少出家、止河陰白馬寺。蔬食布衣、誦法華經、常一日一遍。又精達經旨、亦爲人解說。嘗於夜中、忽聞扣戶云、欲請法師九旬說法。邃不許。固請、乃赴之、而猶是眠中。比覺、已身已在白馬島神祠中、幷一弟子。自爾日日密往、餘無知者。後寺僧經祠前過、見有兩高座、邃在北、弟子在南、如有講說聲、又聞有奇香之氣。於是道俗共傳、咸云神異。至夏竟、神施以白馬一匹、白羊五頭、絹九十疋、呪願畢、於是各絕。

◉王居士能承、山西黎城人、出身戎武、棲影香江、晚年篤信佛、皈依湛山倓虛大師。偶患赤鼻病、膿血雜流、痛楚異常、經延中西醫治、百藥罔效、如是者有五年。值印法華冠科、僧大光以法華持驗記示承、讀之、乃恍然曰、余病鼻、乃業障、病由業起、業由心造、余今發心誦法華五十部、以此懺悔、病必瘉。果如是亦可寫法華持驗近記一則、付於卷後、以醒來賢也。自是日以誠心誦法華。甫兩月、誦廿部、病即瘉。繇是承益信法華不可思議。日以誦法華爲常課。

妙法蓮華經綸貫

古吳　蕅益道人智旭述

妙法蓮華經者、諸佛究竟之極談也。原夫釋迦牟尼如來、實成佛道以來、已經不可思議阿僧祇劫。爲度衆生、無有休息。數數示生、數數示滅。未種善根者、令種善根。已種善根者、令其成熟。已經成熟者、令得解脫。所有法味、不出藏通別圓等四種。所有化儀、不出頓漸秘密不定等四種。且據此番八相成道、說法四十九年、畧爲五時。初坐菩提道塲、爲大根衆生說大乘法、名第一華嚴時。於化儀爲頓。譬如日出、先照高山。又如從牛出乳。於化法爲圓兼別、圓被界外利根、別被界外鈍根。此則小機絕分、不見不聞。所以不動寂塲、而遊鹿苑、爲五比丘等、說四諦法、詮生滅理、及說十二因緣、事六度等、名第二阿含時。於化儀爲漸之始。譬如日照幽谷。又如從乳出酪。於化法爲藏、但被界內鈍根、令其轉凡成聖。次借維摩等諸大士、互相酬唱、彈偏斥小、歎大褒圓、名第三方等時。於化儀爲漸之中。譬如食時。又如從酪出生酥。於化法爲四教並談。對半明滿。藏爲半字教、通別圓爲滿字教。使利根得滿益、鈍根得半益。先成聖者、密得通益。次與四大弟子共轉法輪、會一切法皆摩訶衍名第四般若時於化儀爲漸之終譬如禺中又如從生酥出熟酥於化法爲帶通別正明圓教使界內機得通教三乘共般若益界外機得別圓不共般若益先成聖者密得別益次乃於靈山會上開權顯實開近顯遠名第五法華時於化儀爲會漸歸頓亦名非頓非漸譬如日輪當午大地普照罄無側影又如從熟酥出醍醐於化法爲純圓無有一人不得作佛出世本懷於茲始暢舉凡如來化度衆生之方便施設教網之宏綱咸於此經開發顯示所以獨名爲妙至於涅槃扶律談常不過曲爲末世鈍根重施方便令同會眞實耳其秘密不定二種化儀徧在前之四時惟法華是顯露非秘密是決定非不定也此經靈山演說凡有八年貝葉傳持積至八里流入震旦者凡有三譯今鳩摩羅什所譯共七卷二十八品自古註家紛紛不一或簡或繁莫得眞要惟天台智者大師初見南嶽慧思大師於光州大蘇山思授以普賢道場令修法華三昧誦經至藥王菩薩本事品是眞精進是名眞法供養如來豁然大悟寂而入定親見靈山一會儼然未散獲一旋陀羅尼自是以後照了法華如曦和之臨萬象達諸法相似淸風之遊太虛遂以五重玄義解釋總題章安尊者記成玄義十卷復以四意消釋經文章安尊者記成文句十卷言五重玄義者一法喻爲名二實相爲體三一乘因果爲宗四斷疑生信爲用五無上醍醐爲教

相也。言四意消文者。一因緣・二約教・三本迹・四觀心也。消文浩博・未暇委悉。今畧出五重玄義。一法喩爲名者・妙法二字謂之法・蓮華二字謂之喩。法者・畧而言之・衆生法、佛法、心法也。妙者・畧而言之・相待妙、絕待妙也。經云・爲令衆生開示悟入佛之知見。若衆生無佛知見・何所論開。當知佛之知見蘊在衆生。故衆生法妙也。佛法不出權實。經云・是法甚深妙・難見難可了。一切衆生類・無能知佛者。即是歎實智妙。又云・及佛諸餘法・亦無能測者。即是歎權智妙。惟佛與佛・乃能究盡諸法實相。諸法是即實之權・實相是即權之實。故佛法妙也。安樂行品云・修攝其心・觀一切法不動不退。普賢觀云・我心自空・罪福無主。觀心無心・法不住法。淨名云・觀身實相・觀佛亦然。諸佛解脫・當於衆生心行中求。華嚴云・心佛及衆生・是三無差別。故心法妙也。相待妙者・待半字爲麤・明滿字爲妙。三藏但半字生滅門・不能通滿理。故麤。滿字是不生不滅門・能通滿理。故妙。又方等般若帶方便通滿理・故麤。今經直顯滿理。故妙。絕待妙者・說無分別法・即邊而中・無非佛法。亡泯清淨・無復有法可相形比待・誰爲麤・形誰爲妙。無所可待・亦無可絕。不知何名・强言爲絕。妙名不可思議・不因乎麤而名爲妙。若謂獨有法界廣大獨絕者・此則大有所有。何謂爲絕。今法界清淨・不可以待示・不可以絕示。滅待滅絕・故言寂滅。用是兩妙・妙上三法。衆生之法・亦具二妙。

佛法心法。亦具二妙。故稱妙法。又廣釋妙者。有迹門十妙。本門十妙。觀心十妙。迹門十妙者。一境妙。二智妙。三行妙。四位妙。五三法妙。六感應妙。七神通妙。八說法妙。九眷屬妙。十功德利益妙。實相之境。非佛天人所作。本自有之。非適今也。故居最初。迷理故起惑。解理故生智。智爲行本。因於智目。起於行足。目足及境。三法爲乘。乘於是乘。入淸涼池。登於諸位。位何所住。住於三法秘密藏中。住是法已。寂而常照。照十界機。機來必應。若赴機垂應。先用身輪神通駭動。次以口輪宣示開導。旣霑法雨。稟教受道。成法眷屬。拔生死本。開佛知見。得大利益。前五約自行因果具足。後五約化他能所具足。經云。惟佛與佛。乃能究盡諸法實相。所謂諸法如是相。如是性。如是體。如是力。如是作。如是因。如是緣。如是果。如是報。如是本末究竟等。卽境妙也。我所得智慧微妙最第一。以此妙慧求無上道。卽智妙也。本從無數佛。具足行諸道。行此諸道已。道場得成果。佛子行道已。來世得作佛。卽行妙也。天雨四華。表住、行、向、地。開示悟入。亦是位義。乘是寶乘。遊於四方。直至道場。四方是因位。道場是果位。卽位妙也。佛自住大乘。如其所得法。定慧力莊嚴。大乘卽眞性軌。定卽資成軌。慧卽觀照軌。是三法妙也。於三七日中。思惟如是事。我以佛眼觀。見六道衆生。等卽感應妙也。入定雨華。動地放光等。卽神通妙也。其所說法。皆悉到於一切智地。已今當說。最爲難信難解等。即說法妙也。但教化菩薩。無聲聞弟子。即眷屬妙也。現在未來若聞一句一偈。我皆與授阿耨多羅三藐三菩提記。須臾聞之。即得究竟三菩提。不令一人獨得滅度。皆以如來滅度而滅度之。即功德利益妙也。本門十妙者。一本因妙。二本果妙。三本國土妙。四本感應妙。五本神通妙。六本說法妙。七本眷屬妙。八本涅槃妙。九本壽命妙。十本利益妙。本因妙者。本初發菩提心。行菩薩道。所修因也。若十六王子。在大通佛時。宏經結緣。皆是中間所作。非本因也。過是塵點劫前所行道者。名本因妙。本果妙者。本初所行圓妙之因。契得究竟常樂我淨。乃是本果。不取寂塲舍那成佛爲本果也。但取成佛以來甚大久遠初證之果。名本果妙。本國土妙者。本既成果。必有依國。今既迹在同居。或在三土。中間亦有四土。本佛亦有四土。復居何處。文云。自從是來。我常在此娑婆世界說法教化。按此文者。實非今日迹中娑婆。亦非中間權迹處所。乃是本之娑婆。即本土妙也。本感應者。既已成果。即有本時所證二十五王三昧。慈悲誓願。機感相關。能即寂而照。故言本感應也。本神通者。亦是昔時所得無記化化禪。與本因時諸慈悲合。施化所作神通駭動。可度衆生。故言本神通也。本說法者。即是往昔初坐道塲。始成正覺。初轉法輪。四辯所說之法。名本說法也。本眷屬者。本時說法所被之人。如下方住者。彌勒不識。即本之眷屬也。本涅槃者、本時所證斷德涅槃、亦是本時應處同居方便二土、有緣既盡、唱言入滅。卽本涅槃也。本壽命者、既唱入滅、則有長短遠近壽命也。本利益者、本時眷屬所獲諸功德也。觀心十妙者、迹門本門、皆論觀心。迹門觀心散在諸文。本門觀心者、佛如眾生如、一如無二如。佛既觀心、得此本妙、迹用廣大、不可稱說。我如如佛如、亦當觀心出此大利、亦願我如速如佛如。故文云、聞佛壽無量、深心須臾信、其福過於彼。願我於未來、長壽度眾生。如今日世尊、諸釋中之王。道場師子吼、說法無所畏。我等於未來、一切所尊敬。坐於道場時、說壽亦如是。此卽觀心本妙、得六卽利益之相也。次明蓮華者、譬喻妙法也。華有多種、或狂華無果、可喻外道、空修梵行、無所尅獲。或一華多果、可喻凡夫、供養父母、報在梵天。或多華一果、可喻聲聞、種種苦行、止得涅槃。或一華一果、可喻緣覺、一遠離行、亦得涅槃。或前果後華、可喻須陀洹、卻後修道。或前華後果、可喻菩薩、先藉緣修、生後眞修。此皆麤華、不可以喻妙法。惟此蓮華、華果俱多、可譬因含萬行、果圓萬德。又爲蓮故華、華實具足、可喻卽實而權。華開蓮現、可喻卽權而實。華落蓮成、蓮成亦落、可喻非權非實。故以蓮華喻於妙法。又以此華喻迹本兩門、各有三喻。迹門三者、一華生必有於蓮、爲蓮故華、而蓮不可見。此譬爲實施權、意在於實、無能知者。二華開蓮現、而須以華養蓮。譬權中有實、昔無人知、今開權顯實、意須於權廣識恆沙佛法者、秖爲成實、使深識佛知見耳。三華落蓮成。譬廢權立實、唯一佛乘、直至道塲。菩薩有行、見不了了、但如華開。諸佛以不行故、見則了了、譬如華落蓮成也。本門三者、一華必有蓮、譬迹必有本。迹含於本、意雖在本、佛旨難知、彌勒不識。二華開蓮現、譬開迹顯本。意在於迹、能令菩薩識佛方便。既識迹已、還識於本增道損生。三華落蓮成。譬廢迹顯本。既識本已、不復迷迹、但於法身修道圓滿上地也。又經中凡有七喩、皆喩權實、今以蓮華而總喩之。七喩者、一火宅中三車一車喩、以三車喩權、大白牛車譬實。二信解品中窮子喩、以雇作譬權、付業譬實。三藥草喩、以三草二木譬權、一地譬實。四化城喩、以作化譬權、寶處譬實。五授記品繫珠喩、以少有所得譬權、寶珠貿易譬實。六安樂行品輪王喩、以隨功賞賜譬權、解髻明珠譬實。此六皆迹門開權顯實喩也。七壽量品中良醫喩、以使告父死譬權、來歸使見譬實。此卽本門開近顯遠喩也。更有王饍鑿井二喩、既非全譬、一期開顯、所以智者大師畧而不舉、後世輒云九喩、可謂依文不依義矣。經者、佛所說法之通名也。梵云薩達磨芬陀利、修多羅。薩達磨、此翻妙法。芬陀利、此翻蓮華。具如前釋。此名異於眾典、故稱爲別。一代時教、皆名爲修多羅、故稱爲通。修多羅、或翻爲經、或翻爲契、或翻爲法本、或翻爲線、或翻爲善語教。或云無翻、而含五義。一法本、亦云出生、二微發、亦云顯示、三涌泉、四繩墨、五結鬘。就此翻五含五、各具教行理三。教、卽世界悉檀、行卽爲人對治二種悉檀、理卽第一義悉檀也。又此方聖說爲經、經者訓法、訓常、法以軌持爲義、教可軌、行可軌、理可軌、故名爲法、常者不變爲義、天魔外道不能改壞、卽教常、眞正無雜、無能踰過、卽行常、湛然不動、決無異趣、卽理常也、二實相爲體者、經云、今佛放光明、助發實相義。又云、諸法實相義、已爲汝等說。又云、惟佛與佛、乃能究盡諸法實相。又云、諸佛法久後、要當說眞實。又云、我以相嚴身、爲說實相印、又云、開方便門、示眞實相、又云、觀諸法實相。故知諸佛爲一大事因緣出現於世、秪令衆生開佛知見、見此一實、非因非果之理耳、三一乘因果爲宗者、此經始從序品、訖安樂行品、破廢方便、開顯眞實佛之知見、亦明弟子實因實果、亦明師門權因權果、文義雖廣、撮其樞要、爲成弟子實因實果、因正果傍、故於前段明迹因迹果也。從涌出品、訖勸發品、發迹顯本、廢方便之近壽、明長遠之實果、亦明弟子實因實果、亦明師門實因實果、而顯師之實果、果正因傍、故於後段明本因本果也。四斷疑生信爲用者、迹門用佛菩提二智、斷七種方便最大無明、同入圓因、本門破執近迹之情、生於本地深信、乃至等覺亦令斷疑生信也。五無上醍醐爲教相者、五時譬喩、畧如前說、若華嚴初逗圓別之機、高山先照、直明次第不次第修行地上住上之功德。不辯如來說頓之意。若四阿含通說無常知苦斷集證滅修道。不明如來曲巧施小之意。若諸方等折小彈偏褒圓歎大慈悲行願事理殊絕。不明並對訶讚之意。若般若共則三人同入別則菩薩獨進廣歷陰入盡淨虛融亦不明共別之意。若涅槃在後畧斥三修粗點五味亦不委說如來置教原始要結之終。凡此諸經皆是逗會他意令他得益不譚佛意意趣何之。今經不爾。舉凡法門綱目大小觀法十力無畏種種規矩皆所不論。為前經已說故。但論如來布教之元始中間取與漸頓適時大事因緣究竟終訖。當知此經惟論設教大綱不委微細綱目。譬如算者初下後除紀定大數不存斗斛。秖為深論聖教妙說聖心近會圓因遠申本果所以請疑不已。若能精知教相則識如來權實二智也。經文二十八品智者大師分為三分。初品為序方便品訖分別功德十九行偈凡十五品半名正宗。從偈後盡經凡十一品半名流通。又一時分為二。從序至安樂行十四品約迹開權顯實。從涌出訖經十四品約本開近顯遠。本迹各序正流通。初品為序。方便訖授學無學人記品為正。法師訖安樂行為流通。涌出訖彌勒已問斯事佛今答之半品為序。從佛告阿逸多下訖分別功德品偈為正。此後盡經為流通。初序有通有別。通則總冠兩門。別則發起三周正說。後之流通有勸持有囑累。勸則別約本門囑則通囑全部大經。迹門後五品。但是勸持迹門。本門初序分。但是發起本門。初序品者。次也。由也。述也。如是等六義證信冠於經首。次序也。放光六瑞發起之端。由序也。問答釋疑正說弄引敘述也。故名序品。次方便品以下。凡有三周說法。今方便品作三乘一乘說。名法說一周。上根得悟。授舍利弗記。次譬喻品作三車一車說。名譬說一周。中根得悟。授四大弟子記。次化城喻品。明宿世結緣事。竟重作三百由旬五百由旬說。名因緣說一周。下根得悟。授五百及二千人記。此卽迹門開權顯實之正宗也。言方便品者。畧爲三解。一曰。方者法也。便者用也。善用偏法。巧逗眾生。名爲方便。此可釋他經。非今品意。二曰。方便者。門也。門名能通。通於所通。方便爲眞實作門。眞實得顯。功由方便。此亦可釋他經。非今品意。三曰。方者。秘也。便者。妙也。妙達於方。卽是眞秘。點內衣裏無價之珠。與王頂上惟有一珠。無二無別。指客作人是長者子。亦無二無別。如斯之言。是秘是妙。正是今品意也。此品正開三乘之權。顯一乘之實。於中有畧有廣。畧則動執生疑。廣則斷疑生信。畧中要旨。不出唯佛與佛。乃能究盡諸法實相數語。乃一經之宏綱。眾義之淵府。南嶽大師約義三轉讀之。一者是相如是性如。乃至是報如。如名不異。卽空義也。二者如是相。如是性。乃至如是報。點空相性。名字施設。迤邐不同。卽假義也。三者相如是。性如是。乃至報如是。如於中道實相之是。即中義也。分別令易解。故明空假中。得意爲言。空即假中。約如明空一空一切空。點如明相。一假一切假。就是論中。一中一切中。非一二三而一二三。不縱不橫。名爲實相。唯佛與佛究盡此法。是十法攝一切法。智者大師復約四番釋之。一約十界。二約佛界。三約離合。四約位。一約十界者。謂六道四聖也。法雖無量。數不出十。一一界中雖復多派。不出十如。如地獄界。當地自具相性本末。亦具畜生界相性本末。乃至具佛法界相性本末。無有缺減。當知一一界皆有餘九界十如。若照自位九界十如。皆名爲權。照其自位佛界十如。名之爲實。一中具無量。無量中具一。所以名爲不可思議。凡夫雖具。絕理情迷。二乘雖具。捨離求脫。菩薩雖具。照則不周。名不了了。如來洞覽。橫豎具足。二約佛法界釋者。佛界非相非不相。而名如是相。指萬善緣因。故下文云。衆寶莊較。佛界非性非不性。而名如是性。指智慧了因。故下文云。有大白牛。佛界非體非不體。而名如是體。指實相正因。故下文云。其車高廣。佛界非力非不力。而名如是力。指菩提道心慈善根力等。故下文云。又於其上張設幰蓋。佛界非作非不作。而名如是作。指任運無功用道。故下文云。其疾如風。佛界非因非不因。而名如是因。指四十一位。故下文云。乘是寶乘。遊於四方。佛界非緣非不緣。而名如是緣。指一切助菩提道。故下文云。又多僕從而侍衛之。佛界非果非不果。而名如是果、指妙覺朗然圓因所剋。故下文云、直至道場佛界非報非不報、而名如是報、指大般涅槃。故下文云得無量無漏清淨之果報。佛界非本非末、而言本末本卽佛相末卽佛報、是自行之權。佛界非等非不等、而言究竟等指於實相、是自行之實。卽實而權、故言本末卽權而實、故言爲等。三約離合者、若佛心中所觀十界十如、皆無上相乃至無上果報、惟是一佛法界、如海總萬流千車共轍、此卽自行權實。若隨他意則有九法界十如相性等、卽是化他權實。化他雖復有實皆束爲權、自行雖復有權皆爲實。此卽自行化他權實。隨他則開、隨自則合、橫竪周照開合自在。四約位釋、如是相者、一切衆生皆有實相本自有之、乃是如來藏之相貌也。如是性、卽是性德智慧第一義空也。如是體、卽是中道法性之理也。是爲三德、通十法界位位皆有、若研此三德入於十信位則名如是力如是作入四十一位名如是因如是緣。若至佛地名如是果如是報。初三名本、後三名末、初後同是三德、故言究竟等也。廣開三顯一中、雖偏引十方三世佛佛道同、總不出於四一。所謂理一、人一、行一、教一。理一者、約開示悟入佛之知見、明之。復欲四意一約圓位二約圓智三約圓門四約觀心。一約圓位者、開卽十住初破無明開如來藏見實相理、示卽十行惑障既除、知見體顯、體備萬德、法界衆德、顯示分明、悟卽十迴向、障除體顯、法界行明、事理融通、更無二趣，入即十地。事理既融，自在無礙，自在流注，任運從阿到荼，入薩婆若海。然圓道妙位，一位之中，即具四十一地功德。秖開即具示悟入等，更非異心。但如理知見，無有分別淺深之相。欲顯如量知見，故分別四位耳。二約圓智者，一道慧見道實性，實性中得開佛知見。二道種慧知十法界諸道種別解惑之相，一一皆示佛知見。三一切智知一切法一相寂滅，寂滅即悟佛知見。四一切種智知一切法一相寂滅相，種種行類相貌皆識，即入佛知見。又道慧如理名開，道種慧如量名示，一切智理量不二稱悟，一切種智理量雙照爲入。此亦約實理無淺深中而淺深分別也。三約圓教四門橫釋四句者，空門，一空一切空，即開佛知見也。有門，一有一切有，即示佛知見。亦空亦有門，一切亦空亦有，即悟佛知見。非空非有門，一切非空非有，即入佛知見。能通則四，所通則一。開示悟入是能通之門。所知所見是所通之理也。四約觀心釋者，觀於心性三諦之理，不可思議，此觀明淨爲開。雖不可思議，而能分別空假中心，宛然無濫，名示。空假中心即三而一，即一而三，名悟。空假中心非空假中，而齊照空假中，名入。是爲一心三觀而分開示悟入之殊也。所以四種釋者，見理由位，位立由智，智發由門，門通由觀。觀故則門通，門通故智成，智成故位立，位立故理見，見理故名爲理一也。諸佛如來但教化菩薩，即是人一。諸有所作常爲一事，即是行一。但以一佛乘故爲衆生說法即是教一。此之四一偏會昔日權理、權人、權行、權教成今實理實人實行實教故名開權顯實妙達於方即是眞秘也。第三譬喻品者比況名譬曉訓名喻托此比彼寄淺訓深前文法說一周上根獲悟中下之流抱迷未遣大悲不已巧智無邊借世間父子以況出世師弟借火宅以喻三界借三車一車以喻三乘一乘故名譬喻品也。第四信解品者中根聞譬說一周信發解生疑去理明乃自陳窮子之喻領上法譬二周之旨也第五藥草喻品者土地是能生雲雨是能潤草木是所生所潤所生所潤通皆有用而藥草用強喻有漏諸善悉能除惡而無漏爲最無漏衆中四大弟子以譬領佛譬深會聖心佛故述成而推廣之。第六授記品者梵語和伽羅此云授記又云受記、受決受莂授是與義受是得義記是記事決是決定莂是了莂此即授中根四人成佛記也。第七化城喻品者無而欻有名化防非禦敵稱城以喻二乘涅槃乃如來權智所爲也。以權智力無而說有用教爲化防思禦見名爲涅槃若藏通二乘生安隱滅度想不知是化通教菩薩入而還出亦不知是化別教從城門徑過不以爲極亦不說是化惟圓教知無賊病亦不須城故言化城。此正爲下根人作夙世因緣說一周也。第八五百弟子受記品第九授學無學人記品即是普與下根授記作佛。迹門正宗齊此。此下有五品流通。法師寶塔兩品．明宏經功深福重．流通未聞．利益巨大。達多一品．引往宏經．彼我兼益．以證功德深重．持品八萬大士忍力成就者．此土宏經．新得記者．他土宏經。安樂行品．以外凡初心．欣斯勝福。見聲聞畏憚．聞菩薩擯辱．顧已力弱．無益自他．便生退沒。佛爲此人說安樂行．依之宏法．不慮危苦。又法師品．釋尊自說宏經功福．命覓流通。寶塔品．多寶及分身佛．且證且助．勸覓流通。今第十法師品．法者軌則也．師者訓匠也．法雖可軌．體不自宏．通之在人。五種通經．皆得稱師。舉法成其自行．皆以妙法爲師．師於妙法、自行成就．故言法師。又以妙法訓匠於他．故舉法目師．名爲法師。文中先歎美五種法師．能持法人．一受持．二讀．三誦．四解說．五書寫。後歎美所持之法．及示通經方軌．所謂入如來室．著如來衣．坐如來座。如來室．是大慈悲．若就同體．卽法身也．若被衆生．卽是解脫。能令衆生會於同體．卽是般若。如來衣者．若就所覆．卽法身也。若就能覆嚴身．卽寂滅忍也。若就和光利物．卽解脫也。如來座者．若就能坐．卽般若也。若就所坐．卽法身也。身座冥稱．卽解脫也。雖復各具．秖是一三。三尙非三。豈離爲九。是則菩薩常觀涅槃．故勸宏經者．而常觀之。不觀能宏之心．焉曉所宏之理．故佛令入我室．著我衣．坐我座．若無三法．何謂宏經。第十一見寶塔品者．多寶佛塔從地湧出．大衆咸見．發大音聲．以證前集．佛開塔．以起後也。第十二提婆達多品者，提婆達多，此云天熱，生時人天生熱因此立名。迹行逆行，本是佛師，眾生煩惱燒熱，故菩薩示同病行而度脫之。文中先明昔日達多通經，釋迦成道。次明文殊今日通經，龍女成佛。第十三持品者，有受持，有勸持也。第十四安樂行品者，身無危險故安，心無憂惱故樂，身安心樂故能進行，此依事釋也。著如來衣，則法身安，入如來室，故解脫心樂，坐如來座，故般若導行進，此附上品文釋也。住忍辱地故身安而不卒暴，故心樂，觀諸法實相故行進，此附本品文釋也，安名不動，六道生死，二聖涅槃，所不能動，樂名無受，不受三昧廣大之用，不受凡夫之五受，乃至圓教中五受生見，亦皆不受。有受則有苦，無受則無苦。無苦無樂，乃名大樂。行名無行，不行凡夫行，不行賢聖行，故言無行而行中道，是故名行。此法門釋也，文中凡有四段，卽是以止觀慈悲導三業及誓願也，身業有止，故離身粗業。有觀故不得身，不得身業，不得能離。無所得故不墮凡夫。有慈悲故勤修身業，廣利一切，不墮二乘地，有止行故著忍辱衣。有觀行故坐如來座。有慈悲故入如來室。止行離過，卽成斷德。觀行無著，卽成智德，慈悲利他，卽成恩德，恩德資成智德，智德能通達斷德，是名身業安樂行，餘口意誓願亦如是。齊此是迹門流通竟也。第十五從地涌出品者。下方空中法身大士，是釋尊本時弟子，今奉命湧出宏經，彌勒尚自不識，由此發起開近顯遠之大教也。第十六如來壽量品正開近迹而顯遠本。如來者。十方三世諸佛二佛三佛本佛迹佛之通號也。壽者受也。量者詮量也。今正詮本地報身功德。而報身智慧。上冥下契。三身宛足。故言如來壽量品第十七分別功德品者。佛說壽量。三世弟子得種種益。故言功德淺深不同。故言分別也。品中有授記。領解。流通。佛說長行。爲總授法身記。彌勒說偈。爲總申領解。此後爲流通。分於中先明現在四信。次明滅後五品。四信者。一、一念信解。未能演說。二、畧解言趣。三、廣爲他說。四、深信觀成。五品者。一、直起隨喜心。二、加自受持讀誦。三、加勸他受持讀誦。四、加兼行六度。五、加正行六度也。第十八隨喜功德品明初品因功德。以勸流通。隨者隨順事理。無二無別。喜是慶己慶人。順理者。聞佛本地深遠深遠。信順不逆。無一毫疑滯。順事者。聞佛三世益物。橫豎該亘。徧一切處。亦無一毫疑滯。順理有實功德。順事有權功德。慶己有智慧。慶人有慈悲。權實智斷。合而說之。故言隨喜功德品。第十九法師功德品。明初品果功德。以勸流通。所謂六根清淨。第二十常不輕菩薩品。引信毀罪福。證勸流通。內懷不輕之解。外敬不輕之境。身立不輕之行。口宣不輕之教。人作不輕之目。故名常不輕也。已上三品半文。即勸持流通。竟此下有八品文。明付囑流通。又分爲三。神力囑累兩品。正明囑累流通。藥王下五品。約化他勸流通。普賢一品。約自行勸流通也。第二十一如來神力品者、神名不測、力名幹用。不測則天然之體深、幹用則轉變之力大。此中爲付囑深法、現十種大力、故名爲神力品。第二十二囑累品者、囑是佛所付囑、累是煩爾宣傳。此從聖旨得名。又囑是頂受所囑、累是甘而弗勞。此從菩薩順得名。又囑是如來金口所囑、累是菩薩丹心頂荷。此從授受合論。是故如來躬從座起、中手摩頂、授以難得之法。大衆曲躬合掌、如世尊勅當具奉行。殷勤授受、故名囑累。第二十三藥王菩薩本事品者、昜宏法之師、應當竭其神力、盡其形命、以宏大法也。第二十四妙音品第二十五觀世音普門品、皆勸受法弟子、令知他方大士奉命宏經、普現色身、形無定準。不可以牛羊眼看、不可以凡庸識度。於所聞處、勿生輕想。輕想則法不染心也。第二十六陀羅尼品者、惡世宏經、每多惱難、故以咒護之、使道流通。第二十七妙莊嚴王本事品者、說四聖之前緣、顯人護之功德。第二十八普賢菩薩勸發品者、梵音邲輸颰陀、此翻普賢、亦翻徧吉。伏道周徧名普、鄰終際極名賢。勸發者、戀法之辭也。遙在彼國具聞此經始末、旣周欲令自行化他、永永無已、故自東而來勸發。又總約十一品半流通之文生起次第者、現在聞經、得眞似兩益、如上說。若直聞一句而生隨喜、如現在四信、格其功德。未來無佛、恐人疑福少、故說滅後五品功德也。因功德微密、未若果功德彰灼、故說法師功德品。因果雙舉。未若引證分明。故說不輕。雖舉往人。未若現變。故說神力。雖示神力。未若摩頂付囑。故說囑累。雖通途囑累。未若示具要術。棄身存道。故說藥王。雖誠能化。未若誠其所化。隨聞法處。應生佛想。故說妙音觀音。若初心宏經。既無神力。當依內禁。故說陀羅尼。復須外護。故說嚴王普賢。聯翩重疊。使大法宏通耳。復次普賢更請正說。勸發自行。更請流通。勸發化他。佛總以四法答之。一者爲諸佛護念。二者植眾德本。三者入正定聚。四者發救一切眾生之心。卽是雙答正及流通大旨。何者。佛雖無偏。若能遠惡從善。反迷還正。開權知見。顯佛知見。則稱可聖心。諸佛護念。若佛知見開。則般若照明。是植眾德本。亦是入正定聚。不亂不昧。不取不捨。亦是發救眾生心。當知此四。與開權顯實。名異體同。無二無別。又佛護念者。是開佛知見。植眾德本者。是示佛知見。發救眾生心。是悟佛知見。入正定聚。是入佛知見。迹門之要。此四收矣。又迹則有本。從本開示悟入。故有迹中開示悟入。今開迹卽顯本。本迹無二無別。以四法答其請正。於義明矣。以四法答請流通者。流通之方。唯三唯四。發救眾生心。是入如來室。入正定聚。佛所護念。是著如來衣。植眾德本。是坐如來座。是宏宣之要。卽四而三也。又發救眾生心。是誓願安樂行。入正定聚。是意安樂行。植眾德本。是口安樂行。諸佛護念。是身安樂行。當知後四。卽前四也。一答酬其兩請。

舉四冠罩一經。法華之重演。豈不巧且妙哉。所願一句沾神。咸資彼岸。思惟修習。永用舟航。隨喜見聞。恆爲主伴。若取若捨。經耳成緣。或順或逆。終因斯脫。願解脫之日。依報正報。常宣妙經。一剎一塵。無非利物。惟願諸佛。冥熏加被。一切菩薩。密借威靈。在在未說。皆爲勸請。凡有說處。親承供養。一句一偈。增進菩提。一色一香。永無退轉。

跋

古今印法華者頗多。所出版本、亦互有不同。惟迄未印冠科者。嘗見諸方講筵。開演是經。主講者爲便記憶。將科目批于眉、註于行、依科敷演。意甚獲體。學者爲便披尋。亦爭相傳鈔。第以科目繁冗。母子遞生。初學者、每以不諳其來脈。望經興嘆。不事分鈔。間有鈔者。錯前貽後。兼以所書字體。鉅細不一。致使經本一片塗鴉。憾事也。吾師、湛山倓虛大師有鑒于是。於廿年前。即蘊印法華冠科之願。祇以機緣未熟。未獲滿願。丙申夏。樹幢香江。鑒于世局不靖。災禍頻仍。乃眾業所感。因發動港九四眾。成立法華經念誦法會。冀消眾業。並養緣發起。排印法華冠科。命光攝其事。光受命後。即依民十三年、三寶經房木刻版、將蕅益大師會義科判。鈔于經眉。以爲底本。在鈔科時、本擬依照通例。將複科畧去。祇標單科。俟奉大師囑。勿嫌重複。將複科原樣保存。並加句讀。蓋爲便初學也。每卷末附以持驗記。最後附法華綸貫。一爲令人起信。一爲易得要領。其假俗諸字。能通融者、易之。過于逆俗者仍之。至版本之錯簡不同者。又參以續藏、大正藏、玄贊本、敦煌本、宋本等。互爲校訂。其中某處據某本改正。均斟酌去取。擇善而從。不遑備舉。惟有兩點須加說明者。一、對如來十種通號。諸本皆以善逝。世間解。讀之爲二。今依大師意。（另有專文解釋）將善逝世間解。讀之爲一。正符十種通號之名。二、妙音菩薩本事品。無不孝父母、不敬沙門、邪見、不善心、不攝五情否、一段文。諸家句讀。錯誤不一。今依會義本。竝參以添品法華。定其句讀。本經之印行。有科文。有句讀。若以之充經壇誦本。或法堂敎本。無須註疏。可得事半功倍之效。此次、大師以所得䞋施頃囊印經。轉以法施不敷者。由諸善信助之。大師之悲願如船。願後之受持是經者。亦可同乘此船。出苦海而到彼岸矣。

佛曆二九八四年歲次丁酉仲夏天台嫡傳後學大光謹跋

國家圖書館出版品預行編目資料
妙法蓮華經冠科 /（姚秦）三藏法師鳩摩羅什翻譯；（明）古吳蕅益智旭冠科. -- 初版. -- 新北市：華夏出版有限公司, 2023.12
面；　公分. --（圓明書房；031）
ISBN 978-626-7296-54-7（平裝）
1.CST：法華部

221.51　　112009128

圓明書房 031
妙法蓮華經冠科

翻　譯　（姚秦）三藏法師鳩摩羅什
冠　科　（明）古吳 蕅益智旭
出　版　華夏出版有限公司
220 新北市板橋區縣民大道 3 段 93 巷 30 弄 25 號 1 樓
電話：02-32343788　傳真：02-22234544
E-mail：pftwsdom@ms7.hinet.net
印　刷　百通科技股份有限公司
電話：02-86926066　傳真：02-86926016
總 經 銷　貿騰發賣股份有限公司
新北市 235 中和區立德街 136 號 6 樓
電話：02-82275988　傳真：02-82275989
網址：www.namode.com
版　次　2023 年 12 初版一刷
特　價　新臺幣 780 元（缺頁或破損的書，請寄回更換）

ISBN-13：978-626-7296-54-7